홍콩의 역사

홍콩의 역사

저자: G. B. 엔다콧
역자: 은은기

KCSi 한국학술정보[주]

역자 서문

홍콩의 역사를 이해하려면 홍콩 총독을 지속적으로 임명함으로써 홍콩의 행정을 장악해 온 영국 측의 각종 사료들에 대한 검토가 불가피하다. 이 책은 총독의 급송 공문서, 영국 식민성의 회신, 지역 위원회 및 조사위원회의 보고서, 총독들이 본국에 보낸 임기 동안의 기록 및 기타 정보, 식민성과 다른 행정부서 사이의 통신문, 식민지에 관한 통계연감, 행정부 및 의회의 의사록, 홍콩정부의 관보, 그리고 홍콩의 법령 등으로 구성된 식민성의 기록들에 관한 연구에 바탕을 두고 있다. 외무성, 해군성, 육군성과 상무성의 기록도 또한 참고하였다. 게다가 홍콩이 식민지가 되기 이전 12년 동안의 시기까지 거슬러 올라가는 지역신문, 지명사전, 회고록, 번역이 가능했던 중국의 사료들과 같은 다양한 자료가 이용되었다. 이처럼 방대한 각종 공식 비공식 사료를 활용하였기 때문에 이 책은 사료집 그 자체라 해도 과언이 아니다. 동양사 전공자가 영국에 직접 가서 각처에 흩어져 있는 공식 및 비공식 사료를 집산하여 하나의 역사서를 쓰기란 어려운 일이다. 비록 이 책이 총독들과 식민성의 시각을 통해서만 고찰되었다는 평가를 받을 수 있을지는 모르겠지만 영국 측의 각종 사료는 물론 다양한 사료를 집산하고 있기 때문에 나름대로의 가치가 있다고 볼 수 있다. 그리고 이 역서는 방대한 사료집을 번역하는 것 이상의 역할을 할 것으로 기대된다.

서 문

이 책은 홍콩역사를 소개하는 글이다. 이 책이 홍콩역사의 결정판이라고 주장하지 않는다. 이 책은 관리들이 자신들의 정책을 찬양하면서 논평하고 자신들의 업적을 자랑스럽게 지적하려는 경향에도 불구하고 사실에 대해 실질적으로 정확하게 기술할 수 있는 이점을 가지고 있다. 만약에 총독이 그 자신의 의사에 대해 용납할 수 있을 정도의 편견을 가졌다면, 그의 후임 총독은 일반적으로 개선책을 제공하였을 것임을 믿을 수 있다. 또한 저자는 공식자료에 의존할 경우의 위험을 잘 알고 있다.

홍콩의 총독들은 항상 홍콩이 다른 식민지와는 상이한 특별한 식민지이고 이러한 특별성은 일찍이 영국정부가 총독인 포팅거에게 하달했던 훈령에서 알 수 있듯이 식민성에 의해 인식되었다고 논평했다. 이 식민지는 영국인들이 자신들의 가정을 꾸리기 위해 이주했던 하나의 정착촌이 아니고 거의 전적으로 경제적 이해관계에 의해 결정되었던 하나의 상업적인 거주지였다. 그 공동체는 단지 느리게 성장했다. 그러나 회고해 볼 때 홍콩의 역사는 특수하지 않고 초기 빅토리아 시대의 영국의 해외 진출을 매우 전형적으로 특징지웠다. 영국인들이 추구한 것은 상업적 제국이었지 영토적인 제국이 아니었다. 그리고 그 섬은 우선적으로 중국인의 간섭과 통제로부터 자유로운 법, 질서, 필수적인 행정 기관들은 확립하려는 목적에서 인수된 것이다. 홍콩의 기능은 영국 역사가 간섭에서 벗어나 상업을 관리하고 분쟁을 해결할 수 있었던 조약에 의해 취득된 항구들에서의 정착 기능과 결코 상이하지 않다. 건전한 교역은 안정된 여건, 약탈의 방지, 계약 및 공정한 정의의 보승을 필요로 했다. 중국 사람들이 이러한 조건을 충족시킬 수 없다고 생각되었기 때문에 영국인들이 그것을 떠맡아야 했던 것이다. 이점이 홍콩의 역사를 이해하는 관건이다. 그 식민지는 영토획득이라는 관점에서가 아니라 영국의 제도 유지에 필요한 최소한의 공간 확보라는 관점에서 추구되었다. 그 식민지의 기능은 영국 무역 및 행정의 본부 그리고 극동에서의 전반적인 영향력을 미칠 수 있는 본부로서의 역할을 수행하는 것이다. 그 식민지는 제2차 영·중 전쟁 중이었던 1857년의 엘긴의 포교활동(Elgin Mission) 이전까지 중국과의 외교에 지속적으로 연계되어 있었고, 그리고 1859년에 보우링 총독이 퇴임할 때까지 무역을 통제해 왔었다.

식민지와 홍콩의 역사를 다루는 사가들에게는 세 가지 중요한 문제가 제기된다. 첫째는 그 섬에서 자체의 생명을 가진 하나의 실질적인 공동사회가 있었거나 또는 그 식민지의 삶이 중국 해안 전체의 영국인의 활동에 종속되어 있었는가? 이 책이 그 식민지와 조약에 의해 문호가 개방된 여타 항구들 사이의 관계를 제대로 평가하지 못한 점은 인정되어야 한다. 중국에서 영국인의 활동은 총체적으로 인정받았다. 홍콩으로 쇄도한 중국인들은 꽤 일찍 영국인 활동의 독립성을 인정하였고 중국해안에서 보다 넓은 지위에 관계된 문제들과는 별도의 문제들을 야기하였다. 홍콩은 하나의 공동체로만 발전하지 않았으며, 여전히 일련의 무역업자들과 그들의 가족이 거주했던 교역장소로 남아 있었다. 사실 꽤 강력한 공동체의식은 홍콩에서의 짧은 '평균수명'을 누리면서 발전했다. 문제가 되는 것은 사람들이 그 섬에서 그 정신을 흡수할 수 있을 정도로 충분히 오랫동안 남아 있었다는 점이다.

둘째로, 홍콩의 모든 역사는 식민지의 탄생과 성장이 경제 세력에 의해 형성되었다는 점에서 경제사이다. 그러므로 더욱 전통적인 다른 측면들과 이 같은 경제적 측면을 대비해보는 것은 중요하다.

셋째로, 홍콩의 역사를 서술하는 데 따른 문제가 있다. 백년 이상에 걸쳐 그 식민지는 외형적으로나 정신적으로 변해 왔다. 현대 홍콩이 직면한 문제들은 백년 전의 문제와는 본질적으로 상이하다. 사고의 풍토도 상이하다. 현대 홍콩을 잘 설명하려면 하나의 새로운 출발점이 필요하다. 너무나 최근에 발생해서 필요한 관점을 가질 수 없는 사건들을 객관적으로 다루기에는 어려움이 남아있다. 나는 식민지의 역사서술이 최근까지 거슬러 내려와야 한다고 생각하며. 그리고 마지막 장에서 우리가 기억할 수 있는 사건들을 다루고 있다. 나는 홍콩의 사회와 경제생활에서 발생했던 내적인 변화를 국제관계에서 발생했던 커다란 변화에 관련지어 설명하려고 노력하였다. 역설적으로 그 식민지 역사 전체에 걸쳐 연속성이 존재하지만. 식민지는 외부사건들의 영향을 강하게 받아오면서도 그 영향력의 범위를 넘어서 왔다.

영어로 중국이름을 번역하는 것은 항상 하나의 문제거리다. 나는 중국어의 로마자 표기법의 하나인 웨이드식(Wade system)을 채택했다. 그리고 중국 표준어의 경우 만다린 형식(Mandarin form; 북경어)을 채택했다. 광동식은 단지 지역적으로만 두드러지게 사용되었고 따라서 광동인들에게 만다린 형식은 인식될 수 없었으며 현학적이었던 중국어의 경우에 계속 사용되어 왔다. 예외적으로 각각의 경우에 공통된 용법도 계속 사용되어 왔다.

나는 원고를 읽고나서 고맙게도 논평을 해준 제랄드 그라함(Gerald Graham)교수와 나의 동료인 브라이언 해리슨(Brian Harris)교수, 잭 그레이(Jack Gray)씨 그리고 크란머-빙(Cranmer-Byng)씨에게 감사하며, 중국식 이름을 라틴어로 표기하는데 도움을 준 드레이크(F. Drake)교수와 그리고 지도에 관한 충고와 조언을 해준 베리(L. Berry)씨에게 감사한다. 나는 마저리 퍼함(Margery Perham)양에게도 신세를 졌는데, 그녀는 감사하게도 자신이 쓴 루가르드 경(Lord Lugard)의 전기문 원고를 내가 특권적으로 볼 수 있도록 배려해 주었기 때문이다.

이 책에 결점이 있다면 전적으로 나의 부족 탓이다.

홍콩. 1957년 10월 10일 엔다 콧

차 례

제1장 서 론

홍콩(Hong Kong)은 중국의 남동해안에 위치한 영국 식민지이다. 홍콩은 1841년에 중국으로부터 획득된 홍콩 섬, 1860년에 스토운커터스(Stonecutters)섬과 함께 인수된 바로 맞은편의 본토에 있는 구룡반도의 작은 지역, 그리고 1898년에 99년간 조차되어진 신계지(New Territories)라고 불리는 본토의 보다 넓은 지역으로 이루어져 있다. 이 조차지는 355평방마일에 걸쳐 있고, 대체로 섬천강(Shum Chun River)을 따라 딮만(Deep Bay)으로부터 미르스만(Mirs Bay)의 북쪽 해안까지를 북쪽 경계로 하면서 반도 모양을 하고 있다. 그것은 235개의 섬을 포함하고 있는데, 그 중 가장 큰 섬은 란타우(Lantau) 섬, 람마(Lama) 섬, 그리고 청차우(Cheung Chau)섬이다. 이 식민지가 그 이름을 취한 홍콩 섬은 크기가 32평방 마일로서 신계지의 10분의 1에도 못 미치며, 구룡(Kowloon)은 또한 규모가 단지 3.5평방 마일로서 홍콩섬의 10분의 1이다.

홍콩은 진주강(Peral River) 하구에 위치하며 오직 열대지방에만 속한다. 그것은 몬순기후를 가지고 있다. 즉 북동풍이 10월에서부터 5월에 걸쳐 끊임없이 불면서 일반적으로 건조하고 차가운 기운을 실어온다. 그리고 겨울에 북쪽의 아시아 대륙으로부터 찬바람이 불어올 때에는 가끔씩 기온이 갑자기 떨어진다. 5월에서부터 10월까지 부는 남서계절풍은 엄청난 열기와 습기를 가져오고, 85인치에 달하는 연평균 강우량의 대부분이 이 시기에 내린다. 이러한 계절풍은 초기 서방 무역업자의 중국해 항해를 좌우하였고, 상품을 실은 선박이 항해하는 한 그 영향은 늘 중요했다. 홍콩은 또한 태풍이 부는 지역에 있다. 습도가 높고, 고온이며 태풍의 위협을 받는 이 기후는 따라서 한해의 약 절반 동안은 견디기 어렵다.

지질학적으로 홍콩은 그 일부가 포함된 본토와 유사하다. 해안선 깊숙이 만입되어 있어 이상적인 선박 계류장을 갖추고 있다. 섬에서 산들은 해안선에서부터 거의 2,000피트의 고도에 이르기까지 급격히 가팔라지며, 조차지에서는 3,000피트 이상에 달하기까지 급경사를 이루었다. 산들이 황폐화된 이유는 인간의 개발에 기인하기도 하지만 침식효과에 주로 기인하였다. 나무들이 빽빽하게 들어선 경사면은 드물지 않았다. 이러한 산들은 고도가 너무나 급격하게 높아지기 때문에 해수면 위에서 수평으로 경작할 수 있는 땅은 거의 없었다. 그리고 경작지는 충적기에 형성된 작고 좁은 많은 계곡들에서만 발견되며, 쌀과 채소가 주로 재배되었다. 날카로운 산등성이와 화강암 때문에 계단식으로 경작될 수 있는 토지의 양은 제한되었고, 토지로부터 자신들의 생계를 유지하는 사람들의 수도 제한되어 왔고 여전히 제한을 받고 있다.

이 지역에서는 이제 4백만 명 이상의 주민이 살았는데, 이들은 두 개의 커다란 도심지인 홍콩 섬의 북쪽 해안과 광동에 주로 살고 있다. 이것은 놀라운 것이다. 왜냐하면 이 지역은 그 자체의 자원으로는 이와 같이 많은 주민들을 먹여 살릴 수 없다고 전해져온 점으로 미루어 볼 때 명백하다. 홍콩의 귀중한 자산의 대부분은 그 땅이 아니라 홍콩 섬과 본토 사이에 있는 수역인데, 이것은 본토에서 가장 가까운 곳에서 단지 1/4마일 떨어져 있으며, 그 수역에는 육지로 거의 막혀있는 커다란 항구가 있고, 해운업을 위한 이상적인 정박지가 있다. 홍콩은 이 항구의 산물이다. 해운업은 홍콩의 활력의 근원이었으며 아직도 그러하다.

이 섬은 지리적으로 매우 유리한 위치를 차지하고 있는데, 진주강의 바로 어귀에 있으며, 북서쪽으로 76마일 떨어진 그 강의 상류에는 상업의 중심지이며 동시에 광통주(Kwangtung)의 수도인 광동이 위치하고 있다. 진주강은 남동중국의 주요한 강인 시키앙(Si Kiang) 해로 나가는 가장 중요한 출구이고, 그 고속도로는 광동을 넘어서 오지전체에 뻗어 있다. 따라서 그 섬은 지리적으로 무역 중심지로 유리하고 그것의 실제 역사는 중국과 서양 사이의 교역의 시작과 더불어 시작되었다. 그 역사는 17세기 말 이래로 그리고 단지 1757년부터 식민지 출범 때까지 주로 광동을 중심으로 전개되었다.

최근 고고학적 조사 결과 그 섬에 원시시대부터 사람이 살았음이 밝혀졌지만, 이전의 어떤 인구밀집지역이 존재했다는 증거는 확인하지 못했다. 확실히 단정 지을 수 있는 것은 초기에 사람들이 태평양 연안을 따라서 이주했을 때, 충분한 물가 약간의 경작지가 있었던 이 섬이 자연히 영구적 또는 일시적 정착을 초래했을 것이다. 19세기까지 인구밀도는 매우 희박했다. 작은 촌락들은 어로, 얼마 안 되는 이용 가능한 땅의 경작 그리고 근해에서 항해하는 선박에 대한 일시적인 약탈에 의해 생계를 유지했다. 사우키완(Shaukiwan: 에버딘)과 쳅파이완(Ch다 Pai Wan)은 전통적으로 원 제국 이래로 해적이 출몰해왔던 것으로 유명하다.

해안에서 떨어진 그 황량한 섬에는 더 멀리 있는 오지에 대한 압력이 중국본토로부터 가해질 때까지 추가로 정착하러 오는 자들은 거의 없었다. 구룡에 있는 리 쳉 욱(Li Cheng Uk)에서 초기 한 왕조의 분묘를 발견한 결과 남쪽에 중국인이 침투했음이 어느 정도 입증되었지만 당 왕조 이전에 중국인들이 전반적으로 군사적 또는 상업적 정착을 했다고 추정하는 것은 성급한 일일 것이다. 그 섬과 홍콩 주위의 본토에서 사람이 거주한 역사는 부분적으로 억측이지만 지역 이주자들을 의미하는 광동어인 푼테이(poon tei)에서 따온 푼티스(puntis)라고 불렸던 광동인 이주자들은 아마도 약 14세기경에 그곳에 점점 더 많은 수가 정착하기 시작하고, 머지않아 초청받은 자들이 뒤따랐을 것이다. 그리고 지방의 원시 토착민들은 사라지거나 흡수되었다. 명나라가 멸망하기 전에 중국인들의 세 번째 집단이 이 지역 즉 혹로스(Hoklos)에 정착했다. 이 사람들은 이전의 두 집단보다 다른 그 수가 적었고, 보다 북쪽의 해안 지역 출신이었고, 복건 지방 사투리로 말했다. 그들은 해상민족이었고, 다른 두 집단보다 해적 행위에 더 몰두하였기 때문에 그들을 해안에서의 공포의 대상으로 만들었던 용맹성과 잔인함으로 말미암아 악명이 높았다.

명나라의 멸망과 만주족의 청나라의 계승에 뒤따른 싸움을 하는 동안, 명의 군대는 홍콩으로 쫓겨 갔고, 강희제는 마지막 저항 단체들을 아사시키기 위해 모든 주민들에게 내륙으로부터 50리 밖으로 철수하도록 명령했다.

일반적으로 이 지역이 중국 역사의 주요 흐름에서 별다른 비중을 차지하지 못했음에 틀림없다. '한'의 분묘 이외에, 유일한 기존의 다른 역사적인 기념물은 마 타우 창(Ma Tau Chang)의 마을을 굽어보는 큰 화강암 옥석인 송 왕 타이(Sung Wang Tai)이고, 그 이름은 1279년 몽고에 의해 패배당한 후에, 송대의 마지막 소년 황제가 구룡 반도로의 패주와 그가 마지막으로 보다 더 서쪽으로 패주하여 죽기 전에 일시적으로 피난한 것을 기념하기 위해 세 중국 글자로 거기에 새겨져 있었다.

한 권위자는 왕 쿠우 판(Wang Kwu Fan)을 고대거석물로 인용하였다. 이것은 '황제의 숙모'의 무덤이고, 50야드 떨어진 두개의 화강석 기둥을 경계석으로 갖고 있으며 바다 쪽으로 뻗은 경사진 언덕에 위치해 있다. 전설에 따르면 여기에 송의 한 황제의 숙모가 묻혔다.

홍콩의 역사는 실제로 1841년 영국인들이 유입되면서 시작되었는데, 이같은 유입은 서유럽 및 중국의 상인들 사이의 무역에서 비롯된 것이다. 이제 우리는 이러한 무역업자들에게 눈을 돌려야 한다.

제2장 광동에서의 유럽인 무역업자 (1833~1839)

영국여왕은 자신의 신민들과 중국인 사이에서 상업적인 거래관계 확립을 위해 무력과 폭력에 의존하지 않고, 당신이 받아 왔었던 모든 훈령들보다 더 타협적인 조처들에 의존했던 것이다.

웰링톤이 네이피어 경에게, 1835년 2월 2일

16세기에 포르투갈인에 의한 신항로의 개설은 중국과 서양 사이의 관계에서 새로운 시대를 선도하였다. 그들은 1557년에 마카오에 정착했고, 스페인인, 네덜란드인, 영국인 그리고 프랑스인이 뒤따라 왔는데, 이들은 모두 무역을 원하였고 중국에 대한 황금 전설에 유혹 받았다. 유럽이 중국에 수출할 수 있었던 것은 별로 없었지만, 특히 차와 비단과 같이 유럽이 수입하기를 원했던 것은 많았다. 18세기 동안 중국과 서양 사이의 통상은 영국인들에 의해 장악되었는데, 그 이유는 부분적으로는 영국이 인도와 동인도의 상품을 활용할 수 있었기 때문이고 그리고 부분적으로는 그들은 홍차를 마시는 국민이 되어 중국의 최상의 고객이 되었기 때문이다. 영국 측의 무역 독점권은 동인도 회사에 의해 행사되어졌지만, 동인도 회사의 독점권은 몇 년 동안 차 무역에만 국한되었고 그리고 그 통제 하에 개별상인들에게 나머지 상품의 교역을 허용해 주는 것이 점차 편리하다는 것을 깨달았다. 불행히도 무역이 이루어지는 조건들은 많은 불만을 야기했으며, 결국 이러한 불만에서 홍콩이란 식민지가 태동하게 된 것이었다.

아모이(Amoy)와 닝포(Ningpo)에서 유럽인의 무역 중심지를 건설하려는 몇몇 노력은 광동이 1757년에 무역 독점권을 확보하기 전에 기울여졌다. 동시에 다른 독점권들도 확보되었다. 서양인들은, 통상 코홍(Co-Hong)이라 불렸던 느슨하게 조직된 상인들의 단체와만 상거래를 할 수 있었다. 그 단체는 그 도시의 남서부의 바로 외곽에 있는 강에 위치하였던 공장들을 소유했다. 거기에 외국인들은 교역 시즌 동안 거주하였다. 그 공장의 수는 변했지만, 1782년 그것들이 재편된 이후에는 13개가 있었다. 그 상인단체들은 자신들의 특권 때문에 무거운 경제적 부담을 져야 했는데, 왜냐하면 중국 정부가 부분적으로 그 특권을 부여함으로써 수지맞는 해외 무역의 이윤 중에서 자신의 몫을 징수했기 때문이다. 상업은 통상 8개에 달하는 각종 규제에 의해 엄격하게 통제되었지만 그 규제들은 모두가 항상 적용된 것은 아니었고 그리고 그것들이 공표될 때마다 표현이 매번 달라지는 경향이 있었다. 간단히 말해 그 규제조처는 공장 지역의 통행자유를 제한하였고 도시로 들어가는 것은 금지시켰다. 거주는 10월에서 5월까지에 걸친 교역기간 동안에만 허락되었다. 외국상인에게는 지방 관리와의 직접적인 접촉은 허용되지 않았고, 그들의 모든 의사소통은 중국인 상관(Co-Hong)을 통하여 제출된 청원의 형태로 이루어져야 했으며 그리고 어떠한 답신도 같은 경로를 통했다. 외국상인들에게는 중국어를 배우는 것이 허락되지 않았고, 비록 이러한 규제가 엄격히 시행되지는 않았다 할지라도 단지 공식적인 중국어 학자만이 중국정부로부터 중국어를 배우는 것을 허락받았다. 의자형 가마의 사용과 중국인 하인의 고용은 명분상으로는 금지되었지만 대체로 허용되었다. 유럽 여성들이 공장에 들어가는 것은 허락되지 않았고, 무기휴대도 금지되었으며 그리고 어떤 전함도 광동으로 나아가는 좁은 통로인 보그(Bogue) 해협을 통과할 수 없었다. 상인들은 적은 무리를 지어서 그리고 언어학자를 동반한 채 한 달에 세 번씩 강을 건너 파티(Fati) 공원에 가는 것이 허용되었다. 그렇지 않을 경우 그들의 활동 영역은 공장에 국한되었다. 이러한 규칙들에서 매우 이상하거나 특이한 것은 아무것도 없었지만, 그들은 지루하고 자유롭지 못하다는 것을 느꼈다. 그 규칙들은 중국인들에 의해 단지 기분에 따라 시행되었고, 유럽인에게 압력을 가할 필요가 있다고 판단되는 그러한 경우들에 사용하기 위해 늘 준비되어 있었다.

규제가 유일한 불평거리만은 아니었다. 무역에 대한 관세 부과는 제멋대로였다. 선박에 대해 입항세를 거두었는데, 이 입항세 징수는 황포아에서 평가를 받은 후 너무 과중한 것으로 간주되었다. 그리고 코홍이라는 상인단체의 독점권은 개방된 시장에서 서양 상인들이 가격을 조사하는 것을 허용치 않았는데, 가격에 대한 정보는 그들로 하여금 더욱 효과적으로 거래를 할 수 있게 해주었을 것이다. 유럽인은 야만인으로 불렸고 그렇게 취급되었으며 끊임없는 지도와 가끔씩 교정을 필요로 하는 것으로 간주되었다. 중국인들이 우월감을 나타낸 것은 자신들의 우수성을 마찬가지로 확신했던 서양인들의 분노를 초래하였다. 중국인들은, 유럽에서의 지식 및 과학혁명이 중국 이외의 세계에 문명을 베풀어야 상당히 정당화시킬 수 있는 중국인의 주장을 철저히 시대에 뒤떨어진 것으로 만들어 버렸음을 깨닫지 못했다.

중국인들의 입장은 분명했고 일관성을 지녔다. 중국은 유럽인의 상품을 필요로 하지 않고, 중국인들이 제시한 조건에 따라 자신에게 허용되었던 호의에 따라 무역을 추구한 사람은 서양인들이었다. 게다가 상인들이 중국에 들어갈 경우 그들은 분명히 중국의 법률에 따라야만 했다. "복종하고 남아라, 복종하기 싫으면 떠나라는 두 가지 방법 이외에는 어떤 다른 방법도 결코 없다"라고 태수 루쿠가 1835년에 죽기 바로 직전에 말했다. 덧붙여야만 하는 것은 이것이 거의 모든 나라의 통상적인 규범이었다.

북경에선 예수회 선교활동을 제외한 중국과 서양 사이의 관계는 거의 대부분이 상거래였다. 이러한 상거래는 운이 따르지 못했는데, 모험심 많은 유럽선원들이 유럽 문화의 최상을 대표하지 못했으며 상인이란 직업을 중국인들이 그리 고상한 직업으로 바라보지 않았기 때문이다. 존경을 의미하는 호상(豪商: merchant prince)이라는 용어를 그들은 이해할 수 없었을 것이다. 따라서 광동관리들이 외국상인들은 단지 중국 상인들과 거래를 해야 한다고 주장한 것은 매우 당연하였다. 게다가 중국인들은 러시아와의 이따금씩의 거래를 제외한다면 다른 나라들과 평등한 외교관계를 맺어본 어떠한 전통도 갖지 못했다. 따라서 외교대표부나 또는 영사대표부를 통해 외국상인들의 이익이 대변된 어떠한 선례도 없었고 그리고 대등한 입장에서 어떤 무역 조약을 협상한 선례도 없었다. 중국인이 서양인을 경멸했기 때문에 그 관계는 더욱 악화되었다. "야만인들은 본래 지칠 줄 모르는 탐욕을 가졌고 그들에게 용서와 관용을 베풀수록 그들은 더욱 자만스러워지고 거만해진다"고 1834년 9월에 루는 북경에 보고하였다. 특히 영국인들에 관해서 영국야만인들의 공통된 기질은 사납다는 생각을 가졌고 그리고 그들이 믿을 수 있는 것은 그들의 선박의 힘과 대포의 효율성뿐이었다는 것이다.

유럽인들에게는 공장에서의 생활이 꽤 즐겁기까지 했다. 이들과 홍콩상인들과의 관계는 우정어린 것이었다. 이들은 서로가 신뢰하였고 보다 주목할 만한 것은 모든 계약이 구두로 이루어졌다는 점이다. 한 관찰자는 중국인에 대한 감정을 다음과 같은 말로 정리하였다. 우리는 그들이 모든 거래에 있어 존경하고 신뢰할만하며 그리고 계약의 체결 시에 신뢰성과 도량을 갖고 있음을 발견하였다. 그러나 이들 간의 교역관계가 제한적이었기 때문에 불만은 가중되었고 무역이 확대됨으로 인해 상품교환의 요구는 덜 규제를 받았고 상거래 조약에 의해서 질서가 잡혔다. 1833년 영국 동인도회사는 이곳에서의 그 독점권을 상실했다. 광동 지역에서 규제로 인해 고통을 받았던 영국 상인들은 자유무역과 주요한 개방시장의 원칙을 추구하는 과정에서 그 도구가 되었다. 그들은 독점권을 철폐하기 위해 노력했고, 그에 따라 그들은 마지막으로 중국 측의 입장에서 볼 때 다른 독점권의 철폐를 열망했다. 그들은 무역을 위해 중국대륙 전체의 개방을 원했고, 가장 짧은 기간 내에 부를 축적하였고, 그리고 중국이 자유무역의 혜택을 전혀 이해하지 못했을 때

조급함을 드러내었다.

네이피어(Lokr Napier) 경은 무역 총감독관(Chief Superintendent of Trade)으로 1834년에 파견되었다. 영국정부는 중국인들에 대하여 올바른 정책을 추구하였다. 그 새로운 영국 대표는 "질투나 불신을 불필요하게 자극할 수 있었던 모든 그러한 행동. 언어. 태도를 삼가라"는 지시를 받았다. 그는 끊임없이 영국 상인들에게 '중국제국의 법과 관습을 따라야 할 의무'를 지속적으로 심어주어야 했다. 그 정책은 가능한 우호적 태도를 유지하고 모든 어려운 점을 해결하는 수단으로서 정부 관리들 사이에 직접적인 관계를 모색하려는 것이었다. 정확히 말해 중국인들이 동의하지 않은 것은 이 같은 외교적 접촉이었는데. 그 이유는 그들이 평등에 대한 영국인의 주장을 용납하지 않았기 때문이다. 불행하게도 광동에 직접 가서 자신의 도착을 태수(Viceroy)에게 서신으로 알리라는 네이피어의 지시는 중국인의 규범에 어긋났으며 그 지시는 그를 처음부터 나쁜 상황에 처하게 만들었다. 중국은 그와의 교섭을 거절하고 무역을 중단했다. 네이피어는 두 척의 전함을 광동에 파견하도록 명령하여 보그해협의 통행을 강요했다. 열병을 앓게 되자 네이피어는 마카오에서 은퇴했고 1834년 10월 11일 거기서 사망했다. 그의 후계자들은 거기서 정착하려 했으나 1836년 12월 무역감독관이 된 찰스 엘리어트(Charles Elliot)가 제한된 범위내의 인정을 받아냈을지라도 그들은 중국 관리들과 직접적인 관계수립을 하지 못했다.

네이피어의 실책과 불만의 고조는 광동에 거주하는 외국인들의 지위가 광동에서 그리고 영국에서 대 중국무역에 흥미를 가진 자들 사이에서 충분히 논의되게 만들었다. 1834년 12월 홍콩 정부에 대한 한 탄원서는 광동에 거주하는 영국 상인들에 의해 제출되었는데. 그 내용에 따르면 가장 위험스러운 것은 모욕에 대한 조용한 복종이며 만약 네이피어가 무력의 뒷받침을 받는 힘을 부여받았더라면 현재의 위축되고 불안한 입지는 벗어날 수 있었다는 것이다. 무역에 대한 규제는 조물주가 그 피조물에게 자연권으로 보장해 왔던 생산물의 상호교환을 거의 전적으로 막았다는 이유로 비난을 받았다.

탄원자들은 전권대사가 적절한 권력과 필요한 무력의 뒷받침을 받고 파견되어 영국 대표에 대한 모욕에 대해 보상을 청구하고 상인들의 무역 손실을 배상하기를 요구하고 무역규제의 철폐와 그들이 직면했던 비합법적인 제제의 철폐를 위해 협상하고 그리고 중국인들이 주장하는 '주권의 오만한 억설'에 도전하기를 요청했다.

광동에 있는 외국인들의 지위에 관한 이 같은 토의로부터 중국 해안가의 섬이나 광동을 무역 중심지로 대체하고 그래서 거기서 생겨났던 문제점을 피하기 위해서 중국 해안에서 떨어진 섬들을 확보하는 문제가 제기됐다. 이 논쟁의 결과 홍콩이 출현하였다. 보닌제도(Bonin Islands), 란타우(Lantau), 홍콩과 대만은 모두 적합한 위치로 제안되었으나 많은 사람이 중국으로부터의 어떠한 영토 획득에도 강하게 저항했다. 네이피어 경은 1834년에 홍콩을 점령하려는 희망을 시사했다. 그는 중국인들이 무력시위에 의한 조약을 체결하지 않는 한 상업조약에 그들이 동의하지 않을 거라고 생각했다. 나중의 감독관들은 같은 방법을 주장했고 그리고 그 감정은 영국 감독관이 광동에서 자신의 방식대로 밀고나가는 것보다 영국의 통제 하에 그 섬에서 확립된 영국 감독관을 갖고 무력에 의해 거기서 유지하는 것이 더 낫다는 것이었다.

중국해안에서 떨어진 한 섬에 대한 바람에는 네 가지 견해가 있다. 첫째 견해는 이미 언급된 것인데, 광동에서 바라던 교역장소를 확보하려고 시도하기보다는 협상이나 매입에 의해 획득된 어떤 섬으로 나와서 주요 불만들의 일부를 제거하는 것이 보다 더 낫다는 것이다.

둘째 견해는 전략적인 것이다. 많은 사람들은 중국인들이 무력을 사용하지 않고서는 결코 교역조건을 개선시키지 않을 것이며 무력으로는 우선적으로 해군력을 사용해야 하며, 이것은 단지 한 손쉬운 해군기지가 확보될 수 있다면 장기간에 걸쳐 실행할 수 있는 것이었다. 세째 견해는 연안 무역을 처리하는 해안에서 떨어진 한 섬은 봄베이 및 싱가포르와 유사한 거대한 무역 중심지가 되리라는 것이었다. 이것은 나중에 남경조약에서 홍콩의 할양을 교섭하게 되었던 헨리 포팅거(Henry Pottinger) 경의 견해였다. 마지막의 네 번째 견해로는 법과 질서의 관점을 들 수 있다. 영국제도 하에서 정부는 법에 따라서만 조처를 취할 수 있으며 분쟁이 생길 경우 단지 법정을 통해서만 시행할 수 있었다. 영국인 감독관의 약점은 그들이 상인들에 대한 권위와 그 권위를 효과적으로 만들 수 있는 어떠한 방법도 없었기 때문이다. 동인도회사의 독점권폐지로 모험적이고, 공격적이며, 돈벌이에 혈안이 되어 있고, 규제에 분개하는 바람직스럽지 못한 유형의 상인들이 광동에 유입되었다. 만일 규제가 효과적이려면 분명히 하나의 법정이 설립되어야 했고 그리고 영국인 법정이 외국에서 세워질 수 없었기 때문에 이 목적을 달성하기 위해서는 영국기가 한 조그만 섬에 게양되어야 했다. 광동에서나 영국 그 어느 곳에서도 중국에 대항하는 영토확장욕망이 있었다. 그 욕망은 과도한 관세와 자의적인 규제가 없는 안전하고 질서를 갖춘 무역에 대한 욕구이다. 즉 상인이 신뢰할 수 있는 법, 질서 그리고 법정에 대한 바람이 표출되었다. 영국 상인들은, 중국인들이 무역이 번창하는 데 필요한 조건을 제공할 수 없다 할지라도 영국인이 그러한 조건을 제공해야 한다고 주장하였다. 한 섬의 항구에 대한 요구는 따라서 유감스럽게도 필요한 것이다. 그 규모는 중요하지 않다. 중요한 것은 무역이 번성할 수 있는 그런 필요한 조건들을 제공할 수 있는 그 항구의 기능이었다. 중국과의 전쟁이 불행히도 1839년에 시작되었을 때 결과는 섬의 무역 중심지 문제를 긴급하고도 실제적인 문제로 만들어버렸다는 점이다.

1834년 이후 광동의 상황은 중요했다. 광동이 전쟁에 빠져든 것은 주로 아편에 기인하였다. 의약품으로서의 아편은 중국에서 적어도 당나라 이래로 알려졌고 사용되었다. 아편흡연 관습은 훨씬 최근의 일이었으며, 19세기에 아편흡연 관습의 유입으로 인해 중국은 중대한 국가적 문제에 직면하였다.

양귀비는 중국에서 자랐다. 그러나 아편은 주로 인도에서 공급되었으며 그리고 인도에서의 영국의 영향력 때문에 아편무역은 압도적으로 영국인의 손에 장악되었고 그리고 1832년까지 캘커타에 있는 인도정부에 연간 1백만 파운드에 달하는 엄청난 수입을 가져다주었다. 18세기에 중국정부는 아편흡연에 반대하는 칙령을 공표하였고 1800년에는 그 수입을 완전히 금지하였다. 따라서 아편무역은 중국법에 저촉되는 밀무역이 되었다. 그래서 어떠한 관세나 화물부과금도 없었다. 그것은 중국인 구매자가 모든 부수비용을 부담하는 현금거래였다. 진주강 어귀에 있는 린틴(Lintin)섬은 광동에 모험가들을 끌어들였던 이 악명 높은 교역의 중심지가 되었다. 아편수요는 매우 커서 그 무역은 급격히 신장되었다. 18세기 초에 연간 수입량은 약 200상자에 달했다. 1800년과 1821년 사이에 아편수입량은 약 5,000상자에서 유지되었다. 10년 후에 수입량은 6,500상자로 증가하였다. 1833년 동인도회사의 독점권 폐지로 수입은 급격히 증가하여 1838-39년에는 약 40,000상자에 달했다. 그 효과는 중국과의 교역조건을 역전시키는 것이었다. 차와 비단 구입비로 지불하기 위해 중국에 유입되었던 은이 이제 수입된 아편구입비로 유출되었다.

중국인 법정은 그 의약품이 유해하므로 억제되어야 하며, 중국에 들어오는 외국인들은 중국법에 따라야 하고, 사람을 파멸시키고 은을 유출시킴으로써 국가경제에 손실을 가져다주는 불법적이고 유해한 교역에 가담해서는 안 된다는 합리적인 견해를 가졌다. 불행히도 중국인들은 아편무역을 중지시킬 힘이 없었다. 어떤 효율적인 예방기구도 조직되지 않았다. 지방 관리들은 모른 체 눈감아 버리는 것이 이롭다고 생각하였으며, 나중에 이용된 속도가 빠른 밀수선박은 중무장을 갖추기까지 하였다. 따라서 아편수입금지령이 도전을 받게 된 것은 놀랄 일이 아니다. 광동에 있는 대부분의 외국 상인들이 아편밀무역에 관련되어 있었다. 몇몇 상인들은 아편을 남용하는 자들을 제외한 사람들에게는 해가 없는 사치품 그리고 귀중한 의약품으로 아편을 옹호하였다. 더욱 많은 상인들은 만일 그들이 아편 수입을 거절한다면, 이 수지맞는 무역은 단지 다른 사람의 손에 넘어갈 것이라는 단순한 입장을 취하였다. 아편무역이 너무나 오랫동안 허용되어 왔기 때문에 아편금지령이 엄격하게 적용될 것이라고 생각하는 사람은 거의 없었다. 인도정부는 아편무역으로부터 생겨나는 수입을 상실할 정도의 재정적 여력이 없었다는 주장도 또한 제기되었다. 그러나 일반적으로 그 입장은 그 문제가 단순히 상업적인 경제적 수요 공급의 문제였지 도덕의 문제가 아니라는 것이었다. 만일 중국인들이 아편을 원하고 그에 대한 비용을 지불할 준비가 되어 있다면. 상인들은 그것을 판매할 준비가 되어 있다는 것이었다.

영국정부는 매우 온당한 태도를 취했다. 중국정부는 자국 내에서 그것이 선호했던 어떤 법이든 문제 삼을 권리를 부여 받았으나 그 법들을 효과적으로 실행하기란 어려운 과제였다. 영국 상인들은 만약 그들이 밀무역에 종사한다면 영국정부로부터 어떠한 보호도 기대해서는 안 된다는 말을 들었다. 영국의 무역 감독관은 그들이 영국 상인들의 활동에 간섭할 어떠한 권위도 없다는 지시를 들었다. 영국정부는 중국법의 시행에 대해 집행의 책임을 떠맡는 것은 자신들의 직무가 결코 아니라는 견해를 취했다. 영국정부는 중국 관리들과 교섭하기 위해 한 무역 감독관을 파견하였다. 그리고 이 사절단은 승인을 거절당했으며 그리고 모든 평등성 요구도 거부했다. 중국인들은 어려운 문제들을 외교적으로 협상할 수 있는 기회를 거절했으며 그리고 영국정부는 자신들의 사절단이 광동에서 영접 받고 적절한 승인을 받았을 때까지 어떠한 긍정적인 조치를 취하기를 거절하면서 스스로 정당화되고 있다고 생각했다. 두 정부 간의 이와 같은 지위 평등을 중국인들은 결코 인정하려 하지 않았다. 중국인들의 답변은 또다시 모호하지 않고 명확했다. 외국에 가는 자는 당연히 그 나라의 법률에 따라야 한다는 것이었다. 중국인들에겐 영국 관리들이 아편교역을 탄압하는 것은 상대적으로 단순한 문제였다. 그들은 영국 관리들이 법을 위반했을 때 법정에서 기소될 수 있다는 것과 의회가 제정한 법률이 필요하였을 것이라는 점을 이해하지 못했다. 영국의 공식 여론은 중국인들이 그 무역 사절단을 받아들이기를 거부했으므로 중국인들에 대한 적대감으로 가득 찼다. 그래서 아편문제는 피할 수 없는 비극으로 표류해 나갔다.

임칙서(Lin Tse-hsu)는 아편무역을 척결하기 위해 황제의 특별칙사로 임명되어 1839년 3월 10일에 광동에 도착했다. 그의 계획은 이미 준비되어 있었으므로 그는 신속하고 결단력 있게 영국인들을 기습하였다. 그 계획은 약간의 일시적 어려움을 예측하고 있었다. 그 후 무역은 황제의 칙령들이 계속 무시되기 이전의 안정된 상태로 점차 후퇴하였다. 임칙서가 중국의 이익을 위해 결단력 있고 정력적으로 그리고 헌신적으로 활동한 것은 거의 예기치 못한 것이었다. 3월 18일 그는 외국 상인들이 소유하고 있는 모든 아편은 포기되어야 하며 그리고 장차 아편을 수입하는 어떠한 개인도 사형을 당할 것이라는 명령을 내렸다. 더욱이 악명 높은 16명의 아편 거래자들은 인질로 인도되어야 했다. 이런 조처들을 시행하기 위해 유럽인들은 공장에 억류되고 국내법의 보호를 박탈당해야 했다. 영국 무역 감독관인 찰스 엘리어트 대위는 마카오로부터 그 공장들까지 가까스로 통과했다. 그는 그 공장지대가 포위되어 있음을 발견했고 통제의 임무를 떠맡았다. 몇 상자의 아편이 제공되고 임칙서가 경멸적으로 그 제의를 거절한 이후 엘리어트는 영국인들의 손에 모든 아편을 넘겨주는 데 동의했다. 엘리어트는 많은 아편이 상인들의 소유가 아니라 영국정부가 책임지기로 한 약속에 따라 그들이 판매를 위해 위탁받아 보유했다는 문제에 직면하였다. 29,291상자가 인도되었을 때 그 영국인들은 석방되었다. 엘리어트는 광동에서 계속 무역하기를 거절하였고 그리고 임칙서가 놀랍게도 모든 영국인들을 마카오로 철수시켰다. 임칙서는 아편이 일단 처분된다면 우호관계의 회복을 막을 것은 아무 것도 없다고 믿었던 사람이다. 엘리어트는 런던과 캘커타에 사건의 전말을 보고하고 군대의 개입을 요청하였다. 임칙서는 이제 마카오에 있는 포르투갈인들에게 압력을 가함으로써 영국인들을 위협했다. 엘리어트는 영국군에게 마카오의 방어를 요청하였으며 심지어 마카오의 인수를 고려하기까지 하였다. 그러나 포르투갈인들은 그 분쟁에 휩쓸리기를 원하지 않았고 그리고 엘리어트는 영국인들을 상선으로 철수시켰고 홍콩항에서 정박하게 하였다. 곧이어 1839년 7월에 린 웨이 히(Lin Wei Hi)라는 한 중국인이 싸움을 하는 도중에 영국군의 해안분견대에 살해당하자 중국은 그 살해혐의자를 중국에 넘겨줄 것을 요청하였다. 영국인들은 오랫동안 중국의 재판절차를 불신해 왔으며 비록 살해혐의자를 찾아내는 난제를 해결하는 것이 가능하였다 할지라도 넘겨줄 의사가 없었다. 영국 선박들은 이제 뗏목의 공격을 받았고 한 영국인 파견대가 출발하였다. 그 결과 전쟁이 시작되었다.

요약하자면 영국인들은 광동에서의 교역조건에 불만을 품었다. 그러나 놀라운 사실은 불만의 존재가 아니라 오히려 불만이 그렇게 많지 않았다는 점이 추가되어야 할 것이다. 분쟁이 발생하자 무역은 중단되었고 이어서 몇 가지 상식적인 해결책이 채택되자 무역이 재개되었다. 1839년에 상황은 변했다. 영국 상인들은 회사의 독점 철폐를 보장받았으며 각종 규제에 대한 이들의 불만의 목소리가 더욱 높아졌다. 중국인들은 아편무역의 급증이라는 심각한 문제에 직면하였다. 영국의 태도는 완고해졌다. 영국은 이제 거대한 무역국가로서 자리 잡았다. 영국은 인도의 많은 부분을 지배했으며 국민 생활은 산업화되어 가고 있었다. 영국 상인들은 스스로 세계의 거의 모든 국가에 시장을 개척하고 새로운 상업부분들을 개척하는 데 있어서 전례 없는 시도와 정열을 기울였다. 두 국가 사이의 논쟁을 해결하곤 했던 옛날 방식은 더 이상 적용할 수 없게 되었다. 중국이 외교 협상을 허용하거나 영국정부를 통상적인 속국으로서 인정하는 것 이외에는 승인하려 하지 않았기 때문에 그 결과 어떤 중대한 사건도 쉽게 전쟁으로 비화될 수 있었다. 이 경우 용납할 수 있는 어떤 대안도 없었다.

제3장 홍콩의 출현

이 해안들에서 영국국기가 확고한 지위를 누리면서 휘날리게 될 때까지 통치에 대한 어떠한 안전이나 영광도 결코 있을 수 없다.

찰스 엘리어트 대위 1839년 4월 6일

이른바 아편전쟁(Opium War)의 근본 요인은 다음과 같이 요약될 수 있다.

(1) 광동의 영국 상인들은 무역에 대한 규제와 자의적인 관세인 입항세 부과에 대해 불평했다.

(2) 그들은 무역을 하지 않는다면 중국인들이 결코 이 같은 규제와 각종 세금부과를 변경하지 않을 것이라고 믿었다.

(3) 그들은 상인단체인 코홍(Co-Hong)과 광동의 독점권을 폐지하고 중국전체를 유럽인의 무역에 개방하기를 원했다.

(4) 영국정부는 모든 현안 문제를 해결하기 위해 중국정부와 협상하기를 원했다. 이것은 중국인들이 인정하려 하지 않았던 두 정부 사이의 평등을 전제로 하였다.

(5) 유럽인들은 중국 관리들에 의해 야만인으로 취급되어졌고 그들과의 직접적인 접촉도 금지되었다.

(6) 중국인들은 경직된 태도를 취했다. 만약 유럽인들이 이러한 여건을 좋

아하지 않거나 또는 중국인의 법에 복종하기를 원치 않는다면 유럽인들은 본국으로 되돌아가야만 했다. 왜냐하면 중국인들은 자급자족하였고 다른 나라의 어떠한 상품도 필요로 하지 않았기 때문이다.

(7) 중국정부에 도전하면서 수행된 비합법적인 아편무역의 증대는 위험한 상황을 초래하였고, 그 결과 야기된 은의 국외 유출은 중국의 경제난을 초래하였다.

네이피어 에피소드(Napier Episode)가 생겨난 이후인 1834년에 시작될 수도 있었을 전쟁은 1840년까지 지연되었고 수치스러운 아편무역과 결부되었다.

광동에서 외국인 공동사회에 대항하는 지방행정관인 임칙서의 행위에 관한 소식을 전해들은 영국정부는 마침내 광동의 어려움을 확실히 해결하기 위해 상인들의 주장을 후원했다. 외무장관인 파머스톤(Palmerstone) 경은 중국에 대해서 온당한 정책을 추구했고 또한 계속 그렇게 했다. 그는 중국인들에게 아편을 강요하기를 원하지 않았으며 중국정부가 자국에 밀수입되는 아편을 압수하는 권리에 대해 결코 이의를 제기하지도 않았다. 파머스톤은 중국 황제의 의무대신에게 보내는 장문의 서신에서 영국정부의 견해를 피력했다. 그 서신에서 그는 아편에 관한 법률은 중국인과 외국인들에게 동등하게 시행되어야 했다고 주장했다. 중국인들이 자국의 변화된 의도를 알린 후에 중국에서 자신들이 발견할 수 있었던 모든 아편을 압수했다면 불만은 야기되지 않았을 것이었다. 그러나 그렇게 하지 않고 중국인들은 영국 상인들을 체포하기로 결정하고 영국인 감독관을 전혀 관계가 없었던 중국 법률을 시행할 대리자로 만들었다. 영국 상인들은 신체적인 구속을 받은 상태에서 아편을 양도할 것을 강요받았으나 그때까지는 그 아편이 반드시 그들에게 속해 있지는 않았고, 엘리어트는 단지 투옥된 자신의 동포들의 목숨을 구하기 위해서 포기했다.

파머스톤은 자신의 요구를 과거에 대한 만족과 미래의 안전으로 요약했다. 구속된 영국 상인들의 생명에 대한 대가로 규정된 아편 값은 상환되어야 했고 그는 그 대표를 투옥하고 원정비용의 지불을 요구했다. 미래에의 안전을 위해서 그는 '영국민이 다시는 폭력에 직면하지 않도록' '하나나 또는 그 이상의 충분히 크고 적당한 위치에 있는 섬들'을 할양해 줄 것을 요구했다.

섬의 양도는 그렇지만 본질적인 요구는 아니었다. 전권대사들은 중국정부가 중국에 있는 영국국민들에게 통상의 안전과 자유를 부여하는 조약에 동의한다면 영국정부는 어떤 섬에 대한 영구소유권을 포기할 것이라고 말했다. 이것은 양자택일의 문제였다. 그 제안은 중국인에게 보낸 파머스톤의 서신에 나타나지 않았다. 전쟁의 목적은 영토의 할양이나 또는 적절한 보장이 딸린 통상조약에 의해 상인들의 안전을 보장하는 것이었다. 협상을 연기하는 동안 '하나나 그 이상의 섬들'은 점유되어 해군지휘관과 감독관에 의해 선택되어야 했다. 그 섬들은 단지 광동에 대한 통상 뿐 아니라 일반적인 통상에 알맞은 위치에 있었고 좋은 항구를 가졌고 자연적인 방어시설을 제공할 수 있었고 쉽게 식량을 공급받을 수 있었다.

원정은 준비되었다. 찰스 엘리어트 대위와 그의 사촌인 해군소장 조오지 엘리어트(George Elliot)는 전권대사로 임명되었다. 그들은 광동강을 봉쇄하고, 추산군도를 점령하고, 이 군도로부터 시작하여 양쯔강 어귀를 봉쇄한 후, 협상을 시도하라는 명령을 받았다. 전쟁은 선포되지 않았지만 원정대의 파견은 전쟁 행위로 간주되었다.

그 당시 원정의 목적은 전면전을 시작하려는 것이 아니라 효과적인 봉쇄를 위해 충분한 무력을 사용함으로써 중국인들을 협상으로 유도하려는 것이었다. 1840년 6월 이전에 원정대가 미카오를 출발하여 북쪽으로 떠날 준비가 되었다. 추산섬은 점령되었고, 페이호 강에는 8월에 도착하였다. 거기서 케쉔(Keshen)과의 회견에서 광동에서의 협상을 재개하기로 합의가 되었고, 10월에 도착한 전권대사들은 마카오로 되돌아갔다. 얼마 후 제독은 건강이 악화되어 물러가면서 최고의 해군장교로서 해군준장 고든 브레머(J. J. Gordon Bremer) 그리고 유일한 전권대사로서 찰스 엘리어트 대위를 뒤에 남겨두었다.

찰스 엘리어트 대위는 1834년에 그 아래 직책에 있었던 네이피어(Napier)를 지지하였다. 그는 네이피어의 후임자인 데이빗으로부터 상당한 평가를 받았으며, 1836년 12월 이래로 무역관이 되었다. 임칙서가 도착할 때까지 그는 변함없이 회유와 경고의 정책을 조언하고 수행했다. 그는 영국 무역위원회가 중국인들에게 강요해서는 안 되며 또한 지위가 높고 요구사항이 많은 사람을 파견해서는 안 된다고 생각했다. 그는 양국의 이익은 우호적인 무역관계를 유지하는 데 있으며 중국인들은 공식적인 측면에서 영국인들을 자발적으로 인정하고 처우해야 하며 그리고 그때까지 그 규정을 지키는 것이 낫다고 판단했다. 따라서 그는 파머스톤에게 질책을 당할 때까지 코-홍을 통하여 '청원'의 서신을 보냈다. 그는 아편무역 특히 광동의 한정된 해역에서의 아편무역은 중국인들에 대한 직접적인 도발로 간주하면서 반대하였다. 그는 전쟁에서 중국이 패배할 것을 확신했었다. 그러나 중국 전체의 정치적인 조직이 와해될지도 모른다는 위험이 있었다. 그의 목적은 광동지역을 제한하고 거기서 지역관리들로 하여금 공동이익의 토대 위에 새로운 관계를 수락하도록 만드는 것이었다. 그의 정책은 전쟁 중에도 전과 마찬가지로 여전히 유화적이었다.

광동에서의 협상에서 케쉔은 그 대부분의 요구를 거절하였으며 그리고 1841년 1월 초에 파탄으로 끝났던 고통스런 협상이 뒤이었다. 엘리어트는 광동에 대항하는 공세를 취하여 보그항들을 점령하였다. 3일 후에 휴전이 이루어졌고, 협상이 재개된 이후 한 협정이 맺어졌는데 이는 통상 추엔피협정(Convention of Cheuenpi)라 일컬어진다. 두 당사자가 그 협정에 서명하기 위해 1841년 1월 20일에 추엔피에서 만나기로 결정하였다. 그러나 케쉔은 문제를 일으켰고 2월 12일로 예정된 최종회담은 개최되지 않았다. 그 협정은 사실 결코 조인되지 않았다. 그것은 양국 정부에 의해 거부되었고 그리고 케쉔과 엘리어트 양자 모두 소환되었다.

엘리어트는 1841년 1월 20일에 협상조건을 서둘러 발표하였다. 그것에 따르면 추산은 소개되어야 하고, 광동에 자유로운 접근이 허용되어야 하고,

홍콩은 양도되어야 하지만 그러나 중국인 관세부과는 그 무역이 마치 황포아에 있는 것처럼 거기서 허용되어야 한다는 것이다. 범죄인 상호인도, 무역법령의 작성, 관리들 사이의 평등, 압수된 아편에 대한 보상을 위한 협정이 체결되어야 했다. 이 같은 협정 덕분에 퍼제션 포인트(Possession Point)에 상륙하여 영국국기를 게양한 브레머가 지휘하는 해군이 1841년 1월 26일 홍콩을 점령하였다. 그 후 거의 2년 반이 지나서야 영국정부는 이것을 새로운 식민지의 탄생으로 인정하였다.

엘리어트의 유화정책은 그 협정의 조건에서 분명히 나타났다. 그는 장기적 관점을 지녔고 우세한 무력에 의해 강요된 즉각적인 이득보다는 오히려 지속적인 정착을 목표로 삼았다. 그는 무역이 계속 광동지역에 집중될 것이며 그래서 조약항들의 개항을 촉구하지 않을 것이라고 생각하였다. 그는 홍콩섬을 교역항으로 선택하였는데, 그 이유는 그가 보기에 교역항은 광동에 가까워야 했기 때문이었다. 그리고 그는 외국상인들이 이제 영국국기의 보호 아래 홍콩에서 살아갈 것임을 인식하면서 광동을 지속적인 무역중심지로 삼으려 하였다. 그러나 그는 중국인의 관세수입을 빼앗을 의도는 전혀 없었다. 그 섬의 항구는 그 지역에 모여들었던 법의 예속을 받지 않았던 영국인들에 대한 통제를 가능케 하는 추가적인 이점을 가졌다.

케셴으로 하여금 그 협정에 서명하게 하는 데 실패하였기 때문에 엘리어트는 전쟁을 재개하였고 1841년 3월에 보그항은 다시 점령되었고 광동은 위협을 받았다. 휴전은 다시 성립되어 황포아에서 그 시기에 차 선적을 완료할 수 있었다. 왜냐하면 엘리어트는 적대행위가 교역을 방해해서는 안 된다는 점을 늘 갈망했기 때문이다. 그는 협상하려는 시도를 계속하였으나 보다 가혹한 조건으로 협상했을 뿐이었다. 중국인들은 더욱 더 양보하지 않는다는 것이 입증되었다. 왜냐하면 케셴이 그 협상 장소에서 결박된 채 북경으로 이송되었기 때문이다. 1841년 4월 영국의 마지막 선박의 선적을 끝내던 날 밤에 광동지역에서 중국인들은 불붙은 뗏목을 타고 그 선박을 공격하였고 따라서 휴전은 결렬되었다. 공장들은 다시 점령당했고, 그 도시를 공격할

채비를 하는 동안 중국인들은 협상조건들을 재차 요구했다. 엘리어트는 광동을 군사적으로 점령하지 않음으로써 중국인들의 호의적 반응을 얻어내려고 했다. 600만 달러의 배상금이 강요되었다. 중국군은 그 도시로부터 철수했고 영국군은 보그에서 철수했다. 엘리어트는 이제 북쪽에서 전쟁을 수행할 준비를 갖추었으나, 1841년 7월 29일에 그는 소환장을 받았다. 5일 전에 이미 그의 소환 소식이 지역신문에 나타난 것은 매우 효율적인 것이었음을 말해준다.

본국에서 외무장관 파머스톤은 추엔피 협정의 소식을 듣고 실망하고 또한 불만을 품었다. 엘리어트에게 "당신은 불복종했으며 훈령을 무시했다"고 말했다. "당신은 나의 훈령을 전적으로 무시하면서 휴지 조각이라고 생각하고 있으며 그리고 당신은 자기 자신의 상상력에 따라 자국의 이익을 완전히 자유롭게 다루어야 했다고 생각한 것처럼 보인다." 파머스톤은 "만일 설득이 실패한다면 당신이 무력을 사용할 수 있도록 허용할 목적으로 당신에게 특별히 파견된 군사력을 충분히 활용해 보지도 않고 당신에게 요구되고 지시했던 것에 훨씬 못 미치는 조건으로 중국인들과 화해했다"는 이유로 엘리어트를 고발하였다. "나는 왜 당신이 그 군대가 파견된 바로 그 목적을 위해 군대를 이용하지 않았는가를 이해할 수 없다"고 파머스톤은 불만을 털어놓았다.

그는 집 한 채 들어설 수 없는 황폐한 땅인 홍콩의 할양에 대해 깊은 감명을 받지 못했으며 그리고 그것이 완전한 주권의 양도였는지에 대해 그 양도를 의심하게 만든 조건들을 불신하였다. 파머스톤은 마카오가 그렇지 못했듯이 홍콩이 무역중심지가 될 것이라고는 믿지 않았으며 그리고 교역조건이 다소 변경될 것이라고 생각했다. 상인들은 광동에서 무역을 계속했으며 중국인들의 수중에 놓였다. 유일한 변화는 이제 그들이 여름 동안 마카오 대신 홍콩에 휴가를 보내러 올 수 있었다는 점이다. 홍콩을 영국 왕령에 병합시킨다는 선언은 전적으로 시기상조였는데, 그 이유는 어떠한 공식조약도 체결되지 않았기 때문이다. 어쨌든 하나의 조약이 체결되었다 할지라도 중국 황제가 비준할 때까지는 공식적인 할양이 결코 이루어지지 않았기 때문이다. 엘리어트는 다시 소환되었으며 헨리 포팅거 경이 그의 후임이 되었다. 아마도 엘리어트의 방법과 정책은 통상 그러했던 것보다 더욱 영구적인 발판 위에 중국과의 관계를 설정하려 했을 것이며 그리고 서양인에 대한 중국인의 적대감을 피할 수 있었을 것이다. 그러나 적대행위는 홍콩의 미래가 판가름이 날 새로운 국면으로 접어들었다.

제4장 내키지 않는 승인

안전하고 잘 통제된 무역은 우리가 원하는 전부이다. 우리가 독점적 혜택을 결코 추구하지 않으며 그리고 모든 다른 국가의 국민들이 즐기는 것으로 기꺼이 생각하지 않는 어떤 것도 요구하지 않음을 당신은 지속적으로 명심해야 할 것이다.

1841년 11월 4일 에버딘 상원의원이 헨리 포팅거 경에게

포팅거는 영국의 모든 요구를 확실히 보장받기 위해 파견되었다. 자신의 훈령에서 외무장관 파머스톤은 중국 해안에서 떨어져 있는 그 섬의 주요 항구 문제를 보다 명확한 용어로 다루었다. 그는 "4개 또는 5개의 주요 상업 도시에서는 영국인의 교역이 허용되어야 하며, 영국인과 영국영사들은 거기에 거주하도록 허락을 받거나 또는 동부 해안에 있는 몇몇 섬들이 교대로 양도되어야 하지만 자유로운 통상 거래가 그 섬과 본토에 있는 도시들 사이에 허용되어야 한다는 규정에 따라야 한다고 말했다. 포팅거는 홍콩 섬이 고려되고 있는 목적에 보다 적합한 광동 근처의 섬들과 교환될 수 없다면 그 섬을 포기하지 말라는 지시를 받았다. 그리고 그는 홍콩의 적합성을 시험해 보아야 했다. 파머스톤은 만약 홍콩이 상당히 오랜 기간 동안 북쪽 항구와 교역을 하기 위한 어떠한 시설물을 제공할 수 없었다면 그 섬의 소유는 동쪽 해안에서 섬의 다른 항구를 확보하거나 개항될 항구들에서 거주할

허가를 영국인들이 확보할 필요성을 대체하지 않았다는 점을 덧붙였다. 달리 말해 홍콩은 파머스톤이 그 섬에서 찾고 있었던 항구는 아니었다. 그는 자신이 이해한 바와 같이 엘리어트가 체결한 협정에 대해 반대하지 못했다. 그 협정에 의해 영국 상인들은 중국에 관세를 납부할 경우 중국의 어떠한 항구에도 자유롭게 수출할 수 있었다. 그는 영국령에 중국 세관원이 상주하는 것은 비정상적이라고 생각했으나, 몇몇 유럽 국가에서 그러한 협정에 대한 선례가 있으며 그리고 그것은 부당하고 불법적인 관세를 저지할 것이라고 말했다. 그러나 모든 협정은 그 조약에 포함되어야 했다. 5주일 후인 1841년 6월 5일에 파머스톤은 홍콩 섬이 보유되어야 함을 더욱 명백히 주장하는 서신을 보냈다.

헨리 포팅거 경은 1841년 8월 10일 마카오에 도착했다. 그는 인도에서 명성이 자자한 경력을 쌓은 후 이전 해에 본국에 돌아왔다. 그리고 그가 영국의 요구를 더욱 적극적으로 내세울 것이라는 예상은 상당히 근거가 있었다. 그는 도착한 지 10일 만에 해군 및 육군 장교들이 매우 좋아할 정도로 과단성 있게 북쪽으로 출발하였고 12개월 만에 그 전쟁을 성공적으로 종결지었다. 그 캠페인의 필요성은 여기서 간단히 언급된다. 포팅거와 함께 출발했던 윌리엄 파커 제독이 2,500명에 달했던 병사를 거느리고 휴 고프 장군과 함께 지휘하였다. 아모이는 점령되었고 얼마 안 있어 친하이와 닝뽀의 점령으로 그 계절의 전쟁은 종식되었고 12월에 포팅거는 마카오로 돌아왔다.

1842년 봄에 영국에서 휘그당 내각이 실각했다는 소식이 전해졌다. 필이 수반인 새로운 토리당 내각이 에버딘 경을 외무장관으로 삼아 중국에서의 전반적인 요구를 지속시키면서 계속되는 전쟁을 정열적이고 효과적으로 수행할 준비를 갖추기로 결정했다. 포팅거에게 지시한 외무장관 에버딘의 훈령은 몇몇 중요한 정책의 변경을 포함하였는데, 이 같은 변경 덕분에 포팅거는 협상에서 보다 큰 재량권을 갖게 되었다. 가장 중요한 변화는 그 섬의 항구를 확보하는 문제에 있었다. 에버딘은 전쟁 도중에 이루어진 영토 획득은 영구 정복의 관점에서 이해되어서는 안 된다고 규정지었다. 그 정부의 목적은 조약에 의한 통상의 보장이었다. 그 조약은 영국 영사들이 주둔할 수 있는 4개 내지 5개의 항구를 추가로 개방할 것이었다. 더 많은 수의 항구 개항에 대한 대안으로서 섬의 항구에 대한 요구는 보호를 받았으나 이제는 거부되었다. 에버딘 경은 그런 섬들은 유용한 군사기지로서 또는 협상 시에 담보물로 점령된 것으로 간주했으나 그러나 그 섬들을 보유할 의도는 없었다. 그는 그 섬들의 유지경비가 많이 들 것이고, 중국정부의 반대에도 불구하고 그 섬들을 보유한다면 그것들에서 얻어낼 수 있는 상업적 혜택은 별로 없을 것이며 그리고 영국이 중국의 정책에 휘말려 들어갈 위험이 있다고 주장했다.

이러한 수정된 훈령이 도착되기 전에 포팅거는 홍콩을 보유해야 한다고 확신하게 되었다. 그는 홍콩의 성장에 감명을 받았고 1842년 3월에 무역감독 본부를 마카오에서 홍콩으로 이전함과 동시에 홍콩이 자유항임을 선포했다. 점령이 영구적이어야 한다는 믿음은 따라서 본국 정부가 아직 그 섬에 대한 주권은 내세우지 않았다는 사실에도 불구하고 어느 정도의 공식적인 지지를 받았다.

에버딘 경의 새로운 훈령이 도착되었을 때 포팅거는 이 식민지가 영국 여왕의 영예와 더불어 중국 황제의 권위가 지속적으로 회복되고 있을 정도로 너무 진보했다는 내용의 서신을 본국에 보냈다. 수정된 훈령에 따라 모든 추가 건축 및 토지 양도를 금지시켰다. 그러나 그는 그 섬의 보유에 유리한 한 확고한 신념을 품고서 협상을 재개하기 위하여 섬으로 되돌아 왔다.

1842년 3월에 중국의 공격을 격퇴시킴으로써 전쟁은 재개되었다. 양쯔강 입구에 위치한 우성 요새와 상해는 점령되었다. 함대는 강을 거슬러 올라가 친키앙을 점령하고 대운하를 봉쇄한 후 8월 초순에 남경에 도착했다. 포팅거는 타협을 완강히 거절하였다. 그는 남경을 공격할 준비를 갖추었다.

그 도시를 구출하기 위해 중국인들은 그의 조건들을 수용하였는데, 1842년 8월까지의 적대행위는 남경조약으로 종식되었다. 그 조약으로 두 나라 사이의 분쟁이 완전히 해결된 것은 아니었다. 보다 논의할 것이 많이 남아

있었다. 양 당사국은 협상의 연장으로 조약을 지연시키지 않기를 갈망했다. 영국인들은 중국과의 전면전에 들어가는 것을 우려했고, 중국인들은 거의 어떠한 조건으로든 침입자들을 양쯔강에서 물러나게 하려고 했다. 중국은 파손된 아편에 대한 보상금과 군대원정 비용으로 2,100만 달러를 지불하는 데 동의했다. 광동의 독점권은 4개의 항구 즉 아모이, 푸초우, 닝뽀, 그리고 상하이를 추가로 개항함으로써 폐지되었다. 이 4개 항구는 영국인들과 영국 영사들이 거주할 수 있었다. 관세 협정이 체결되어야 했고 포로의 상호석방과 양국 사이의 외교적 평등이 이루어져야 했다. 그 조약은 또한 영국인들이 자신들의 선박을 수리하고 정비할 항구가 필요하다는 이유로 홍콩의 영구 할양을 대비하고 있었다. 홍콩을 확보할 때 포팅거는 자신의 훈령의 한계를 넘어섰다. 그는 조약항의 개항과 섬의 할양을 확실히 보장받았다. 자신의 행동을 옹호하면서 그는 후일에 "홍콩의 보유는 내가 본국 훈령의 한계를 의도적으로 넘어선 유일한 결정이었다. 그러나 우리가 무역중개자로서 중국에 있는 영국인들이 중국인과 마찬가지로 보호받고 통제될 장소로써 그러한 식민지를 보유할 필요성에 대한 바램을 확신시켜 주었다"라고 피력하였다.

조약체결 소식을 본국에서는 매우 만족스럽게 받아들였다. 그러나 본국 정부는 홍콩 할양에 대해서는 별다른 열정을 갖지 않고 주시했으며 북경 정부가 할양을 수락하는 것이 확실할 때까지 어떠한 선언을 발표하거나 또는 어떤 결정적 행정부를 설립하기를 거절함으로써 공정한 태도를 취했다. 조약 비준서는 1843년 6월 26일 홍콩에서 교환되었고 단지 그때서야 홍콩은 헨리 포팅거 경이 초대 총독으로 취임한 영국의 식민지임이 선포되었다.

중국에서 식민지의 책임을 떠맡을 때 이러한 망설임은 초기 빅토리아 여왕 시대의 특징이었다. 17-18세기의 식민지 정책의 기초가 된 중상주의는 미국 식민지의 상실로 불신을 받았다. 새로운 자유무역 이론은 보호무역이라 중상주의적 개념을 시대에 뒤진 것으로 만들어 버리고 있었다. 자유무역 업자들은 반 식민주의적 경향을 지니고 있었는데 왜냐하면 적어도 이론적으로는 자유무역체계 내에서는 특혜관세나 다른 형태의 식민지 무역을 보호할 여지가 거의 없었기 때문이다. 그래서 광동에서 동인도 회사의 독점권을 깨뜨리는 데 성공한 사람들은 새로운 산업시대를 맞이하였다. 그들은 국가에 의한 영토적인 제국 건설이 아니라 규제를 받지 않는 상인기업에 의한 산업제국의 건설에 주로 흥미를 가졌다. 만약 홍콩에서처럼 국기가 게양된다면 그것은 상인들에게 그들이 필요로 하는 안전을 보장해 준다는 의미를 가진다. 결국 영국의 해외 팽창 역사에서 종종 그러했듯이 영국 국기를 게양하는 것은 본국 정부가 아니라 그 지역에 진출하고 있던 개인이었다.

남경조약의 체결에도 불구하고 여전히 해결되어야 할 것이 많이 남아 있었다. 영국은 평등의 기초 위에서 외교적 승인을 얻어낸 후 최후의 협상의 주체가 될 수 있다는 점을 분명히 인식하였다. 아편, 치외법권, 여타 유럽인들의 지위, 관세, 내륙통과세, 무역규제 등의 중요한 문제는 해결되기 위해 남겨진 쟁점이었다. 또한 중국 본토와 홍콩과의 관계정립 문제가 남아 있었다.

이러한 문제들은 1843년 10월 8일에 후 멘 차이에서의 조약에 의해 다루어졌다. 중국정부가 영국 상품에 부과하는 관세는 합의가 되었으며 그리고 개항장에서의 선적과 교역 같은 문제들을 다루는 상업규칙, 영사의 기능 그리고 상업적 분쟁 해결방안이 문서화되었고, 관세 및 규칙은 보조조약에서 구체화되었다. 이 조약은 또한 치외법권, 개항장에서의 정착조건, 그리고 범죄인 상호인도 문제를 규정하였다. 아편문제에 관해서 그 조약은 아무런 언급도 하지 않았다. 영국정부는 아편수입이 금지되는 한 그 금지를 실행하는 것은 순전히 국내 문제라는 이유로 아편문제에 대해 공식적으로 협상하기를 거절하였다.

제5장 5년간의 정착기
(1841년 3월~1843년 6월)

영국 군함 설퍼호(the Surphur)의 선장 벨셔(Belcher)는 해안을 측량하고 주요 갑의 높이를 재었다. 그리고 자신의 책임 하에 그 지역들의 이름을 붙였다. 북쪽 해안가를 따라 항구를 마주보고 있는 뚜렷이 표시된 통로를 따라 하나의 도로가 계획되어 일찍이 그 건설 작업이 시작되었다. 그것은 여왕로(Queen's Road)라고 명명되었으며, 식민지의 주요한 간선도로가 되었다.

땅의 처분은 주요한 문제였다. 건물 부지는 전유되고, 토지는 매입자들에 의해 그 권리가 충분히 검토되지도 않은 채 중국인 거주자들이 매각하고 있었다. 영국국기의 안전을 보장하려는 것이 이상의 사실을 묵인한 유일한 동기는 아니었다. 많은 상인들은 건축물을 지을 땅을 원했다.

그러나 많은 사람들은 만일 홍콩이 영국의 식민지가 된다면 지가가 상승할 것이며, 부분적으로 투기의 대상으로서의 좋은 부지를 사용되도록 보장하고 미래의 발전을 보장하기 위해서는 이러한 상황에 질서를 회복할 어느 정도의 통제가 필요함을 깨달았다. 1841년 5월에 땅의 처분에 관한 방침이 발표되었다. 경매장에서 연간 지대의 지불을 위해 가장 높은 가격을 부른 입찰자에게 땅이 할당되어야 했으며, 이 지대는 경매의 기준이 되었다. 엘리어트는 왕의 권리를 대리로 행사하였다. 그러나 만약 본국 정부가 동의한다면 토지 소유자들이 그들의 할당된 토지를 자유보유 부동산으로 구입하는 것이 허용될 것임을 약속했다. 각각의 할당된 토지 면적은 고위관리에 의해 즉석에서 구체적으로 명시되고 정의되어질 것이다. 최소 가격이 1,000달러로 정해진 건물들은 제한된 시간 내에 정해진 지역에서 건설되어야 하며, 500달러의 계약금을 예치시켜야 한다. 바다 쪽의 여왕로에 직면해 있는 100평의 해양부지와 그 도로 반대편의 교외 부지 100평을 제공하려는 계획이 있었다. 부지를 측량하는 데 있어서 많은 어려움이 야기되었다. 비록 경매일이 6월 14일로 이틀 연기되었을지라도 매각 준비가 되어 있었는데, 그 이유는 그 각각의 부지가 여왕로를 따라서 100피트 길이의 정면에 공터를 가지고 있었고 해안선의 형태에 따라 연안의 깊이가 달라졌기 때문이다. 엘리어트는 또한 이미 건물을 짓기 시작한 모든 사람들에게 모든 부지는 정부관리를 통해서만 매각되어야하며 토지 소유권을 주장하는 모든 원주민들은 자신들의 주장을 입증할 근거를 제시해야 한다고 경고했다.

그 결과 이용할 수 있는 제한된 수의 구역을 둘러싼 경쟁은 치열하였으며 가격은 해양에서의 깊이에 따라서 20파운드에서 많게는 265파운드까지 매우 다양했다. 그러나 엘리어트는 상인들로 하여금 그 섬에 거주하게 만드는 데 너무 극성을 부렸기 때문에 실패했다. 왜냐하면 절차를 서둘렀고 부지가 부정확하게 측량되고 구획되었다는 것이 나중에 드러났으며, 이것이 차후에 알력과 어려움을 야기한 원인이 되었기 때문이다. 엘리어트는 한 두 해에 걸쳐 구매가를 지불한 매입자인 2명의 주요한 상인인 쟈딘(Jardine)과 덴트(Dent)에게 직접 부지의 소유권을 양도하도록 허락해주기를 촉구했다고 주장하는 서신을 본국 정부에 보냈다. 그리고 그러한 것에 관심이 있는 사람들에게 그의 편지를 회람시키도록 그 두 상인에게 요청했다. 의심할 여지없이 그는 상사가 찾아오기를 갈망했다. 그러나 그는 자신이 당국에 요청했던 것보다 훨씬 더 유리한 조건으로 땅의 양도가 이루어지고 있다고 그들이 생각하게 만들었다. 본국 정부는 나중에 이러한 조건들을 인정하기를 거절하여 많은 불만을 야기했는데 그 이유는 매입자들이 엘리어트가 약속을 어겼다고 주장하였기 때문이다.

토지 매각의 주요한 결과는 매각이 영구적이라는 인상을 심어주어 사람들
이 섬에 투자하도록 끌어들였다. 왜냐하면 상인들이 1841년 여름에 홍콩으
로 옮겨가야 할지 그러지 않아야 할지를 결정해야만 했던 것이 협상의 배경
이었다는 점이 상기되어야 했기 때문이다. 식민지 통치는 시작되었다. 엘리
어트 자신은 무역감독관으로서의 책무를 맡았고, 1841년 4월 30일에 처음으
로 임명되었다. 26보병 연대의 대대장인 윌리엄 케인(William Caine)은 주
로 질서유지를 목적으로 하는 치안판사(Magistrate)로 선출되었다. 중대한
범죄로 고발된 자들은 정부의 책임자에게 보고되어야 했다. 왜냐하면 중국
인이 아닌 모든 사람들은 영국 법에 따라 재판에 회부되어졌다. 치안판사의
중국인에 대한 재판 관할권은 중국의 법률, 관습, 습관에 따라야 했으며 그
리고 그의 중국인에 대한 처벌 권한은 400달러의 벌금과 석 달간의 감금 또
는 100회의 채찍질을 가할 수 있는 것에 한정되었다. 보다 무거운 처벌을 받
아야 할 범죄자는 엘리어트에게 넘겨졌다. 윌리엄 케인은 이어서 지어진 감옥
의 감독관이 되었다. 엘리어트가 원정대와 더불어 북쪽으로 갈 준비를 하고
있던 6월 22일에 그는 존스톤을 무역 부감독관으로 정하고 그에게 식민지 통
치를 맡겼다. 영국 해군의 기선 네메시스호(the Nemesis)의 대위인 페더(W.
Pedder)는 항무관과 해양치안판사로 임명되었고, 레나(Lena)라 불리는 그의
보좌관과 버드(J. R. Bird)가 한 공공사업 부서를 조직하는 임무를 맡은 실
무 서기에 임명되었다. 군대는 그들 스스로 웨스트포인트인 사이 잉 펀(Sai
Ying Pun)에 있는 중앙 지구(지금의 고든로)에도 또한 주둔했다. 이러한 민
간 관리들과 군대가 더 영구적인 건물들이 세워질 때까지 거친 지역을 차지
했다.

여러 재앙들이 너무 빨리 초기의 식민지를 덮쳤다. 부지의 준비로 인해
극심한 전염병이 만연하여 많은 사망자가 발생했다. 묘지가 필요했으며 이
때문에 중앙의 군대 주둔 지역의 바로 동쪽에 있는 땅의 일부가 활용되어야
했다. 7월 21일에 격렬한 태풍이 모든 취약한 가옥들을 쓰러뜨렸고, 선박

을 손상시켰다. 4일 후에는 덜 심한 두 번째 태풍이 식민지를 강타했다. 이러한 태풍 때문에 마카오에서 홍콩에 가는 도중에 엘리어트와 브레머는 호화선 루이사호(the Louisa)에서 자신들의 원정에 발이 묶였다. 엘리어트는 배의 조타수가 되어 훌륭한 선박조정술을 발휘함으로써 한 섬에 배를 끌어올렸다. 그 섬에서 그 배는 완전히 난파되었다. 엘리어트의 목에는 10만 달러의 현상금이 걸렸다. 그러나 그는 운 좋게도 3천 달러로 한 중국인을 설득하여 그를 마카오에 데리고 가게 하는 데 간신히 성공하여 살아남았다. 이어서 8월 12일에 화재로 인해 그 섬에 이끌려 들어온 수많은 중국인 수공업자와 노동자의 간이 오두막집이 모두 타버렸다. 1841년 8월 10일 헨리 포팅거 경의 도착과 더불어 엘리어트의 소환과 그의 정책에 대한 거부의 소식이 전해졌다. 본국 정부의 태도 때문에 섬의 장래는 불확실했다. 포팅거는 자신의 도착 이틀 후에 그 섬에 관한 영국여왕의 재가가 있을 때까지 엘리어트가 홍콩에 관해서 취한 모든 결정은 유효하다는 한 통고문을 발표했다. 그 결과로 존스톤이 부총독직에 남아있었고 이미 공식적으로 임명된 사람들은 계속 자리를 유지하는 것이 허용되었다. 신임 전권대사는 성공적인 전쟁 수행을 주요한 과업으로 간주하고 홍콩 문제는 충분히 미루어 둘 수 있다고 생각했다.

그는 8월 20일 오후에 북쪽으로 가는 도중 기선 여왕호를 타고 그 항구에 도착하여 상륙하였고 다음날 아침 다시 해변으로 나왔다. 그는 그 식민지의 진보에 감명을 받은 것처럼 보였다. 그러나 그것은 하루 즉 24시간에도 못 미치는 성급한 시찰이었으며 그 대부분의 시간 동안 그는 군사 활동 계획에 몰두해 있었다. 그는 더 이상의 토지 할당을 금하고 섬의 장래에 대한 결정을 연기한다는 명령을 하달하고 떠났으며 그리고 군사적으로 중요한 업무의 지속에만 동의하였다. 그는 영국 군대가 구룡(Kowloon)에서 철수하고 거기 있는 대표들을 항구에 있는 켈레트(Kellett)섬으로 옮기도록 명령했다. 그는 타이탐에 이르는 군사도로와 병영의 건립에 동의했다. 존스톤은 오해 때문이거나 또는 그가 상인들의 압력에 견딜 수 없었기 때문에 식민지가 영구적이라는 가정 하에서 계속 일했다.

1841년 10월에 그는 건물을 지을 목적으로 신청한 사람들이 엘리어트가 떠나기 바로 직전에 임명된 토지관리인 밀리우스(Mylius) 대위에게 개인적으로 신청하는 것이 바람직하다고 발표했다. 부지를 해양, 도시, 그리고 교외로 구분하여 적절한 가격에 매각하려는 상당히 광범위한 계획이 채택되었다. 그 조건들을 준수하지 못한 토지 매입자들은 공탁금뿐만 아니라 그들의 할당부지도 몰수당한다는 한 통고문이 1841년 11월에 발표되었다. 해상부지는 최고 수위로부터 최대한 200피트 이내의 지역들, 홍콩, 웡네이청(Wony Nei Chong: 행복 계곡), 첵추(Chek chu), 스탠리 그리고 첵 파이 완(Chek Pai Wan), 에버딘(Aberdeen)에 있는 구체적인 부지들 그리고 그 나머지인 교외부지에 한정되었다. 게다가 몇몇 지역은 중국인들에게 기여할 시장으로 구획되었다.

포팅거는 이러한 추가 매각 소식을 듣고 승인하지 않았으며 그리고 존스톤에게 그가 권력을 완전히 남용했으며 본국으로부터 훈령을 받을 때까지는 모든 것이 정확히 그대로 남아 있어야 한다는 자신의 지시에 반대되는 행동을 했다고 말했다. 그는 자신의 확실한 허가 없이는 더 이상의 토지 매각을 못하도록 다시 한번 분명히 금지시켰다. 포팅거는 몇몇 군사적인 업무에는 동의했으나 그 이외에 그의 정책은 본국 정부의 요구 사항이 알려질 때까지 엘리어트의 결정이 지켜져야 한다는 것이었다. 그는 11월에 북쪽에서 보낸 서신에서 "나는 엘리어트의 결정에 대해 어떤 편견도 갖고 있지 않다. 그러나 나는 실제로 식민지에 거주하는 모든 사람들을 위해 즉각적인 평화를 제공하고 훌륭한 통제를 해야 한다"고 썼다. 존스톤이 그 입장을 잘못 이해했는지 그렇지 않은지는 말하기 곤란하다. 그는 마치 총독인 것처럼 행동했으며 포팅거가 그에게 그만두도록 명령했을 때까지 인도의 총독과 직접 교신하였다. 1841년 11월에 그는 포팅거에게 이미 이루어진 진보를 길게 설명하는 보고서를 제출했다. 그는 언덕 병영막사(Catonment Hill Barracks)로부터 시장에 이르는 곧 여왕로라 불리게 될 도로는 훌륭하나 그곳과 서부 병영 사이의 도로는 방치된 채로 있었다고 보고했다. 그 감옥은 완성되었다. 승마전용 도로가 첵 파이완(에버딘) 쪽을 향한 언덕 위에 개설되었고 목재로 된 병영은 스탠리에 건립되고 있었다. 가옥들은 중국인 지역들에서 너무 급히 세워지고 있어서 어느 정도의 규제가 필요하게 되었다. 20피트나 되는 넓은 가로가 곧고 질서정연하게 개설되었고, (그 가로가 지금도 여전히 그 지역에 있는 것처럼) 건물들은 베란다를 보유할 수 있도록 가로의 가장자리로부터 적어도 5피트 떨어져 있었다. 중국인 건물 보유자 각각은 시장의 훌륭한 경영을 규제할 3명의 지방행정위원을 선출한 투표권을 갖고 있었다.

1841년 12월에 포팅거는 남쪽으로 되돌아왔다. 그러나 2월이 되어서야 비로소 그는 그 섬에 관심을 기울일 수 있었다. 그는 한 식민지를 건설하는 데 있어서 상당한 진보가 그가 부재중이었던 6개월 동안에 이루어진 것을 알았다. 여왕로는 완성되었고 더 많은 가옥과 정부의 공문서 보관소가 설립되었다. 그리고 더욱 더 특이하게도 그 섬에는 이제 주로 고용이 가능한 12,000명 이상의 중국인 노동자들이 살고 있었다.

존스톤의 주장은 그 자신이 중국인의 유입을 다루고 즉각적인 평온을 제공하는 것이 필요하였음을 판단하는 데 최적격이었다는 이유로 포팅거에 의해 수용되었다. 3월에 포팅거 자신은 두 가지 결정적인 조처를 취했다. 그는 홍콩과 추산이 모든 선박에게 차별 없이 개방되는 자유항이라고 선언했다. 그리고 상인들은 그들의 상품을 치우고 고객과의 거래 관계를 조정할 시간을 부여받을 것이라고 발표했다. 이것은 그가 홍콩이 보유되어야 한다고 생각한 첫 번째 공개적인 치적이었다. 3월말 경에 이미 언급한 바대로 그는 마카오에서 홍콩으로 무역 감독관의 본부를 옮기는 중요한 조처를 취했다.

그에 대한 존스톤의 비난에도 불구하고 포팅거는 자기 자신이 지도층의 관리들, 종교 단체들, 그리고 교육기구에 대해 어느 정도의 토지를 계속 양도하지 않을 수 없음을 깨달았다. 그는 또한 정착하기를 갈망하는 중국인들의 유입에 대비하기 위해 새로운 부지를 선정해야 했다. 그는 홍콩에 있는 모든 토지 소유권이 여왕에게 귀속된다는 원칙을 포함하여 왕권을 더욱 더

공식적이면서도 명백하게 확립하였다.

　그는 모든 사적인 토지 소유권과 그리고 공공의 목적에 부합하는 권리를 다룰 한 토지위원회를 창설했다. 그리고 인가 받지 않은 토지매입, 공유지 침해, 불법적인 해안 간척에 반대하는 공고문을 공표했다. 토지 관리관에 의하지 않고는 어떠한 땅의 매각도 효력을 갖지 못하며 그리고 매각은 공유지 관리관에 의해 등록되어야 했다. 영국국교회 설립이 제안되었고, 포팅거는 국교회 건물의 건축을 위해 회람되고 있던 기부자 명부에 동의했고 정부의 지원을 약속했다. 레이놀드(E. G. Reynold)가 중용성이 커지고 있는 업무를 도와줄 보조 토지 관리관으로 임명되었다. 포팅거는 통화를 다루었다. 그리고 달러당 2.5루피로 환율지수를 고정시켰다. 이것은 중국 동전 1,200원에 상응하였다. 포팅거는 개인들에게 더 이상의 토지를 양도하지 않았으나 절대적 필요성 때문에 그가 허용한 토지 양도를 옹호했음은 사실이다. 그러나 그가 섬의 정복이 영구적이어야 한다는 믿음 하에서 그가 행동한 것은 사실이다.

　1842년 5월에 그는 본국 정부로부터 공유지 감사관, 조사관 식민지 외과의의 관직의 설치에 대한 승인 요청을 거절당했는데, 이들의 임명은 5월 31일부터 중지되었다. 5월에 그는 또한 에버딘 경으로부터 중국을 희생시키는 어떠한 영토 할양도 후원하기를 거절한다는 훈령을 받았다. 이러한 훈령을 인정하면서 그가 선택한 조처는 마카오에서 그 섬으로 가는 무역감독관 제거였다고 말했다.

　그는 덧붙여 말하기를 "나는 홍콩 또는 중국의 다른 어떤 곳에서도 한 식민지를 발전시키기 위한 어떤 편애감정도 결코 가지고 있지 않았다. 그러나 엘리어트의 직무를 제쳐두는 것은 불가능했다"라고 덧붙였다. 새로운 훈령을 받았을 때 존스톤은 부지를 양도한 동기를 충분히 설명해 줄 것을 요청했다. 그리고 포팅거는 "나 또한 당신이 싸워야만 했던 어려움들을 알고 있고, 당신이 행동을 취한 동기에 매우 만족하고 있다"고 대답했다.

　포팅거는 존스톤에게 어떠한 구실로도 더 이상 토지를 양도하거나 새로운 관리를 임명하지 말고, 이미 착공된 도로와 다리를 제외한 더 이상의 공공사업을 결코 수행하지 말라고 지시했다. 레이놀드는 공유지 침해를 막는 임무를 지닌 토지 및 도로의 감독관이 되었다. 그것과 더불어 6월 둘째 주에 포팅거는 북쪽을 향해 떠났다. 몇 주 지나지 않아 남경조약(Treaty of Nanging)이 맺어진 이후 존스톤에게 이미 결정된 홍콩의 할양은 그 섬에서 토지를 더욱 가치 있는 것으로 만들 것이라고 편지를 써 보냈다. 그리고 그는 할당에 대해 어떠한 신청도 들어주기를 거절해야 했다. 그것은 포팅거가 1843년 10월에 보그조약(Treaty of the Bogue)이 체결될 때까지 그를 붙잡아 두었던 많은 협상에 직면했음은 이미 살펴보았다. 게다가 1842년 10월 그가 돌아왔을 때 홍콩의 새로운 식민지를 조직하는 과업을 이제 떠맡았다. 할양은 어떤 영토 획득 반대 선언에도 불구하고 본국 정부에 의해서 수용되었다. 그리고 식민성은 새로운 식민지 조직화에 대해서 조언하기 위해서 이제 답신을 받았다. 조약비준서는 키잉(Kiyng)의 의례적인 방문 기간 동안이었던 1843년 6월 26일에 홍콩에서 교환되었고, 같은 날 그 부속 도시들을 보유한 홍콩이 영국 식민지가 되었으며 그 초대 총독이 헨리 포팅거임을 선언하였다.

제6장 새로운 식민지 청사진

'다른 영국 식민지에선 잘 알려지지 않은 행동 방법들이 홍콩에서 적용되어져야 한다고 다음과 같이 기록한다.'

스탠리 경이 헨리 포팅거 경에게, 1843년 6월 3일

이 장에서는 홍콩정부의 형태와 그 안에 내포된 문제점들을 설명하고, 포팅거 경이 1844년 5월 자신의 이임 때까지 홍콩의 첫 총독으로서 식민지 문제를 떠맡고 있었던 그 짧은 시기 동안 그가 담당했던 역할을 검토하고자 한다.

홍콩은 1843년 5월 26일이 되어서야 영국식민지로 선포되었다. 그때까지 런던의 영국외무성의 관리 하에 있었다. 식민성 공무원들은 전쟁 및 식민지 장관의 지휘를 받았던 식민성의 설치에 대한 조언을 하도록 촉구 받았다. 그러나 포팅거는 명분상은 물론 사실상 그가 총독이 될 때까지는 직접적으로 그들과 교섭할 수가 없었다. 다음번에 그는 그 섬을 극동에서 영국의 행정적, 군사적 그리고 상업적 중심으로 만들려는 의향을 가졌다. 식민지를 조직화하고 중국 무역을 재편하는 것은 같은 문제의 두 측면처럼 보였다. 홍콩은 통상적 의미에서의 식민지가 되는 것이 아니고 동인도 회사의 하나의 공장으로 여겨졌다. 따라서 중국과 무역관계를 다루었던 사람이 식민지

를 통제해야 한다고 처음부터 결정되었던 것이다. 전권위원 및 특별장관, 무역총감독관 그리고 홍콩지사의 통치자는 한 사람이 떠맡아야 했는데, 첫 번째의 두 관직은 외무성의 통제를 받았고 세 번째 관직은 식민성에 소속되었다. 따라서 식민지의 총독은 두 장관을 모셔야 했으며 이러한 상황은 1859년까지 계속되었다.

당면문제는 영구적인 헌법이 만들어질 수 있을 때까지 그 섬에 대한 임시 통치방안을 마련하는 것이었다. 그리고 이것은 위원회를 포함한 모두 94개의 일련의 기구가 1843년 1월 4일에 시작되었다. 이런 점들에서 무역감독관과 홍콩 지사의 직책은 한 사람이 보유해야 한다는 원칙이 정해졌다. 그들은 중국 측이 요구한 경비를 충당하기 위해 그 섬이 영국 식민지로 선언될 때까지 그 섬의 통치를 미리 준비했다. 그들은 또한 홍콩과 중국에서의 영국인 범죄자를 재판하기 위한 법정을 설립했으며, 그들 중 감독관은 판사가되었고 할양이 인정되기 전에 할당된 땅의 보유자의 소유권 청구를 다루었다. 만약 황제가 조약을 비준하지 않거나 약속을 철회한다 할지라도 홍콩은 유지되어야 하며, 홍콩은 개정된 양식에 따라 영국의 식민지임이 선포되어야 한다. 지사는 섬의 통치에 영향을 미치는 모든 문제들에 관해서 전쟁 및 식민 장관인 스탠리 경의 지시에 따르고 중국과의 교역 및 외교관계에 관해서는 외무장관인 에버딘 경의 지시에 따르라는 훈령을 받았다. 그는 아편문제에 관한 많은 충고를 받았다. 자유항으로서의 홍콩의 지위는 견해의 일치를 보았으나 포팅거는 어떠한 과장된 기대도 그 조건에 따라 생겨나도록 해서는 안되며 그리고 가능한 수입을 안전하게 보호하기 위해 국내소비품목에 대한 관세를 징수하지 않으려는 어떠한 시도도 하지 말도록 지시를 받았다. 만약 중국인들이 홍콩을 위협하기 위해 구룡을 요새화하려고 시도했다면, 그들은 그러한 행동이 양국의 이해가 너무 크기 때문에 유지시켜야 할 우호관계를 가로막는 경향이 있음을 전해 들었어야 했다. 해군 및 육군 지휘관들은 자신들의 군대를 배치할 때 그의 지도를 받았다. 홍콩을 인도에 있는 영국 당국의 통제 하에 두지 않기로 결정되었지만 인도의 총독은 정보를 제공받아야 했다.

두 문제에 관해 포팅거는 가장 상세하고 솔직하게 보고하라는 요청을 받았다. 그 중 한 문제는 헌법이었는데 특별히 총독의 권력과 입법위원회 위원의 임명 방식에 관한 것이었다. 또 다른 문제는 특히 영국인들의 요구를 만족시키기 위한 법규의 구상이었다.

식민지의 무역감독관과 총독 사무실의 실질적인 병합은 식민성의 반대에 직면하였다. 홍콩은 비록 그들이 중국대륙에 살았다 할지라도 개방된 항구들에 있는 영국 공동체 사회들이 복종할 의무가 있어야 했던 행정적 중심지가 되어야 한다는 것이 그 의도였다. 일반적인 견해는 홍콩이 극동지방에서 영국 무역의 커다란 중앙시장으로서 발전하는 것이었으나, 아무도 상하이의 눈부신 성장을 예견하지 못했다.

식민지의 헌법은 1843년 4월 5일 이른바 홍콩헌장으로 나타났다. 남경조약의 비준서를 교환한 이후 영국식민지로 선포한 것에 뒤이어, 그 헌법은 1843년 6월 26일 공개적으로 낭독되었다. 그 헌법은 그 섬과 부속도서를 홍콩이라는 별도의 식민지로서 승격시켰다. 총독은 왕을 대리하여 법을 제정할 권한을 보유했다. 집행위원회의 도움과 조언을 받았던 총독은 식민지의 봉인을 간직하고 토지를 양여하고 일시적인 약속을 하고 그리고 왕의 동의가 있을 때까지 관리들을 정직시킬 수 있었다. 그는 유죄로 입증된 범죄자를 사면하는 왕의 특권을 행사할 수 있는 권력을 부여받았고 또한 제한적으로 사면과 벌금형취소권한을 가졌다. 부재 시나 자신의 직무를 수행할 능력이 없을 경우 권력은 부총독에게 위임되었다. 만일 식민지의 부총독이 임명되지 않았다면 식민지의 장관을 맡고 있는 사람에게 위임되었다.

헨리 포팅거는 헌법의 작동과 전반적 통치에 관한 추가지침을 받았다. 1843년 4월 6일 스탠리 경으로부터 받은 그의 지시를 통해서 그는 입법위원회의 권력에 관해, 홍콩이 매우 특별한 상황에 처할 경우 그들의 동의를 받지 않고 법률을 통과시킬 특별권한을 당신에 부여하는 것이 타당하다고 생각해 왔다는 말을 들었다. 그러한 경우에 입법위원회의 구성원들은 본국에

이의를 제기할 권한을 가졌다. 1843년 6월 3일의 추가 훈령이 더욱 상세한 지침을 제공했다. 그 섬은 식민지화를 위해 점령된 것이 아니라 외교적, 군사적, 상업적 목적을 위해 점령되었다는 것이다. 총독이 세 가지의 분리된 기능 즉 중국황제와 협상하고, 중국에서 영국국민의 무역을 감독하고, 그리고 식민지의 내부 경제를 규제하는 기능들을 가졌기 때문에 '다른 영국 식민지들에선 잘 알려지지 않은 방법들이 홍콩에서 적용되어야 한다는 내용이 그 훈령에 포함되었다. 영국 식민지의 입법부가 통상 영국법에 저촉되는 어떠한 법률도 통과시키는 것이 금지했던 분노의 원칙이 영국법에 어긋나는 특별입법이 필요한 것으로 판명된 홍콩에는 엄격하게 적용되어선 안 되었다. 그 입법부는 세금에 대한 표결권을 포함하여 형법, 경찰, 교도소, 토지 및 토지양도권과 같은 광범한 문제들을 포괄하는 법령을 통과시킬 권한을 가져야 했다. 대법원 같은 다른 정부기관을 창설할 수 있었다. 법정 설립을 목적으로 삼은 입법위원회의 포고령은 더 일찍 통과되었지만 이것이 지역입법부에 의해 창설될 필요성이 인식되었다.

두 개의 위원회는 의도적으로 소규모로 유지되었는데, 각 위원회는 그 위원의 수가 총독을 제외하고 세 명 이상을 넘지 않았으며 그리고 사실상 일상의 통치문제에 익숙하고 또 총독과 긴밀한 개인적 접촉을 하는 고위 관직을 보유한 사람들에게 국한되었다. 이런 방식으로 총독이 자신의 개인적 영향력을 보다 쉽게 유지할 수 있었다. 같은 이유로 위원회에서 선출되지 않은 사람은 배제되었다. 각 위원은 총독에 의해 선출되었다. 그러나 사실상 임명은 본국 정부의 손에 달려 있었다. 그들은 여왕이 허락하는 동안만 직책을 맡았다. 몇몇 유형의 시자치는 처음부터 의도되었던 것처럼 보였다. 포팅거 경은 그가 재정과 경찰경비를 충당하기 위해 시 재산에 대한 지방세를 부과해야 하며 각 세대주에게 그들 자신과 서로서로의 세금을 산정할 권력과 의무를 맡겨야 한다는 지시를 받았다.

이 훈령은 홍콩거주 중국인들이 중국법에 복종해야 함을 다음과 같은 용어로 규정짓고 있다. '홍콩에서는 그곳에 거주하는 중국인들을 통치하기 위해 중국의 법과 관습이 영국의 법과 관습을 대체시키는 것은 필요하다' 그러나 "한 중국법이 기독교인들이 어떤 시기나 어떠한 장소에서 그들 자신에 대한 속박으로 간주해야 했던 변치 않는 그러한 도덕성의 원칙에 어긋나는 것을 제외한다'고 말했다. 어떤 영국인도 중국법에 복종하거나 중국법정에 소환되지 않아야 했다. 재산과 재산상속은 영국법에 따라야 했다.

재정, 연간계획 또는 지출예산에 관해서 그것은 입법회의에 제출되고 모든 사람이 열람할 수 있도록 출판되었다. 이 원칙은 영국정부가 지방세입이 홍콩정부의 모든 비용을 충당하기에 적당해야 할 것을 기대한다고 밝혔으며 또 '지역정부의 모든 분야에서 경비의 엄격한 절약'의 필요성이 지적되었다.

런던의 국무장관은 물론 확고하게 훈령을 내리고 일반적 원칙을 제정하였으며, 정보를 요구하였고 그리고 때때로 지방문제에 대해 직접적인 명령을 내렸다. 총독은 지방입법의 주도권을 떠맡고 행정적 조치를 취하고 그리고 정보를 제공할 것으로 기대되었다. 그러나 그는 항상 본국으로부터의 충고와 승인을 받아내기 위해 자신의 행동을 늘 보고해야만 했다.

한 가지 흥미로운 헌법상의 문제는 새로운 식민지를 조약항구들에 거주하는 영국시민을 통제할 행정중심지로 만드는 문제였다. 1843년 무역감독관의 권위는 1833년 법안과 그 법에 따라 이루어진 위원회에서의 다양한 명령들에서부터 비롯되었다. 1843년 1월 4일 위원회의 명령으로 그 법령에 따라 조직된 법정이 홍콩으로 이전되었고, 같은 해 2월 24일에 그 지역위원회에서의 다른 명령에 의해 중국에 있는 영국국민은 다섯 개의 개항지만으로 거주가 제한되었다. 그러나 중국에 사는 영국국민에 대한 법적 권위를 부여하기 위해 그들을 통치할 법을 제정할 수 있는 권한을 여왕 주재 심의회에 홍콩 입법회의와 무역감독관에게 위임하는 하나의 새 법안이 통과되었다.

이 권한에 대해 논평하면서 외무장관 애버딘 경은 영국 관리들에 의해 법이 시행될 수 없었던 외국에 영국법을 적용시키는 어려움을 지적했다. 그러나 그는 법이 늘 어느 정도 존중될 것이라 생각하였다.

즉 몇몇 법률은 기꺼이 수용되거나 또는 위법행위가 민사소송을 초래할지도 몰랐기 때문에 받아들여졌다. 그러나 모든 문제가 다 해결될 수는 없었으며 그리고 단지 영국신민을 통제받지 않는 상태에 버려둘 위험은 그러한 혁신이나 비정상적 행위를 정당화하였다. 포팅거는 그 자신이 식민지를 위해서 제정한 법률을 지침으로 삼아야 했다. 두 부류의 법령은 따로 분리되고 외무장관과 식민성장관에게 각각 보고되어야 했다. 즉 한 법령은 홍콩의 총독에 의하여 선포된 것이고 다른 한 법령은 무역감독관에 의해 선포된 것이다. 홍콩 치안판사는 식민지뿐만 아니라 중국에 거주하는 모든 영국국민들에 대한 지배권을 그들의 위원회들로부터 부여받았다.

두 번째의 헌법상 문제는 중국법률과 관습을 식민지에 거주하는 중국인에게 적용시키는 것이다. 엘리어트는 중국인들이 그들 자신의 법률 및 관습에 따라 통치를 받을 것이라고 약속하였으며 그리고 포팅거는 난징조약에 뒤이은 협상이 벌어지는 동안 원칙적으로 그 점에 동의하였다. 그는 중국의 전권대사들이 홍콩에 있는 중국인들에 대한 재판관할권 문제에 관해 매우 염려스러워 했다고 1842년 10월에 보고하였다. 그들은 항상 홍콩이 거주지역으로서 영국인들에게 주어진 것이라고 주장하였으며 그리고 영국인은 영국인에 의해서 중국인은 중국인에 의해서 재판받아야 한다는 원칙을 요구하였다. 1843년 1월에 포팅거는 그가 홍콩에 있는 중국인은 그들 자신의 법에 따라 지배받아야 하고, 영국인들이 식민지에 대한 치안통제권을 계속 유지해야 한다고 애버딘에게 보고하였다. 그러나 식민성은 치안통제권 유지를 위해서는 의회의 승인이 필요하였고 그리고 중국정부가 홍콩은 주권이 없는 상태로 이전되었으며 게다가 영구 거주자와 중국 방문자들 사이에 구별이 이루어지지 않았다고 주장하였다는 이유로 그 양보를 비판하였다. 외무성은 영국인이 중국 법정으로부터 완전히 면제되었기 때문에 중국인의 요구를 거부하기란 어렵다고 답변하면서 한 명의 중국인 치안판사가 중국 방문자들에게 중국법을 적용하기 위해 그 섬에 거주할 것을 제안하였다. 할양에 의해 영국신민이 되었던 홍콩에 있는 중국 거주자들에 대해서 말하자면, 그들은 중국법에 예속되었고 홍콩정부가 고용한 한명 또는 그 이상의 사법당국에

의해 영국여왕의 이름으로 통치되었다. 제임스 스테판(Sir James Stephen)
은 일시적으로 체류하는 중국인과 거주하는 중국인 사이의 어떠한 차별에도
반대하였고 그리고 그는 홍콩에 있는 중국인에 대한 재판관할권 문제가 지
방 법률에 맡겨져야 한다고 생각하였다. 영국의 법무 관리들은 중국 황제가
임명한 사람에 의한 홍콩에서의 어떠한 형태의 사법권 행사에도 반대하는
조언을 하였으며 그리고 그들은 거주민들이 영국정부에 의해 지배받아야 하
고 또한 영국여왕이 선포하는 것이 옳다고 생각하는 법률에 예속되어야 한
다고 생각하였다.

　1843년 4월에 많은 논쟁을 거친 후 포팅거는 홍콩에 거주하는 중국인은
홍콩에 거주하는 중국인 관사를 갖는 것과 더불어 중국의 법과 관습을 가져
야 한다는 점을 토대로 하여 전권대사들을 처리하라는 지시를 받았다. 이것
은 식민성의 조언에 따른 것이었다. 이러한 훈령이 도착하기 전에 포팅거는
두 번째 생각을 가졌던 것 같다. 즉 1843년 6월 애버딘에게 서신을 보냈을
때 그는 홍콩은 중국인 전권대사들인 엘레포(Elepo)와 키잉(Kying)에게 비
망록을 동봉하였는데, 거기서 그는 홍콩이 영국재판관할권에 예속되어야 한
다고 선언하였다. 이 선언에 대해 키잉은 중국인이 중국 법률의 지배를 받
아야 한다는 원칙은 이미 합의되었으며 포팅거가 자신의 입장을 바꾸었다는
고상한 항의를 전달하였다. 그는 중국인이 영국법에 복종하기를 거부하는
것은 영국인이 강제로 중국법에 의한 지배를 받는 것을 거부하는 것과 똑같
다고 주장하였다. 본국의 식민성은 그 변화에 분노하였다. 스티븐 경은 "나
에게는 고등판무관이 논쟁에서 이긴 것처럼 보인다"라고 언급하면서 외무성
의 문제이며 애버딘 경이 결정해야 한다고 덧붙였다. 스탠리 경이 동의하면
서 "나는 나의 중재가 혼란 이외의 어떤 것도 만들어 내지 못한 것으로 보
지 않는다"라고 논평하였다. 그 문제는 여전히 남아있었다. 중국인이 중국법
에 지배받아야 한다는 점이 합의되었지만 그 준비를 하는 것은 입법의회에
맡겨졌다. 즉 보그조약은 이 문제에 침묵하였고 단지 도주범죄자의 상호 인
도를 규정하였을 뿐이었다.

다음 과제는 식민지의 민간시설, 정부관리, 각부서 관리에 관해 그리고 정부의 지출비용을 지불하는 방법을 결정해야 했다. 주요부서 관리들은 식민성 장관, 식민지 재무장관, 자신의 업무를 의회 사무관들의 업무와 결합시킨 감사원장, 기술보좌관들과 함께 공공토목공사와 지대 징수를 맡은 공유지 감독관, 보좌관이 딸린 항무관 등이다. 입법의회에 의해 설립된 대법원에 관해서 대법관, 등록관리, 통역관을 위한 조항들이 만들어졌다. 경찰법정을 위해서는 치안판사와 통역관이 있어야 했고, 정부의 법률관리로서 검찰총장이 있어야 했다. 영국교회에 공식적인 지위와 기부금을 부여하는 식민지 교회가 있어야 했다. 기독교교회의 어떤 다른 지부도 이런 방식으로 도움을 받지는 못했다. 포팅거는 식민지 외과의를 추천했으나 그 관직은 허락되지 않았다. 거기에는 또한 감독관에게 속한 관리들도 있었는데 이들은 그 식민지에서 저명인사들이었을지라도 식민지 편제의 일부는 아니었다.

본국으로부터 승인받기 전에 총독에 의해 관리들이 임시로 임명되어야 했고 그리고 본국으로부터 임명받은 첫 번째 고위관리들은 신임총독 존 데이비스 경과 함께 1844년 5월까지 도착하지 못했다. 포팅거는 육군에서 임시로 임명된 자들과 다른 요원들을 지역적으로 이용할 수 있게 하였다. 이전에 카메론에서 근무했던 윌리엄 케인(William Caine) 소령은 치안판사로, 페더중위(Lt R. N. Pedder)는 자신의 보좌관인 레나(Lena)와 함께 항무관으로 그리고 고돈(A. T. Gordon)은 토지관리와 토목기사로 이전처럼 계속 근무하였다. 남경조약을 본국에 가져가 비준을 받아 돌아온 말콤(G. A. Malcolm) 중령은 식민지장관이 되었다. 육군 군의관 우스남(R. W. Woosnam)은 포팅거의 보좌관 및 개인비서로 일하도록 촉구받았으나 별 쓸모없음이 드러났다. 우연히 중국에 오게 된 봄베이 변호사 부르가스(R. Burgas)는 법률고문이 되었으며, 차알스 스튜어트(Charles E. Stewart)는 식민지 재무장관으로 임명되었고, 부루크(G. T. Brooke) 중위는 총독의 A.P.C.와 육군장관으로 임명되었다.

두 가지 추가적인 임명이 곧 필요함이 드러났다. 섬의 남쪽에 있는 첵추

는 무법천지였기 때문에 이전에 배의 항해사였던 힐리어는 그곳에서 보조치
안판사가 되었다. 그리고 클리벌리(Charles Ch. Cleverly)는 보조감독관이
되었다. 두 가지 직책이 스탠리 경에 의해 조기에 임명되었다. 즉 빈센트 스
탠턴(Vincent Stanton) 목사는 식민지 광장에 매쯔쉐드(Matshed)교회를 담
당할 식민지 목사직을 떠맡기 위해 도착했다. 그는 이전에 마카오에서 영국
목사였고 1840년 8월에 중국인들에게 잡혀 광동에서 감금되어 있었다. 육군
소장 다귈라어(D'Aguilar)는 총사령관이 되었다. 그는 자신의 계급 덕분에
필요시에 총독을 대신하여 통치할 부총독의 임무를 부여받았다. 통상 군고
위장교의 부재시에 식민지 장관이 대신하였다. 모리슨(J. R. Morrison)은 무
역감독관의 중국인 비서관으로 임명되었다. 불행하게도 그는 1843년 8월에
임명된 직후에 마카오에서 1843년 8월에 죽었다. 그는 매우 유능한 언어학
자였다. 그의 죽음으로 중국해안에서의 영국인의 행정전체가 커다란 타격을
받았고 포팅거는 절망에 빠졌다. 그는 존스톤(Johnston), 케인 그리고 모리
슨이 입법의회를 구성하였기 때문에 1843년 7월에 그 위원회들을 설립하려
고 노력하였다. 모리슨은 죽었고, 존스톤은 질병휴가를 받았다. 그리고 인재
를 찾는 데 따른 어려움 때문에 그 위원회들은 1844년 초까지 제대로 구성
되지 못했다.

한 가지 절박한 문제는 아편문제였다. 1843년 1월 포팅거에게 보내는 영
국정부의 급송공문서에서 영국정부의 정책이 나타나 있다. 영국인 아편 밀
수자는 어떠한 보호나 지원을 받아서는 안 되고 그리고 모든 관리들은 그처
럼 불신을 초래하는 교역에 대해 초연해져야 했다. 영국 정부는 이 거래를
멈출 힘을 가지고 있지 않다. 그러나 그들은 홍콩 섬이나 인근수역이 영국
밀수꾼들이 불법적 모험을 시작하는 곳으로 이용되는 것을 막음으로써 그
거래를 아마 어느 정도 저지할 수 있을 것이다. 식민지로 유입되는 아편의
수입은 제지될 수 없었으나 그러나 그 섬이 영국식민지로 선언되었을 때 그
당시 포팅거는 항구에 선박들을 받아들이면서 수출용 아편의 수입이나 적재
된 비축아편을 금지시킬 권한을 가졌다. 그 범죄를 막는데 이러한 조처는

별로 실효를 거둘 수 없었음이 인정되었다. 포팅거는 아편의 합법화가 하나의 항구 즉 광동에 아편무역을 제한하는 것을 의미했다 할지라도 합법화를 촉구하여야 했다. 그 경우에 영국정부는 효과적인 제재를 가하는 데 동참하였다. 아편무역이 완전히 금지되는 한 영국은 홍콩이 유흥지와 시장이 되는 것을 막을 수 있을 뿐이었다. 포팅거는 아편무역에 반대하였지만 그러나 홍콩에서 아편밀수업자들에게 홍콩 이용을 거부한 것은 그들로 하여금 다른 장소에서 아편거래를 하게 함으로써 단지 그 폐악을 가중시킬 뿐이었으며 그리고 중국인들을 끌어들여 아편무역을 합법화하기를 여전히 희망하였다고 답변하였다. 1843년 11월에 식민성과 협의 중이었던 외무성은 항구에서 아편선박을 몰아내는 것을 중지하기로 합의했다. 아편무역업자들은 홍콩에서 멀리 떨어져 있는 아편을 실은 배들을 홍콩외과 정박지인 갑쉬문(Kap Sui Mun)이나 나모아와 같은 홍콩의 외부 정박지로 옮기라는 경고를 했고 포팅거는 따라서 홍콩에서 무역에 반대하여 취해진 어떠한 공식적인 행동도 저지당할 것이라고 믿을 만한 충분한 이유를 가지고 있었다.

또 하나의 긴급한 문제는 건축과 공적인 용도를 위한 땅의 배분문제였다. 상황은 매우 혼란스러웠다. 엘리어트는 불분명한 조건으로 할당지를 팔았고, 존스톤은 그의 지시에 어긋나는 추가 매각을 하였다. 중국인이나 유럽인 모두가 포함된 무단 거주자들이 많이 있었는데, 그들은 일부러 애써 자신들이 점유했던 토지에 대한 법적 소유권을 얻으려고 하지 않았고 해양 부지를 소유한 몇몇 상인들은 그들 자신의 사적인 간척에 의해 그 지역들을 확장시키고 있었다. 포팅거는 1842년 봄에 그 문제를 해결하기 위해 토지위원회를 발족시켰지만 본국 정부가 홍콩을 계속 유지하는 것에 반대하기로 결정하고 군사목적을 제외하고는 더 이상의 건물을 짓는 것을 중단하라고 명령했기 때문에 그 위원회는 더 이상 일을 진행할 수 없었다.

난징조약이 체결된 이후에 포팅거는 토지 여건에 대한 충분한 보고서를 본국에 보내면서 훈련을 요청하였다. 본국으로부터의 답신에서 "그는 토지가 영구히 양도되거나 차지인들로 하여금 견실한 건물을 짓도록 유도하는 데 필요한 것보다 더욱 오랜 기간에 걸쳐 양도되어서는 안 된다는 지시를 받았다. 모든 토지는 임차되어야 하고 무조건 매각되어서는 안 되며 그리고 임차조건은 75년간으로 고정되었다. 단지 21년 동안만 임차된 토지의 경우 임차계약의 갱신은 정부의 재량권에 맡겨졌다. 토지양도는 경매에 의해 이루어져야 했는데, 그 이유는 할당부지가 임차대가로 연간 지불액수를 가장 많이 제시한 사람에게 분배되었기 때문이다. 또한 본국 정부에 의해 양여가 인정되기 전에는 어느 누구도 그 섬에서 토지 양도권이 없음이 지적되었고 그리고 식민지가 선포한 날짜인 1843년 6월 26일 이전에 이루어진 어떤 양도도 권리로써 인정받을 수 없으며 그날 이후를 제외하고는 어떠한 지대도 요구할 수 없었다.

제7장 존 데이비스 경 통치하의 초기 정부(1844~48)

이 식민지에 거주하는 20만 명의 중국인을 통치하는 것은 수백 명의 영국인을 통치하는 것보다 훨씬 쉬운 일이다.

존 데이비스 경이 스탠리 경에게 1884년 11월 6일

포팅거는 영국과 중국사이의 관계를 당분간 해결했다. 그는 조약에 의해 홍통의 할양을 보장받았으며 필수적이라고 보았던 그 경제적 번영에 필요한 조건 즉 홍콩과 중국본토와의 자유무역이라는 조건을 보장받지 못했다. 정부의 형태는 정해졌으며 원칙문제에 관한 많은 결정이 내려졌다. 그러나 그는 협상에 너무 몰두했기 때문에 그 결정을 이행하는 데 필요한 것은 아무 것도 이루어지지 않았으며, 그는 자신의 노력의 결실을 볼 수 있기까지 오 랫동안 재직하지 못했다.

또한 효율적인 정부를 구성하고 공공 재정을 조직하고 사법기구를 설립하고 그리고 일반적으로 행정기구를 작동시키는 과업이 존 데이비스 경에게 떠맡겨졌다. 이 때문에 그는 상인들의 견해와 격렬히 충돌하였다. 이로 인해 그는 그때까지 재임했던 홍콩총독들 중 가장 미움을 받았던 총독이었다.

존 데이비스 경은 영국의 동인도회사에 대해서는 물론 중국에 대한 오랫

동안의 경험을 가졌다. 그는 1813년에 광동에 가서 곧 중국 사람 및 언어에 대한 흥미를 나타내었다. 그는 1816년 북경에 갈 때 암허스트 선교회 (Amherst Mission)를 동반하였으며 중국에서 동인도회사의 가장 높은 직책인 선출위원회 의장으로 승진되었다. 그리고 중국에 관한 많은 저서와 몇몇 번역서들을 출간했다. 1833년에 회사의 독점이 폐지되고 네이피어 경(Lord Napier)이 무역총감독관으로 다음 해에 파견되었을 때 데이비스는 네이피어 경 아래서 부감독관의 지위를 수락했다. 1834년 10월에 네이피어 경이 죽었을 때 그를 계승하여 총감독관이 되었다. 그러나 3개월 후에 그는 사임하고 1835년 1월에 본국으로 떠났다. 그는 나중에 총독으로 부임하기 바로 직전인 1834년 12월에 작성된 한 서신에서 무역총감독관은 권한이 너무 미약하여 중국에서 영국인들의 나쁜 행동을 통제할 수 없으며 불안전하고 비실용적인 그 기능 때문에 1835년에 절망을 안은 채 본국으로 송환되었다. 그는 동인도회사의 체제하에서 성장하였으며 그가 광동에서 동인도회사의 통제권이 넘어가는 것을 유감스럽게 주목했으며 그가 홍콩이 그 외적인 두드러진 징표였던 새로운 자유무역 체제를 싫어했다는 것은 의심의 여지가 없다. 따라서 그가 상인의 증오를 초래한 것은 놀랄만한 것이 아니었다.

존 데이비스 경이 광동을 떠난 후에 그는 중국어를 계속 공부했으며 그리고 중국에 대한 학술적이고 권위 있는 저서를 막 출간하면서 그는 포팅거의 뒤를 이어 뛰어난 재능을 갖춘 것으로 보였다. 그는 중국정부와 몇몇 협상을 수행할 목적으로 전권대사와 영사의 업무를 감독하는 임무를 지니고 5개의 자유항에서 영국무역의 이익을 추구하였다. 총독 직책의 이 같은 이중성 때문에 홍콩은 식민성이 그것에 대한 완전한 통제권을 가지지 않았다는 의미에서 독특하게 되었다.

그는 자신 밑에서 중요한 직책들을 맡게 될 영국에서 출발한 관리들을 대동하고 1844년 5월 7일에 홍콩에 도착했다. 프레데릭 브루스(Frederic Bruce)는 식민장관이 되었고 나중에 최초의 중국 주재대사가 되었던 R. 몽고메리 마틴(R. Montgomery Martin)은 식민지 재무관이 되었고 그리고 데이비스의 젊은 조카인 머서(W. T. Mercer)는 그의 개인비서였다. 대법원의 등록계원인 클레이(R. D. Clay)와 민간기사 포우프(J. Pope)도 또한 도착했다. 그리고 최고법관인 흄므(J. W. Hulme)도 한 달 후에 왔다. 쉘리(A. E. Shelly)는 스탠리 경으로부터의 약간의 모호한 권고를 받고 역시 영국으로부터 도착하여 회계 감사관이 되었다. 폴 아이비 스텔링(Paul Ivy Stertring)은 6월에 검찰총장의 직책을 맡았다.

거의 즉시 데이비스는 입법위원회와 행정위원회의 규모를 확대했다. 그 지침에 따르면 각 기구들은 총독 이외에 3명의 위원을 포함해야 한다는 것이었다. 그는 이 지침을 3명의 최소한의 인원으로 해석하였고, 입법위원회의 구성원을 육군소장, 치안판사, 식민지장관, 식민지재무장관, 행정장관 등의 5명으로 증가시켰고 행정위원회의 구성원을 육군소장, 식민장관, 법무장관 그리고 행정장관 등 4명으로 증가시켰다. 스탠리 경은 그 위원회들이 총독의 입지를 강화하기 위해 규모가 고의적으로 축소되었다는 이유로 그 같은 직책의 수락을 거절했다. 데이비스는 그 위원들을 1845년에 재구성해야 했다. 입법위원회를 육군소장, 치안판사, 법무장관으로 그리고 육군소장, 식민지장관, 그리고 행정장관이 행정위원회를 각기 구성하여 총독을 그 각각의 의장으로 삼았다.

재정이 가장 시급한 문제였다. 식민지에서 어느 누구도 기구 창설에 필요한 세금을 전혀 내지 않았고 본국 정부는 국방, 행정, 진행 중인 공공사업의 총 비용을 겨우 떠맡고 있었다. 홍콩의회의 견해는 식민지통치 비용을 부담해야 하는 영국 납세자들에게는 매우 혐오스런 것이었다. 영향력이 있었던 자유무역업자들은 쓸모없는 부담으로 생각하면서 식민지에 반대하였고 해외영토의 발전이 아니라 자유무역만이 영국의 상공업의 발전에 가장 도움이 되는 정책이라고 생각했다. 특히 이민문제와 같은 식민지문제에 관심을 가진 소규모 급진파 단체가 있는데 그들은 식민지정부의 재정적 자립에 토대를 둔 식민지자치를 촉구하였다. 그 양 지부(sections)는 비록 이유는 달랐지만 식민지경비에 대한 보조금 지급을 비판하는데 결합하였다. 홍콩정부가 그 자체 경비를 스스로 마련할 것을 본국 정부가 바라고 있다는 일반적인 원칙이 설정되었지만 그러나 그것은 우선 새로운 식민지는 자립할 수 없다는 것을 깨닫고 방어비용 주로 수비대비용을 떠맡고 또한 유지비용 즉 관리들의 봉급에 상응하는 연례보조금을 제공하기로 동의했다. 필수적인 민간의 그리고 군사적인 공공사업비용은 공공지방세로 충당해야 했다. 데이비스는 식민지 비용을 충당하기 위해 중국의 배상금을 사용하지 말라는 지시를 받았으며 그 경비는 의회의 표결에 의해 보충된 지역의 재원으로부터 충당되어야 했다.

어려운 점은 어떻게 하면 지방세수입을 증가시킬 수 있는가라는 문제였다. 홍콩이 자유무역항으로 선포되었기 때문에 수입상품에 대한 관세는 징수될 수 없었다. 데이비스는 세입의 많은 부분을 거둬들이기를 바라던 지대의 징세를 시작함으로써 그 문제를 풀었고 그리고 그는 가장 높은 값을 부르는 경매자에게 임대해 주는 전매제도와 허가증판매로 그 재정을 보충했다. 아편판매, 채석, 소금의 출하와 각 시장에 대한 독점이 시작되었다. 포도주와 증류주의 판매허가제가 채택되었고 전당포 주인, 경매인, 당구장주인들은 면허증을 발급받았으며 경매로 판매된 모든 상품에 대해 1%의 세금이 또한 부과되었다. 그는 항구에 입항하는 모든 선박에 톤당 조세를 부과할 것을 제안했었지만 이것은 기각되었다. 그는 포도주와 증류주에 대해 소비세를 부과하기를 원했으나 입법위원회의 모든 위원들의 반대에 부딪혀 그 계획을 포기해야 했다. 1845년에 모든 재산에 대한 지방세가 경찰에게 급료를 지불하기 위하여 징수되었다.

영국 본국 정부가 어떤 형태의 자치도시기구를 통하여 거주자들이 스스로 세금을 산정하기를 원했기 때문에 모든 재산 소유자들에 대한 지방세의 이같은 징수는 커다란 분노를 야기했다. 데이비스는 도합 325,840달러에서 195,520달러로 40%까지 관세부담률을 줄여 수입을 크게 감소시키는 것이 현명하다는 것을 알았다.

지대는 세입의 주 원천이다. 모든 영국식민지에서 토지의 처분은 주로 투기 때문에 어려움을 야기했다. 홍콩도 예외는 아니었다. 영국 본국 정부는 75년간의 차지계약 기간을 강요했었고, 데이비스는 이 평판 나쁜 결정을 시행해야만 했기 때문에 비난을 받게 되었다. 그는 여러 가지 방법으로 지대를 증가시키려고 노력했다. 도로와 거리들이 새 부지를 개발하기 위해 건설되었다. 그는 무단점거자를 막기 위한 하나의 시도로서 중국인들에게 임대를 제공했다. 그는 오스트레일리아 식민주의자들을 초빙하여 본국 정부가 금지할 때까지 목양과 목우를 위해 섬 남쪽에 있는 땅을 차지하게 했다. 그는 많은 부지들이 건물을 지을 생각이 없었던 투기자들이 차지하고 있음을 알게 되었다. 만약 그들이 농지들을 포기하였다면 어떠한 보증금도 부과하지 않았을 것이고 어떠한 벌금도 거두지 않았을 것이다. 그리고 이러한 위험의 부재는 투기를 조장시켰다. 데이비스는 모든 판매물품에 대해 10%의 저축을 요구하고 만일 토지가 양도될 경우에 지대의 체불을 요구함으로써 투기를 종식시켰다. 이러한 재정 대책 때문에 데이비스는 사실 그가 한 식민지가 그 후원을 위해 영국납세자에 의존할 수 없다는 본국 정부의 정책을 수행하고 있었을지라도 인기를 상실하였다. 데이비스는 초기의 필요한 공공사업이 완수되면 식민지가 수지를 맞추어야 한다는 생각을 가졌다. 1845년에 징수된 수입은 22,242파운드에 달하였다. 1847년까지 그것은 31,078파운드로 증가하였다. 주요한 증가는 토지지대였는데 5,313파운드에서 13,996파운드로 증가하였다. 아편경작수입은 2,384파운드에서 3,183파운드로, 치안세는 529파운드에서 2,239파운드로, 대법원 수수료 및 벌금은 1,343파운드에서 2,418파운드로 각기 증가하였다. 1845년의 지출은 72,841파운드였다. 그러나 1847년까지 그것은 50,959파운드로 감소하였다. 적자는 영국의회로부터의 표결에 의해 보충되었는데, 적자총액은 1845년에 49,000파운드, 1846년에 36,900파운드, 1847년에 31,000파운드, 그리고 1848년에는 25,000파운드였다. "이것은 매우 많은 비용이 드는 식민지가 될 것 같았다"라고 제임스 스테판 경은 언급하였으며, 수년 동안 사실 그러하였다.

법집행과 법 및 질서유지의 문제는 절박하였으며, 데이비스의 초기 과제

중의 하나는 경찰력을 조직하는 것이었다. 영국에서 경찰력을 충원하려는 포팅거의 계획은 비용 때문에 거절되었고 그리고 그는 효율적인 경찰인력을 확보하는데 있어서 많은 진척을 볼 수 없었다. 병사들은 믿을 수 없음이 드러났고, 도둑과 강도들이 창궐하였고, 인명과 재산에 대한 전반적인 위협은 지속되었다.

1844년 11월 인도군대 출신의 한 명의 하사관. 두 명의 병장 그리고 10명의 사병들이 야간순찰작업을 위해 경찰에 추가 배치되었다. 그리고 유럽인 파견단 가운데서 질병이 크게 증가하였다. 긴급요청 이후 본국 정부는 1945년 봄에 런던 경찰관리인 찰스 메이(Charles May)를 파견하여 경찰감독관이 되게 하였다. 메이는 원래 90명이었던 병력 중에서 단지 47명이 잔류하고 있었음을 발견하였다. 그는 이들 중에서 41명을 선택하여 30명의 육군 사병을 추가시켰고, 71명의 유럽인, 46명의 인도인, 그리고 51명의 중국인으로 구성된 총 168명의 경찰을 조직하였다. 그는 보다 관대한 보수와 연금을 권장하였고 그리고 항구를 순시하기 위한 해양경찰을 조직하였다. 효과적인 경찰력의 조직화는 본국으로부터 인원과 행정을 경제적으로 운용하라는 지속적인 압력이 가해졌기 때문에 수년 간 하나의 문제로 남아 있었다. 많은 비용이 소요되는 연금제는 반대를 받았고 사람들이 15년 후에 반급을 타거나 혹은 연금 지불 시에 있어서 20% 인상된 연금을 받을 때 그들은 모두 지급액수의 인상을 선택하였으며 사람들은 계속 다른 직업을 선택하였다. 유럽인 순경이 한달에 14달러의 보수를 받았는데 이 액수는 너무 적어서 자질 있는 사람들을 경찰에 끌어들이지 못했고, 경찰력은 비효율성과 부패 및 취태 등으로 수년간 악명을 떨쳐왔다. 1848년 공식공포령은 회사에서를 제외하고는 날이 어두워진 후 도시 바깥으로 나가는 것은 안전하지 않다는 점을 모든 주민들에게 알리는 경고문이 공표되었다. 경찰력의 확립이 영국에서는 완전한 하나의 혁신이었음을 명심해야했다. 더 이상 계속할 수 있는 경험이 많지 않았고 측면에서 홍콩은 영국의 몇몇 주들보다 앞서 있었다.

두 개의 사건이 경찰문제로부터 생겨났다. 포팅거는 이미 등록부체계가 중국인의 범죄에 대한 귀중한 하나의 대책이어야 한다고 제안했다. 그 체계를 주로 경찰의 대책으로 소개하는 것은 데이비스에게 떠맡겨졌다. 그는 국적에 관계없이 모든 거주자에게 등록시스템을 적용하는 것은 덜 불공평하다고 생각했다. 그래서 1844년 8월의 법령은 일반적인 등록을 하도록 규정하였다. 그 법령은 유럽인 공동체에서 엄청난 저항을 불러일으켰고 중국인들은 수동적인 반항을 하면서 자신들의 상점문을 폐쇄하면서 파업을 하였다. 그들의 시장에서 몇몇 소규모의 폭동이 일어났다. 그 법령은 10월 19일이 될 때까지도 공표되지 않았으며 11월 1일에야 영향을 미쳤다. 저항이 격렬했던 이유는 법안의 제안 그 자체에서는 물론 그 법안에 대해서 시행할 시간적 여유가 거의 없었던 데서 찾을 수 있다. 또한 데이비스의 경제정책에 대한 분노도 야기되었다. 유럽인들은 강력히 저항하는 뜻이 담긴 진정서를 보냈으나 데이비스가 그 표현이 불경스럽다는 이유로 되돌려 보냈다. 그리고 두개의 수정된 소견들 또한 거절당했다. 중국인들 또한 진정서를 보냈는데 그 요구사항들은 자신들이 직장에 복귀할 때에야 비로소 고려될 것이라는 대답을 받았다. 여론의 압력 때문에 데이비스는 그 계획을 수정하지 않을 수 없었으며 그래서 1844년에 새로운 등록법령이 500달러조차도 벌 수 없는 중국인들에게 주로 적용되었고 매년 등록요금으로 1달러가 삭감되었다. 경찰력의 확립은 자치시의 통치문제와도 관련이 있었다. 영국의 선례를 뒤따르면서 그는 경비를 지불할 의무를 가진 주민들에게 경찰의 통제와 다른 서비스를 부여하였다. 데이비스는 경찰, 도로, 하수도 등에 책임을 지고 법령에 의해 필요할 요금을 징수할 권한을 부여받은 주요 주민들 사이에서 지방행정관들을 임명하려고 했다고 보고했다. 만연하고 있는 무법과 비효율적인 경찰력 충원 문제 때문에 데이비스는 자신의 마음을 바꾸고 경찰을 그 자신의 통제 하에 두기로 마음먹었다. 1845년 8월의 지방치안세를 징수하는 법령은 이미 약속된 바와 같이 지역 주민들에게가 아니라 정부에게 직접 세율의 산정과 징수를 맡겼다. 그래서 그것에 대한 즉각적인 반발이 야기되었다. 데이비스는 주민들의 분노가 두려워 그 법령의 공포를 연기하였다. 겉보기에 식민지에서 지가의 상승 때문에 그는 40%정도 부담을 경감시켜 줌으로써 비난을 모면하기 위해 여전히 하수도를 지방행정관의 관할 하에 두려고 생각하고 있다고 주장했다.

1845년 8월에 홍콩상인들은 모든 분야에 걸쳐 불만을 토로하고 있는 한 진정서를 본국 정부에 보냈다. 그들은 지방세법령을 비헌법적이며 불법적이라고 비난했다. 그리고 그들이 그 섬으로 이주하도록 권장 받았으며 그때 그들의 저항에도 불구하고 그 토지의 매입 시에 75년간에 걸친 임차계약이 그들에게 강요되었고, 그들이 마카오에 머무르는 것이 비용이 적게 들 것이라고 불평을 털어놓았다. 그러나 그 섬에서 통치 중인 정부의 조처는 그 폐단을 더욱 심화시켰다. 그들은 아편농장의 과중한 세금의 폐지를 요구했으며, 징수된 돈의 전유를 결정할 권한을 가진 도시자치기구의 설립을 요구했다.

그들은 홍콩 통치비용을 그 섬이 홀로 떠맡아서는 안 된다고 주장하였다. 그들은…… 홍콩과 같은 식민개척지는 실제로 영국 상인들이 요구하지 않았으며 그리고 오히려 해군과 육군의 주둔에 사용되는 식민지지출의 많은 부분을 공동체의 민간 부문이 떠맡도록 요청한 것은 부당하며 실제로는 불공정하다고 주장했다. 중국무역이 본국에 이익을 가져다주고 그리고 통제되고 섬의 경비에 기여해야 한다는 주장은 타당성을 가진다.

이제 막 장관이 된 글래드스톤은 이러한 요구를 거절하고 총독을 지지했다. 그는 홍콩의 여건이 영국의 그것들과는 다르기 때문에 지방세가 단지 하나의 자치시에 의해서만 징수되거나 혹은 정부의 지방세징수에 대한 어떤 헌법상의 반대가 있다는 견해를 수용할 수 없었다. 그는 데이비스의 재정정책을 지지하고 홍콩이 육군과 해군의 기지로 유지되어야 한다는 상인들의 요구를 거절했다. 그 상인단체는 무역을 보장하려는 목적을 제외하고는 홍콩은 불필요하다는 홍콩정부 초기의 목적을 전적으로 오해했다. 홍콩 자치시의 계획은 주제넘게 그 이면에 끼어들었다. 그래서 총독의 정책은 지지받았고 신뢰의 표시로써 그는 남작의 작위를 받았다.

데이비스는 빅토리아 주정부의 주 임무인 법과 질서의 유지문제에 즉각 직면하였다. 중국인 범죄는 마약거래를 하는 중국인 비밀결사조직의 존재와 관련이 있는데, 데이비스는 그 조직을 외국인의 지배에 항거하는 애국단체로 간주하였다. 따라서 그는 엘리어트가 생각했던 방식대로 중국인은 자기 자신들에 의해 통치되어야 한다고 결론지었다. 1845년 5월의 한 법령에 의거하여 파오우청과 파오우켄이라는 관료가 임명되었는데 이들은 기본적으로 선출된 그리고 무보수의 경찰 혹은 질서유지관리들이었다. 그들의 임무는 경찰을 돕고 등기계획에 조력하고 자신들의 구역 내에서 평화를 깨뜨리는 자에 대한 정보도 제공하였다. 그 조처는 몇 가지 의문점에도 불구하고 승인되었는데 그러나 그 실험은 실패하였다. 왜냐하면 중국인들이 보다 더 확고한 지위와 보수를 보장받지 않고서는 책임을 떠맡을 것이라고는 기대할 수 없었기 때문이다. 중국인에게 중국법을 적용하는 것은 다소 문제점을 안고 있었다. 포팅거가 살인죄로 고발당한 일곱 명의 중국인들을 건네주기를 거부했는데 왜냐하면 죄의 증거가 전혀 없었기 때문이었다. 그래서 그는 에버딘 경에게 현재 중국정부가 중국인 백성들을 재판할 권리를 이제 포기했다고 통고했다. 에버딘은 이 점에 의심을 품고 1844년 3월에 데이비스에게 다시 한번 보고해줄 것을 요청했다.

데이비스는 홍콩에 있는 중국인들이 영국법에 의한 안전과 보호를 찾아서 그 섬에 보다 많이 건너오기 때문에 그들이 영국법의 지배를 받아야 한다고 생각했다. 대법원을 설치하려는 1844년의 법령은 중국의 법률에 따라 중국인들을 처벌할 권한을 그 법정에 부여하였다. 그리고 비슷한 조항이 치안판사의 약식재판권을 정의한 1844년의 법령 가운데서도 나타났다. 변론 시에 데이비스는 중국인들을 처벌하기 위해 형벌의 일종인 칼을 씌우고 지팡이로 때리는 것은 홍콩에서 이미 사용되어 왔고 또한 중국인들은 너무 가난하여 세금을 지불하지 못하였고 징역형선고는 범죄를 억제시키는 효과가 거의 없다고 주장했다. 식민지의 관료들은 그 원칙에 동의했지만 그러나 중대한 오해가 없지는 않았다. 영국법에 의해 중국인을 통치하는 것과 그리고 영국왕의 이름으로 중국법을 관할할 판사를 요구하는 것 사이에는 커다란 문제점이 있다고 썼다.

거기서 문제는 여전히 남아 있었다. 영국법이 행동의 규범이며 무지하고 속을 썩이는 권리의 수단이 되는 중국인들의 한 거대한 단체가 그 섬에 있다고 본국 정부가 포팅거에게 선포했음에도 불구하고 영국인들의 손에 확고히 장악되어 있었고 중국인에게 그들 자신의 법과 관습을 부여하는 자유주의 원칙은 부분적으로 채택되었다. 중국인들은 관습과 습관은 법과 질서 및 형법에 일치하는 한 존중되었다. 국가의 주요 기능이 법과 질서의 유지에 있는 한 어떠한 중대한 어려움은 일어나지 않았지만 국가가 사회·경제적 여건을 향상시켜 나가기 시작했을 때 중국인에 대한 처우는 중대한 문제를 야기했다. 데이비스는 중형을 부과하여 범죄의 물결을 막으려 하였다. 그가 제안한 식민지 오스트레일리아에 죄인들을 호송하는 것은 금지되었지만 그는 인도정부의 허락을 받아 범죄자를 동남아시아에 있는 영국의 해협식민지에 이송하도록 보장받았다. 비밀결사조직의 구성원들을 1845년 1월에 통과된 법령에 의해 두 번째의 유죄판결로 오른쪽 뺨에 낙인이 찍힌 채 추방되었다. 그러나 스탠리 경은 고통은 없지만 이런 가혹한 형벌의 수정을 요청했다. 키잉은 중국인 범죄자이송에 반대하고 중국인들은 중국인관리에 의해서 재판받아야 한다는 주장을 새로이 내세웠다. 그러나 데이비스는 어느 누구든 홍콩에서 살도록 강요받지 않았으며 중국인이 홍콩에서 범죄를 저질렀다면 영국국민과 동일한 처벌을 받을 수 있음을 기대해야 한다고 대답했다.

중국정부는 영국인들이 그 식민지 내에 살고 있는 중국인들을 통치할 권리가 없다고 주장했다. 1844년 12월에 한 중국인 관리는 그 섬의 남쪽에 있는 스탠리강에서 지대를 징수하다가 발각되었다. 데이비스는 강력한 항의를 하였고 중국은 그와 같은 어떠한 권리도 포기한다는 명백한 근거를 키이앙이 취할 때까지 그를 구금하였다. 1845년 10월에 홍콩에서 중국인 범죄혐의자를 체포하려는 중국인관리들의 시도는 저항을 받았으며 그리고 그 중국인관리들 중 한명이 한 달 동안 감옥에 갇혀 있었다. 유사한 사건이 한 달 후에 일어났는데. 데이비스는 상륙하여 중국인혐의자를 체포했던 한 중국인관리가 처벌받아야 한다고 또다시 요구했다.

중국인들을 위한 중국법의 경우에서처럼 영국인들이 천명한 자유주의적 감정은 상황에 의해 뒤로 밀리게 되었다. 필은 의회에서 아편무역은 홍콩에서 지지받지 못할 거라고 선언했다. 그리고 데이비스는 항해하기 바로 직전에 스탠리에게 자신은 완전히 동의한다고 편지를 써 보냈다. 영국의 정책은 중국이 막을 수 없었던 아편무역을 합법화하고 완전히 통제해야 한다는 것이었다. 영국정부는 아편밀수에 의해 우호관계가 위협받지 않을까 염려하였다.

데이비스는 포팅거와 마찬가지로 중국인들에 대한 아편의 합법화를 촉구했으나 허사였다. 아편무역은 옛 루트를 통해 운송되는 것이 허락되었고 중국은 그것에 대항하는 투쟁을 실제로 포기하였다. 1844년 6월에 데이비스는 아편이 심지어 정식 무역항에서조차 중국정부에 의해 묵시적으로 허용되고 있다고 본국 정부에 보고했다.

데이비스는 싱가포르의 실례를 따라 식민지에서 수입의 원천으로 아편 독점판매권을 사용하기로 결정했다. 1844년 12월에 데이비스는 아편에 대해 더 이상 주저하지 않게 되었고, 게다가 키잉이 자신에게 보낸 최근의 서신에서 중국의 공식적인 아편정책이 포기될 수 있었음을 인정했다고 본국에 서신으로 보고했다. 데이비스는 "아편이 현재 전 해안에 걸쳐 일반적으로 거래되고 있으며 게다가 이러한 변경된 여건 하에서조차 나에게는 어떠한 아편에 주저함도 지극히 정상적인 것으로 보였다"고 그 서신에서 덧붙였다.

데이비스는 따라서 국내 소비를 위해 홍콩에 아편을 수입하는 것을 허용했다. 그리고 실제로 그는 중국인들에게 아편을 합법화하도록 요청하는 것이 비논리적이었음을 분명이 알았으나 동시에 홍콩에서는 아편을 금지했다. 인도정부가 많은 수입을 가져다 준 무역에 대한 어떠한 간섭에도 반대하였음을 또한 명심해야 했다. 아편무역을 통제하기 위해 데이비스는 한 상자에 못 미치는 분량의 아편에 대한 독점권을 확립하였고, 이 독점권을 최고 가격으로 입찰하는 자에게 위임시킴으로써 식민지의 수입을 증가시키는데 기여하였다. 그 조처는 어떠한 과세나 어떠한 형태의 독점적 통제에도 반대했던 아편 상인들로부터의 격렬한 반대에 직면하였다. 수입을 위해 과세하는 원칙의 악폐에 반대하였던 식민지 회계장관인 몽고메리 마틴(Montgomery Martin)과 몇몇 사람이 있었으며 그리고 마틴은 격렬하게 총독에게 대항하였다. 데이비스는 본국 정부의 지지를 받았고, 1845년 3월에 독점권은 조지 더델(George Duddell)에게 1년을 기한으로 하여 8,520달러에 매각되었다. 그리고 아편법령 하에서 아편판매를 위한 규칙이 공포되었다. 그 독점판매는 성공하지 못했다. 수출용 아편은 독점으로부터 배제되었는데, 이 독점은 홍콩에서 팔리는 아편만이 대상이었다. 그래서 중국인 판매자들은 수출을 위한 아편 그러나 사실은 홍콩에서 판매하기 위한 아편을 공공연히 매입함으로써 독점 규제를 피할 수 있었다. 그 법령은 개정되어야만 했고, 그 농장은 1845년에 일단의 중국인들에 의해 4,275파운드의 가격에 팔렸다. 심지어 그들은 사병 단체와 무장선을 이용함에도 불구하고 독점권을 행사하는 것이 거의 불가능함을 깨달았고 독점권의 가치도 하락하였다. 1847년에 데이비스는 독점권을 폐지하기로 결정했다. 그 대신에 허가 제도를 설립했다. 가공하지 않은 아편 판매 허가조건으로 매달 30달러의 요금이 부과되었고, 12달러는 준비된 아편을 정제하고 판매하는 허가비로 그리고 10달러는 아편흡연장의 개업 허가비로 각기 부과되었다.

총독은 고위관직을 채운 몇몇의 임명된 사람들 가운데서 운이 좋지 못했다. 그 섬은 관직의 신규충원을 어렵게 만든 열병으로 평판이 나있었다. 재판장의 자리를 채우는 것은 거의 불가능했고, 봉급은 흄므가 손에 넣기 전에 3,000파운드로 인상되어야 했다. 그리고 흄므는 주흥에 지나치게 빠져드는 약점이 있었다. 프레데릭 브루스(Frederic Bruce)는 뉴펀들랜드의 부총독으로 부임하기 위해 곧 떠났고, 그 식민지 장관의 자리는 케인으로 대체되었으며, 힐리어(Hillier)는 그때에 최고치안판사직에 승진하였고 하급관리인 윌리엄 홀드포스(William Holdforth)는 치안판사 보좌관이 되었다. 회계감사관이자 흄므의 친구인 쉘리는 방탕하고 신뢰할 수 없을 정도로 빚더미에 올라앉아 있다고 데이비스는 보고하였다.

식민지의 재무장관 몽고메리 마틴은 심각한 문제를 야기했다. 그는 홍콩의 전망에 대해 비관적 견해를 가졌다. 그는 방위비와 공공사업비를 제외한 연간 경비를 50,000파운드로 그리고 수입을 5,880파운드로 산정하였다. 그는 재정적자의 전망에 토대를 둔 재정안을 제출함으로써 데이비스를 분노케 하였다. 마틴은 무역이 개방된 항구들에서 이루어질 것이기 때문에 그 식민지는 결코 상업중심지가 될 수 없다고 생각했고 그리고 그는 홍콩을 하나의 조그만 황량하고 불결한 무익한 섬으로 불렀으며, 홍콩에 비해 추산(Chusan)이 훨씬 더 가치가 있다고 주장했다. 1844년 7월에 그는 그 섬의 선택을 비판하는 장문의 비망록을 스탠리 경에게 보냈다. 데이비스는 마틴의 해임을 요구하는 사적인 서신을 식민성에 보냈다. 식민성은 마틴이 단지 수 주일 동안 식민지에 체류하였기 때문에 그의 혹평이 성급했음을 알아차렸다. 그러나 식민성은 혼란에 빠졌는데 홍콩문제의 표결을 둘러싸고 하원에서 압력을 받고 있었기 때문이다.

데이비스가 마틴의 재정안을 거절하자 특히 아편 독점권을 둘러싸고 격렬한 논쟁이 잇달았다. 1845년 6월에 사태는 막바지에 이르렀다. 조약항에 마틴이 빈번히 방문하는 동안 그는 모든 중국정책이 오류에 빠져 있고 그리고 추산이 보류되어야 한다는 점을 확신하게 되었다. 그는 본국 정부에 자신의 견해를 납득시키기 위해 귀국하기로 결심했다. 그는 자신의 중국의 상황에 관한 유용한 정보를 수집하기 위해 회계원으로써 특별히 선출되었던 것으로 생각하는 것 같았다. 데이비스는 그의 휴가를 거절했고, 영사는 마틴이 정보를 제공하기 위해 중국에 있어야 한다고 주장하면서 스탠리 경에게 그는 무능하고 골치 아픈 사람이라고 불평을 털어놓았다. 1845년 6월 마틴은 스스로의 책임 하에 떠났고 사임한 것으로 주장되었으며, 그의 회계원직은 머서(Mercer)가 대신하였다. 그는 본국 정부를 움직이는 데 실패했다. 그러나 그의 끊임없이 그 섬에 대항하는 강력한 개혁운동은 데이비스에게 대항하는 상인들의 비망록의 첫머리에 등장하였다. 이것은 1847년에 중국무역에 대한 의회의 조사위원회가 구성된 요인 중의 하나가 되었다.

흄므(Hulme)와의 싸움 때문에 술주정 혐의로 재판장이 기소당하였다. 그 두 사람들은 1844년에 봄베이까지 함께 여행했으며, 그곳에서 그 재판장과 그의 가족들은 군함에서의 숙박시설 부족 때문에 뒤에 남겨졌다. 흄므는 대법원의 규칙을 원용하면서 데이비스가 생각했듯이 6월부터 12월까지 여섯 달 동안의 지나친 휴정기간에 몰두하였다. 이 휴정기간은 단지 법원의 형사재판권에만 적용되었다. 그러나 데이비스는 휴정기를 줄일 것을 끝까지 주장했다. 입법위원회에서 공공연한 말다툼이 초래되었고, 분쟁은 본국에 의뢰되었다. 흄므는 행정부에 의한 간섭에 대항해서 자신의 법정의 독립에 정당하게도 관심을 기울였다. 그리고 모든 법원관리의 임명을 포함해서 법원의 완전한 통제를 원했다. 그러나 총독은 그가 정부의 모든 부서가 잘 운영되는데 대한 책임이 있다고 생각했다. 식민지 해사(海事)재판소가 1847년에 설립되었을 때 명목상 그 항구의 해군중장이었던 총독은 법정의 재판장이었던 흄므를 철저히 무시하면서 재판회기를 결정했다.

1846년의 콤프턴(Compton)사건은 그 문제를 종식시켰다. 광동의 한 영국 상인이었던 콤프턴은 폭동을 유발시킨 죄를 범한 것이 알려졌고, 데이비스의 지휘에 따라 영사에 의해 100파운드의 벌금형을 선고받았다. 그는 최고법원에 상소했고 흄므는 그 평결을 파기했으며, 그 벌금형을 기각시켰다. 그리고 영사의 소송절차상의 불법행위를 탄핵하였다.

1847년 1월에 데이비스는 흄므를 제거하기로 결심하고 흄므가 정한 휴정기의 문제를 둘러싸고 입법위원회에 도전해왔다는 점을 근거로 들면서 식민성에 장문의 비난성 서신을 보냈다. 그는 국무대신인 그레이 경이 흄므의 사직을 요구할 것이라고 자신만만하게 기대했다. 데이비스는 자신의 입장을 뒷받침하기 위해 흄므가 상습적인 술주정뱅이라고 비난하는 사적인 서신을 영국 외상인 파머스톤 경에게 띄웠다. 그 결과는 데이비스가 예측해 왔던 것과는 정반대였다.

그의 공식적인 불평에 답신을 하면서 그레이 경은 총독과 재판관 양자 모두를 비난했다. 파머스톤에게 보낸 그의 사적인 서신은 공식 통신문으로 취급되어 데이비스의 비난에 대해 공식적인 조사를 해야 한다고 요구한 그레이에게 보내졌다. 만일 재판관인 흄므의 좌가 있음이 드러난다면 그는 직무정지 처분을 받아야 했다. 당연히 실질적 조사를 하기를 꺼렸던 데이비스는 자신의 편지는 사적인 것이었음을 지적하고 결과적으로 생겨난 불쾌스러운 공개에 항의하면서 그 비난에 대해 교묘히 변명하면서 발뺌을 시도하는 길고 복잡한 장문의 편지를 썼다. 그럼에도 불구하고 그레이 경은 조사할 것을 지시했다. 1847년 8월 마침내 데이비스는 사임했다.

1847년 11월 행정위원회에서 공개적 조사가 이루어졌다. 데이비스는 크게 분개했다. 그러나 그는 이미 사임했었기 때문에 형식적으로 그리고 상당히 불규칙적으로 행하여지는 소송절차에 개인적인 관심을 가졌다. 그는 흄므에 대해 비난을 할 목적으로 1845년과 1846년의 사건과 그의 상습적인 취태를 언급하였다. 그는 한 가지 문제에 대해 죄가 있음이 드러나 정직 당했다. 본국 정부는 그 판결을 파기했고, 흄므는 다음 해에 귀국했으며 그의 성격은 철저하게 옹호 받았다.

1848년 5월에 데이비스는 떠났고, 그곳의 주재사무관들은 신중히 그의 출항을 무시했다. 얼마동안 그는 자신을 싫어하는 공동체로부터 고립되어 살았다. 그러나 그는 자신의 평판이 나빴기 때문에 비난받은 것은 아니었다. 그의 평판이 나빴던 이유는 부분적으로 기대되었듯이 식민지가 상업중심지로 되지 못한 데 대한 분노의 산물이었다. 어떤 총독도 인기가 없지는 않았을 것이다. 흄므를 처리할 때 그는 판단의 실수를 저질렀고, 그의 주장의 천명 시에 고전과 중국어에 대한 자신의 지식을 과시하기를 지나치게 좋아했다는 것은 사실이다. 그러나 그는 유능한 총독이었고 건전한 토대 위에서 식민지를 통치했다. 상인들이 취한 비합리적인 태도에 직면하여 평판이 나쁜 결정을 채택하여 실행해야만 했던 것은 그의 불운이었다. 그는 은퇴하여 중국어 연구를 계속했고, 옥스포드 대학에서 중국어의 연구를 위한 장학재단을 설립했으며, 그 대학으로부터 박사학위를 받았고 그리고 95세가 될 때까지 살았다.

제8장 사회·경제적 상황

만일 여왕 폐하의 군대에서 개인의 직무를 얻도록 촉구 받는다면, 단지 강직한 성품을 갖게 하고 신의 자비에 대한 신뢰를 갖게 하여라.

시어(H. C. Sirr)가 중국과 중국인들에게, 1849

초기 여러 해 동안 진보는 평탄하지 않았다. 한편으로 새로운 식민지의 수요에 대처하기 위한 급속한 사회적 발전이 이루어졌으나 또 다른 한편으로 경제적 진보는 실망스러운 것이었다. 처음에는 낙관주의가 우세하였으나 평화의 도래와 더불어 급속된 경제적 번영에 대한 초기의 기대는 성취될 수 없다는 자각이 생겨났다.

성공의 첫째 조건인 인구는 처음에는 빠르게 증가했으나 이어서 상당히 느리게 증가했다. 노동에 대한 수요가 있었기 때문에 홍콩에 건너왔던 이민자들이 영국의 보호를 원했던 외국인 상인들과 쉽게 돈을 벌고 어떠한 모험도 하기 위해 나섰던 부랑자들을 끌어들였다. 1844년의 호적등록 계획이 실행되기 이전의 인구수는 주로 추측에 의해 산정되었다. 1841년 5월에 발간된 홍콩 정부신문은 주민수를 7,450명으로 기록하고 있으며 이중 4,350명은 농촌에 거주하고, 2000명은 배에 기거했으며, 그 나머지는 행상인과 노동자들이었다고 한다. 그러나 한 촌락의 주민은 2000명으로 추산되었으며, 여기서 담당서기의 착오로 200명 정도의 오차는 있을 수 있기 때문에 주민 수는 아마 5650명이 되는 것으로 추산할 수 있다. 1841년 10월까지 인구는 15000명이었던 것으로 한 지역신문은 추산했다. 등록 법령에 따라 최초의 등기 소장이었던 사무엘 페론은 1845년 6월 24일에 그의 첫 여섯 달 동안의 작업을 보여주기 위해 보고서를 간행했다. 2,000여명은 어업에 종사하였다. 어업에 종사하는 자들은 페론이 이들을 별도로 언급하지 않았기 때문에 아마도 보트에 기거하는 자들이었던 것 같다고 진술했다. 그 대다수가 학카(Hakka)였던 수천 명의 중국인을 그 섬으로 끌어들였다고 주장했다. 그는 그 중국인들을 도덕적 의무감이 없고 경멸을 받아 마땅한 자들로 설명했다. 그는 법령에 따라 등록된 중국인의 수는 9,900명이었고, 2,150명의 보트피플이 있었던 것으로 추산했다.

1847년 경에 총인구는 수비 부대를 제외하고 23,892명이었고, 그 중 618명은 유럽인이었다. 이 수치들은 영국이 통치를 떠맡은 후 중국인들이 엄청나게 유입되었으며 그리고 그 이후 매년 성장률은 저조했음을 시사해준다. 또한 그들은 한 공동체로서의 식민지의 성장에 보다는 경제활동의 성장에 더욱 부합하였음이 인정되어야 한다.

총인구 중에서 단지 9,900명만이 등록되었기 때문에, 그 수치는 근사치에 가까울 수 있다. 1846년의 수치가 인구감소를 보여주었을 때 총독인 존 데이비스 경은 그 감소현상을 좀더 효과적인 호적등록 탓으로 돌렸다. 그러나 주어진 수치는 그 당시 식민지 상황을 어느 정도 설명하고 있다. 보트피플을 제외하면 분명히 남자의 수가 많았다. 그러나 이들 중에서 남자들은 많은 경우 해변가에서 보다 나은 직장을 발견하였고, 그에 상응하는 보수를 받았다.

건축은 1841년 본국 정부의 금지조치에도 불구하고 실제로는 중단되지 않았다. 그러나 조약체결 이후에 건물 수는 크게 증가하였으며 100여 채의 가옥이 건축 중이라고 1844년 8월에 보고되었다. 1845년에 중앙호적등록소장의 첫 번째 보고서는 석조 및 벽돌 건물의 수를 유럽풍 건물이 264채, 중국식 건물이 436채로 명시하였다. 그때조차도 주택부족은 격심했고 포팅거는 자신이 떠나기 전에 주요 정부 관리들을 위해 알바니라 불리는 한 블록으로 된 4채의 가옥을 건립했다. 본국 정부는 그 건립에 원칙적으로 반대했고, 관리들을 위해 주택을 좀더 제공하는 데 동의하기를 거절했다. 머레이 병영과 병참부 건물 그리고 기술부가 건립되었다. 군대는 비록 몇몇 인도군부대가 1845년 도심지에서 여전히 주둔하고 있었을지라도 인도군이 주로 차지하고 있는 웨스트포인트 캠프에 캠프를 하나 더 가지고 있었다. 매우 일찍이 파견군대는 섬의 남부에 있는 첵 파이와 첵추에 주둔하였다. 이 책의 앞부분에 삽입된 지도를 살펴보면 새로운 식민지에 대한 전반적인 구상을 알 수 있다. 머레이 연병장은 산중턱을 파내어 만들었고 임시 영국국교회 부지로도 사용되었다.

총독관저는 대략 그것의 현재 위치에 일찍 정해졌다. 포팅거는 여왕로가 내려다보이고 연병장에 인접한 높은 지대 한쪽에 위치한 존스톤이 소유한 집에서 살았다. 영국에 자신의 가족을 남겨두고 떠났던 데이비스는 또한 존스톤의 집을 인계받았다. 그러나 그는 매우 가까운 이웃에 군부대가 있는 것을 좋아하지 않았기 때문에 그 언덕 위로 좀더 올라간 곳에 위치한 작은 집으로 이사 갔다. 이 집은 3개의 방이 있는 건물로 1843년 6월로 예정된 조약의 상호교환 비준식에 참석하는 중국대표 키잉을 영접하기 위해 급히 세워졌다. 그리고 그 집은 몇 년 동안 총독관저로 사용되었다.

포팅거는 데이비스가 지속적으로 발전시켰던 거대한 공공사업에 몰두했다. 존스톤의 집은 대법원 건물로 사용되도록 배정되었다. 그러나 텐트와코가 건립했던 한 거대한 구조물은 그 목적을 위해 구입되었다. 포팅거와 데이비스는 인가받지 않았던 공공사업을 착수함으로써 본국 정부의 불만을 초래했으나 그들은 그 사업을 필요한 것으로 간주했다. 그렇지만 데이비스는 단지 필요하다는 이유만으로 그 공공사업의 착공이 정당화될 수 없다는 지시를 받았다. 데이비스는 특별히 식민지 건설을 위해 필요한 공공사업은 신속히 완수되어야 하고 그리고 수입을 넘어서서 충당되어야 할 통상적으로 반복되는 지출이 이루어지기를 원하였다. 그의 목적은 식민지를 자급자족하게 만드는 것이다. 1844년까지 승마로가 스탠리와 애버딘에 건설되었고 싸이완에 이르는 길과 싸이완에서 스탠리에 이르는 길들이 건설되고 있었고 그리고 섬을 일주하는 도로 건설 계획이 마련되었다. 이 도로들은 날림으로 건설되었고, 목조다리는 유사한 문제점을 내포하고 있었다. 데이비스는 고든이 별다른 능력이 없고 그리고 그가 병으로 떠나 있는 동안 커다란 진보가 이루어졌음을 보고했다. 빅토리아 시대 때 애버딘 그리고 스탠리에 경찰국이 세워졌고, 1845년에는 예배당을 갖춘 묘지가 행복 계곡에 만들어졌다. '밤 동안에 사슬에 매인 강제노역종사 죄수들이 갇혀있는 한 커다란 방'과 재판을 받을 예정인 죄수들을 위한 4개의 작은 방들, 그리고 사형수들 또는 독방수감자, 그리고 채무자를 위한 11개의 조그만 독방이 있는 한 교도소가 완공되었다. 두벌의 옷이 죄수에게 주어졌다. 그러나 침구는 없었다. 그 강제노역종사 죄수들은 도로를 건설하고 복구하는 많은 작업을 떠맡았다.

매년 여름마다 그 식민지에 출몰했던 발열성 유행병은 그 발전을 지연시켰으며 그리고 비위생적이라는 이유로 식민지가 나쁜 평판을 받게 되었다. 1841년과 1842년 여름에는 질병이 생겨났고 1843년에는 더욱 악화되었다. 포팅거는 그해 7월에 많은 사망자를 초래하고 경악을 불러일으킨 매우 심각하고 치명적인 수많은 질병들이 그 식민지에 건너왔으며 그리고 웨스트포인트에 주둔한 한 연대에서 6월과 8월 중순 사이에 100명이 사망했다고 보고했다. 열병 때문에 초기 통역자들보다 더 유능한 통역자였기 때문에 다른 사람으로 대체하기가 어려웠던 모리슨이 목숨을 잃었다. '열병의 출몰'이라는 이 같은 악평 때문에 그 식민지의 공공업무에 유능한 사람들을 충원하기가 더욱 어렵게 되었다. 포팅거는 그 1843년이 단지 예외적으로 운이 나쁜 해였고 그리고 보다 나은 가옥, 보다 나은 배수시설과 그리고 청결을 유지한다면 홍콩은 다른 어떤 열대식민지보다 더 나쁘지 않을 것이라고 믿으면서 그 새로운 식민지를 옹호했다. 위생법규를 만들어 시행하기 위한 한 공중보건위원회가 그 해 여름에 설립되었으나 그것은 별다른 기여를 하지 못했다.

1845년에는 위생상태가 현저하게 좋아졌으나 열병은 여전히 풍토병으로 남아있었다. 초기의 열병의 극심한 창궐 때문에 그 공동체는 완전히 의기소침해졌다. 상당히 많은 쌀을 생산하던 윙네이 계곡은 곧 유해함이 드러났고 그리고 처음에 그 식민지에서 가장 매력적인 부분으로 보였던 곳에 세워진 많은 가옥들이 비게 되었다. 1846년에 경작지는 매입되었고, 배수와 여가활동을 목적으로 계곡 주위에 도로가 건설되었다.

열병 때문에 병원건립이 촉진되었다. 옛 광동시대에조차 선원들 사이에서 열병을 막기 위한 준비가 황포아에서 이루어졌고 한 미국인 의사인 피터 파커는 주로 중국인을 위한 안과병원을 경영했다. 식민지건설 직후에 배화교도 상인인 헤르무스제 루스통제는 선원의 병원 건립을 위해 12,000달러를 제공하기로 하였다. 그 기부는 루스통제가 파산함에 따라 결코 이루어지지는 않았으나, 다른 상인 회사들 특히 자딘 마트슨은 기부금을 기대하게 되었다. 1844년 병원이 설립되었고, 나중에 "행복 계곡"이 건너다보이는 모리슨 언덕(Morrison Hill) 근처의 한 유명한 장소에 있는 새로운 건물로 옮겨졌다. 포팅거의 분노를 크게 자극하면서 병영의 맞은 편에 있는 여왕로의 북쪽에 군용병원을 설립하려는 시도가 1844년에 있었다. 그는 그 부지가 너무 값비싼 지역이라 생각되어 군용병원이 군지역 내에 있는 보다 높은 지역에 위치한 부지에 세워지기를 원했다. 광동(Canton)의 의료선교협회는 모리슨 언덕 가까운 곳에 병원을 설립하였다. 포팅거는 식민지의 외과의의 필요성을 강력히 주장했고, 딜 박사(Dr. Dill)를 그 직책에 임시로 임명했다. 그러나 본국 정부는 거절하였다. 하급 정부 관리들은 이미 존재하고 있는 몇몇 개인 병원에서 그 치료를 받아야 하며 그들의 보수에서 공제함으로써 그 병원들을 유지시키는데 기여해야 한다고 주장했다. 데이비스는 병원이 식민지 자금으로부터 도움을 받을 수 있으며 자체적으로 운영될 수 있다는 본국 정부로부터의 마지못한 동의 이상의 것을 결코 얻어낼 수 없었다. 그동안 앤더슨 박사는 경찰과 보다 하급 관리들을 치료하기 위해 고용되었다.

종교적인 예배준비는 초기 식민지 시대의 삶의 또 다른 모습이었다. 미국인 프로테스탄트 선교사들은 특히 마카오와 광동에서 그리고 중국의 전 해안을 따라 활동하였다. 홍콩에서 미국인 침례교도들은 기독교인의 첫 번째 예배장소인 침례교회를 슉크 목사(Rev. J. L. Schuck)의 책임 아래 지었다. 곧 그 뒤를 이어 성모 마리아의 무염시태(원죄없는 잉태설)를 내세우는 가톨릭교회가 웰링톤(Wellington)가에서 세워졌다. 위대한 중국인 학자 제임스 레그 박사(Dr. James Legge)가 통솔하는 런던선교회는 1845년에 할리우드로(Hollywood Road)에서 연합 성당을 지었다. 이슬람교도들은 케인로(Caine Road) 위쪽에 이슬람사원을 세웠고, 좀더 나중인 1845년에 중국인들은 타이핑산지역(Tai Ping Shan)에 있는 할리우드로에서 떨어진 곳에서 새로운 사원을 짓기 시작하였다.

영국국교회는 주로 그 지위와 재정이 식민지 정부와 긴밀한 제휴를 하고 있었기 때문에 교회건축 기간이 훨씬 오래도록 지속되었다. 다른 기독교교회들은 재정적으로 자립해야 했고 그러고 나서 그들의 계획을 진척시킬 수 있었다.

본국 정부는 식민지 예배당 설립의 일환으로 영국국교회의 한 식민지 예배당 목사를 임명하였다. 그리고 포팅거가 빈센트 스탠튼 목사를 추천에서 누락시켰을지라도 1840년 12월에 그가 식민지 예배당 목사로 임명되었다. 영국국교도와 장로교도들을 하나의 조직 즉 연합교회에 결합시키려 한다는 얘기가 빈번히 나돌았다. 그러나 국무장관은 승인하지 않았다. 영국국교의 예배식은 머레이 연병장에 있는 임시 매쯔쉐드(Matshed) 교회에서 처음으로 거행되었고, 나중에는 왕립재판소의 방들 중 하나에서 거행되었다. 교회의 경비를 충당하기 위해 공공기부금이 거두어졌다. 그 당시에는 공공재정으로 식민지들에 있는 영국국교회의 건물을 지원하는 것이 관습이었다. 그리고 본국 정부는 홍콩에서 식민지 재정으로 영국국교회 경비의 3분의 2를 충당해야 한다는 점에 동의하였다. 승인을 받기 위해 영국에 보내진 그 계획들이 너무 많은 비용이 소요된다는 이유로 거절되었기 때문에 상당한 지연이 야기되었다. 영국에서 보낸 계획은 부지가 부적당하다는 이유로 데이비스에 의해 거부되었다. 1847년이 되어서야 그 초석을 놓았던 총독 자신에 의해 건물이 세워지기 시작했다. 그 건축비용은 심각할 정도로 과소평가되었으며, 그 교회의 망루는 지을 수가 없었다. 망루는 나중에서야 추가로 세워졌으나, 본국 정부는 그것을 위해 어떤 추가의 공식적 지원을 제공하기를 거절했다. 1849년에 빅토리아의 영국국교회 주교관구의 설립 시 교회는 새 주교관구에서 권위 있는 교회가 되었다.

유럽인공동체는 커다란 사회적 활력을 불어넣었다. 1844년에 한 아마추어 연극단체가 탄생하였고, 1846년에 홍콩클럽이 생겨났다. 1847년에 주로 데이비스의 후원으로 왕립아시아 협회(Royal Asiatic Society)의 한 중국지부가 설립되었다. 대중이 낸 기부금에 의해 설립된 얼음집 덕분에 생활은 더욱 즐겁게 되었다. 정부는 '얼음집 거리(Ice House Street)'로 잘 알려지게 되었던 부지를 무료로 양도하였다. 이러한 활동은 식민지를 지배하는 비교적 극소수의 부유한 외국인들에게 국한되어 있었다. 하나의 공동사회를 건설하려는 어떠한 시도도 없었다. 사실 그 작은 섬을 공유하고 있음을 제외하고는 공통점이 전혀 없었던 많은 공동체들이 있었다. 부유한 유럽인과는 별도로 가난한 유럽인, 선원, 그 항구에서 별로 쓸모없는 사람들이 있었다. 그들 중 많은 사람들은 격렬한 경쟁세계에서 성공하거나 실패하였고 선술집에 빈번히 드나들었다. 배화교 공동체는 상당히 규모가 컸으며 웨스트포인트에서 그 공동체 자체의 공동묘지를 가지고 있었다. 중국인들은 그들 사이에 범죄가 만연하고 자신들의 이해가 관련된 곳에서를 제외하고는 신뢰할 수 없다는 악명을 떨치고 있었기 때문에 하류층 사람으로 간주되어 치욕스런 처우를 받았다. 아무런 사회적 융화도 없었고, 각각의 공동체들은 홍콩으로 자신들을 이끌어 들였던 대상을 찾아 그 각각의 길로 나아갔다.

중국인들에 대한 공식적 태도는 이론상 매우 자유주의적이었으나 많은 법규는 그들에게 차별 적용되었다. 엄격한 야간통행금지령이 내려져서 중국인들은 자신들의 고용주가 발급하는 증명서 없이는 저녁 9시 이후에 밖을 나다닐 수가 없었다. 그래서 어두워진 이후에는 등롱을 들고 다녀야했다. 마약

거래 등을 하는 비밀결사단체의 구성원에게 낙인을 찍는 처벌을 할 수 있다
는 법령은 본국 정부에 의해 받아들여지지 않았다. 법을 집행할 때 처벌은
무거웠다. 중국인들에게 있어서 매질과 변발의 삭발은 통상 징역형에 추가
된 것인데 그 이유는 감옥에 처넣는 것은 생활수준이 낮았던 사람들에게는
충분한 억지력으로 작용하지 않았기 때문이다. 홍콩에 강요된 지나친 태형
에 대해 나중에 총독이 되었던 존 보우링(Dr. John Bowring)이 영국의회에
서 항의를 하였다. 이런 항의를 불러일으킨 사건은 전형적인 것으로서 간결
하게 상술할 수 있다. 1846년 4월에 한 경찰관이 목재를 나르던 한 중국인
을 도둑질했다는 혐의로 체포했다. 경찰서로 가는 도중에 몇몇 중국인 가옥
을 지나쳤을 때 그 경찰관은 돌에 맞았고 그 중국인혐의자는 도망쳐 버렸다.
경찰분견대가 그 현장에 파견되었으나 그들은 그 경찰관을 공격했었던 자들
을 색출해낼 수가 없었기 때문에 주민등록증을 갖고 있지 않은 것으로 드러
난 모든 중국인들을 체포했다. 이들은 각각 5달러씩의 벌금형을 선고받거나
돈이 없을 경우에는 등나무 막대기로 20회나 맞고 그들의 변발을 삭발당해
야 한다는 선고를 받았다. 54명이나 돈을 낼 수가 없었다. 그래서 공개적으
로 매질을 당했다. 이 같은 행동은 도저히 참을 수 없게 될 정도가 아니라
면 통상 자신들 처지를 수동적으로 받아들이는 데 그쳤던 중국인 공동사회
의 저항을 불러일으켰다.

실제 중국인에게만 적용되었고 주민의 동태를 감시하기 위한 경찰의 수단
으로 여겨져 왔던 등록포고령은 가혹하게 운영되었다.

1844-46년 동안 탐험차 동양을 방문하러온 영국국교회의 선교사이며 빅
토리아의 첫 주교인 조오지 스미스(George Smith)는 자신의 의도적 선교노
력의 중심지가 되기에는 부적합하다고 판단했던 그 식민지에서의 생활을 침
울하게 묘사했다. 외국인들은 그들의 도덕성의 야비함과 거만한 행동들 때
문에 미움을 당했고 그리고 영국 사람들에 대한 불신을 초래하게 한 거리에
서 빈번히 발생하는 사건들에 대해 불평을 털어놓았다. 그는 중국인에 대해
서 "원주민 사회의 가장 저급한 인간쓰레기들이 이득을 얻거나 약탈하려는

목적으로 영국인 정착지에 무리지어 몰려들었으며 그래서 그들을 하류계층
의 민족으로 취급해야 한다"고 주장했다. 몇몇 중국인 기독교도들은 자신들
이 직면했던 가혹한 처우에 대해 얘기하면서 가장 열정적으로 분노를 나타
내었다. 그 같은 가혹한 처사에 대처하기 위해 중국인들이 영국인의 법률
에 즉각 따르지 않음이 입증되기도 j했다. 그래서 역시 법정에서 너무나 자
주 그들의 증언은 매우 신뢰할 수 없음이 입증되었다. 탄압은 위협적인 문
제였다. 후에 한 검찰총장은 치안판사의 법정에서 불법행위에 대한 많은 증
거를 발견했다. 비록 정의를 의도적으로 왜곡시킨 사례가 없었음에도 불구
하고 중국인들에게 너무나 약식으로 재판하려는 시도가 있었다.

전쟁이 끝나갈 무렵 새로운 식민지는 급속히 확대되어 중국에서 영국무역
의 중심지가 될 것임이 확실하게 예견되었다. 포팅거는 1842년 봄에 "홍콩
이 영국식민지가 되었음을 선언한지 6개월 내에 그것은 상업과 부의 거대한
중심지가 될 것이다"라고 적었다. 이러한 기대는 실현되지 않았고 실현될
수도 없었을 것이다. 중국에서 영국의 상업발전의 유형을 가시화하는 데 실
패한 이유는 많다.

첫째 다섯 개의 새로 개방된 항구가 어떻게 거주지로까지 발전하며 영국
무역에 도움이 되는지는 아무도 몰랐다. 양쯔강 어귀 가까이의 상하이 평지
가 부유하고 인구 밀도가 높은 국제적인 정착지로 성장하고 또는 님포가 어
떤 발전도 보여주지 못할 것임을 어느 누구도 예견하지 못했다. 많은 사람
들은 홍콩의 할양이 잘못이었고 그리고 그것이 대 중국무역에 훨씬 더 적합
했었던 양쯔강 어귀에서 떨어진 추산섬과 교환되어야 한다고 생각했다. 상
하이의 뒤이은 성장은 이 같은 견해가 실질적으로 타당했었음을 보여주었다.
영국무역이 증가됨에 따라 선박들은 자연히 홍콩에서의 화물을 옮겨 싣는
비용을 지불하지 않기 위해 다섯 개의 조약항으로 항해했다. 생활조건이 개
항장에서 마찬가지일 것임을 아무도 알지 못했다. 즉 거주지가 난징조약에
의해서 인정되었으나 보그조약에 의한 규제로 인해 속박을 받았고, 사건은
개항장에서의 거주지에 대한 중국인들의 해석이 영국인들의 그것과는 차이

가 있었다는 것이 입증되어야 했다. 게다가 오랜 전통에 의해 거주지라는 것은 단지 교역시즌에만 거주하는 장소로 해석되었다. 부분적으로 홍콩의 희망은 홍콩이 외국무역의 중심지로서의 광동을 대체한 것과는 달리 광동지역이 외국무역에 대한 독점권을 유지할 수 있다는 가정에 토대를 두고 있었다. 이것이 엘리어트의 견해였으며, 이 때문에 그는 홍콩의 할양을 강력히 요구하게 되었다. 영국인들의 다섯 개의 조약항에 대한 개항요구는 실제로 엘리어트의 정책을 약화시켰다. 홍콩은 단지 인근 연안과의 자유무역의 중심지가 됨으로서만이 상업중심지가 단지 될 수 있었다. 이것은 조약 의무에 의해서 금지되었고, 그 초기 무역의 많은 것들이 따라서 필연적으로 불법이 되었다.

그것을 단념시키려는 영국정부의 갈망에도 불구하고 그 섬은 아편무역의 거대한 중심지가 되었다. 데이비스는 1844년에 부임한 직후 정부의 고용과 관계가 없었던 자본을 소유한 거의 모든 사람들이 아편무역에 종사하였으며 그해 후반에 아편을 전 해안을 따라 행하여지는 일반 무역의 주요한 품목이었다고 말했다. 아편무역상들은 아편무역에 반대하는 본국 정부에 의한 있을 지도 모르는 조처에 대한 두려움에서 벗어났다. 나오아와 갑쉬문의 외곽의 정박지는 식민지보다 확고한 안보를 위해 포기되었다. 아편은 창고 안이나 항구에 있는 폐선의 선체 안에 보다 용이하게 비축될 수 있었고 그래서 개방된 정박지의 위험에서 벗어날 수 있었다. 이 덕분에 보험료 부담이 줄었다. 또한 아편가격이 신문에 공개적으로 발표되었다.

총회계 감사관인 쉘리는 1845년 가을 데이비스에게 보내는 한 보고서에서 그 무역에 80척의 쾌속범선이 사용되었다고 하면서 그 중 71척을 고발했다. 그것들 중 17척이 자딘 매트슨사에, 13척이 덴트 및 코사에, 몇 척의 작은 범선은 던스사, 스코트사 그리고 여타 회사들에 소속되어 있었다. 그러나 추측하건대 쉘리는 그렇게 신뢰할 만한 인물이 아니었다. 그는 어떤 개인적인 지식을 토대로 고발했던 것이다. 1845년 한 해 동안의 정부보고서는 아편이 가장 비중 있는 수출품임을 언급하고, 홍콩에서 그때 후추와 더불어 그 섬에 되돌아 온 연안무역에 적합한 보다 소규모의 배들에 그것을 옮겨 싣는 것을 언급하였다.

데이비스가 설립한 아편농장은 무역 전체를 자신들의 통제 하에 두기를 원했던 무역상들로부터 공격을 받았다. 그리고 그 농장은 무역국의 추천에 의해서만 식민성에 의해 허용되었다. 1846년 그레이 경은 무역국의 결정이 현명했는지에 대해 커다란 의심을 품고 있었다고 고백했다. 그러나 그는 그 항구들의 무역에 가담했던 가장 큰 가옥의 서면 증거에 따라 직접 변했을지라도 그것이 수용되어야 한다고 생각했다.

1845년 데이비스는 애버딘 경에게 두 가지 어려움이 야기되었다고 말했다. 그들은 자신들이 영국 영사관들과 나란히 위치하였다고 생각했던 데이비스가 분개할 정도로 다른 국가들에 봉사하는 영사의 임명을 떠맡았다.

제9장 조오지 본함 경(1848~54)

어떠한 어려움과 희생이 있다 하더라도 지출을 감소시키기 위해서는 설득력 있는 조처가 취해져야 한다.

그레이 경(Earl Grey)이 본함(Bonham)에게 1848년 9월 21일

동인도회사에서 지위가 상승하였던 사무엘 조오지 본함(Samuel George Bonham)은 34살의 이른 나이에 당시 동인도회사의 통치하에 있었던 영국해협식민지(the Straits Settlements)의 총독이 되었고, 10년 후인 1847년에 그는 홍콩의 총독인 존 데이비스(John Davis) 경의 뒤를 이어 후임 총독과 그리고 전권대사 및 중국무역감독관으로 선임되었다. 그는 1851년에 기사 작위를 수여받고 이듬해에 준(准)남작이 되었다. 그는 1848년 3월에 부임하자말자 자신에게 닥치고 또한 그의 통치기간 동안 내내 지속된 역경에도 불구하고 평판이 좋고 성공적인 통치자였음이 입증되었다. 식민지는 기대한 것만큼의 경제적 성장을 거두지 못했고 그 결과 지가가 하락하였다. 그리고 서둘러 식민지의 자립을 앞당기기 위해 전임 총독인 데이비스에 의해 부과되고 1847년 의회의 선출위원회의 비난의 표적이 되었던 세금에 반대하는 상인들의 새로운 저항이 야기되었고, 이 두 가지의 어려움은 완전히 차치하고서도 제3의 어려움이 나타났다. 즉 식민지 재정의 어려움이 그것이다. 그

결과 본함은 섬의 위축된 전망에 대처하기 위해 경제적으로나 행정상의 조정을 하도록 압박을 받으며, 그리고 초긴축 경제와 예산삭감이라는 절름발이 정책을 채택하지 않을 수 없었다.

재정위기는 가장 시급한 문제였다. 그것은 1848년 여름에 갑자기 대두되었고 많은 요인들에 기인하였다. 본함은 개정된 재정예산을 데이비스가 예견했던 것보다 그 세입이 더욱 줄고 지출이 보다 증가했기 때문에 더 큰 적자가 생기게 되어 홍콩에 대한 의회의 결정권에 의해 유용하게 된 보다 큰 적자를 보여주는 개정된 재정측정치를 만들어내었다. 1848년 9월 그레이는 그 해에 1848년의 경우와 마찬가지로 25,000프랑에 결정된 홍콩 재정지출액을 표결하기란 불가능하며, 그 지출은 '어떠한 어려움과 희생이 따른다하더라도 감소되어야 한다고 답변했다. 그는 '장차 의회투표에서 지속적이고 신속한 감축'이 있어야 하며 그리고 식민지는 자체의 자원에 관해 시민의 지원만을 촉구해야 한다고 주장했다.

동시에 그 식민지 재정의 심각한 적자는 본국의 감사위원회에 의해 밝혀졌다. 이것은 식민지 초기에 엘리어트와 포팅거가 정부지출을 충당하기 위해 군자금을 전용했던 식민지 개척 초기에 대두되었던 것이다. 그 섬이 영국식민지임이 공표되었던 1843년 6월에 수입 및 지출의 예산안은 승인을 얻기 위해 식민성에 제출되어야 했다. 포팅거는 비상조치로서 군자금을 지속적으로 단속하였다. 데이비스는 임의대로 그의 전임자의 재정계획을 무시했고, 그의 부임일로부터 새로운 토대 위에 식민재정정책을 수립했다.

회계국(Audit Department)이 그 초기에 약 23,000프랑에 달하는 결코 밝혀지지 않은 지출이 있다는 것을 밝히는데 5년이 걸렸다. 포팅거는 1843년 9월 1일부터 1845년 3월 31일에 이르기까지 모든 지출에 대한 명세서를 제시하도록 요청받았다. 1844년 6월 12일에 식민성은 완전히 부적당한 것으로 드러난 액수인 30,000달러를 요구하면서 '추측에만 근거한' 하나의 견적서를 제출했다. 따라서 회계감사국은 홍콩의 비용을 둘러싸고 이미 혼란에 빠졌던 식민성에 걱정거리를 불러일으키면서 서투르고 애매한 문제를 제기하였다.

홍콩은 공공 특목공사에 대한 견적은 어느 한 해에 지출될 수 있었던 액수를 고려치 않고 그 공사의 총비용에 따라 어림잡았기 때문에 더욱 혼란스러운 양상을 띠었다. 그리고 재무성은 한 회계연도에 지출되지 않은 어떠한 차감 잔액도 다음 회계연도의 수입으로 이용할 수 없다고 결정했다. 이러한 발표는 재정절감의 필요성을 강화시켰다. 본함은 실망한 채 의회 결의사항인 25,000프랑 이내로 지출을 경감시켜야 한다는 요구를 받아들였다. 그는 그 회계연도의 상당부분이 지났고, 의회 결의에 의해 보충될 수 있는 것보다 수입을 초과한 지출을 이미 공약했다고 본국에 불평을 털어놓았다. 그는 실제 착수중인 공공 토목공사를 제외한 모든 공사를 중단시키고, 긴급히 필요한 총독관저도 짓지 못하게 하고, 다음 회계연도까지 자신의 월급 수령을 연기함으로써 겨우 예산을 맞출 수 있었다. 이러한 재정적인 압박 때문에 본함으로서는 식민지의 발전에 전면적으로 부정적인 영향을 미칠 정책을 취하지 않을 수 없었다.

그러나 심지어 본국 정부는 그 이상의 조처를 취했다. 1848년 12월에 그레이는 식민지에서 영구적으로 지출을 감소시킬 목적으로 민간부문, 육군, 해군 등 식민지 모든 부문에 걸쳐 철저하고 광범위한 조사를 수행하도록 지시하면서, 그 조사를 특별한 권력을 필요로 하는 특별한 임무로 규정하였다. 웨이드(T. F. Wade: 1818-1895)는 그러한 목적을 위해 그의 개인비서로 파견되었다. 재정절감을 위해 본함은 출납관 공유지 감독과 호적계원, 식민지 외과의와 보조항무관의 직책을 폐지할 것을 건의하고, 그리고 총독 봉급의 1/3은 전권대사와 무역장관으로서의 자신의 업무에 대한 대가로 외무성이 지불해야 하고 식민장관은 그의 임무와 출납관직을 겸직시켜 봉급을 감소시키고, 식민지 외과 진료는 시간제로 군 장교들에 의해 수행되어야 한다고 제안하였다. 행정장관은 특별수당을 받고 호적계원의 직무를 수행해야 했다. 또한 경찰력의 유지비용도 절감해야 했다. 본함은 통치의 사법적 측면을 이 식민지에서 가장 많은 보수를 받으면서 가장 일을 적게 하는 분야라고 주장하면서 재판장의 봉급을 3000파운드에서 2000파운드로, 검찰총장의 봉급을 2000파운드에서 1000파운드로 각기 삭감할 것을 제의했다. 게다가 소규모 부서들도 그 수를 줄여야 한다고 제안했다. 이러한 변화들은 불공정함을 막기 위해 결원이 발생할 때 실행되어야 했다. 그러나 몇몇 관리들은 자신들이 당면하고 있는 불확실함 때문에 사직을 하기도 했다. 유능한 총등록계원이고 뛰어난 언어학자이기도 했던 잉글리스(Inglis)는 1849년에 미국 캘리포니아에 금광을 찾으려고 갔지만 아예 성공하지 못하고 곧 식민지로 돌아왔다. 회계국장직은 결국 폐지되지 않았고 대신에 식민지 사무국과 회계감사국은 통합되었다. 이 많은 제안들은 결원이 발생하였음 때 불필요했던 것으로 판명이 되었다.

본함은 군비를 재검토하였고 1849년 1월에는 전면적인 감축을 제안하였다. 그는 병력이 1200명인 영국인 6개 보병중대와 실론인 3개 소총중대가 수비대로서 적합하다고 생각하고 육군소장 대신 육군대령이 수비대 지휘 장교가 되어야 한다고 생각했다. 그는 포병, 공병, 의무부대의 규모를 크게 축소시킨 사람을 추천했고 그리고 의장분야와 병참분야는 규모가 지나치다고 보고하였지만, 감축이 얼마만큼이나 가능한지 제안할 만큼 충분한 정보를 가지고 있지는 않았다. 공병대의 감축으로 말미암아 장교들이 민간인들에게 시간적 작업을 허용하는 것이 불가능하게 되었으며 유지 감독관과 식민지 외과의 직책에서 본함이 제안했던 두 가지 경비절감의 효과를 전혀 보지 못했다.

그는 홍콩의 방위는 궁극적으로 해군에 의존해야 하고, 순양함과 기선은 영속적으로 홍콩에 그대로 주둔시켜야 한다고 생각하였다. 그는 해군이 지나치게 많은 군수품을 비축하고 있다고 충고하고 탄약, 식량과 같은 몇몇 군수품은 육군의 군수품에 합체되어야 한다고 권고했다.

이러한 경비 절감책 덕분에 1848년에 62,658파운드이던 군비 지출이 1853년에는 36,418파운드로 감소했고, 심지어 그가 은퇴하던 1854년에 본함이 추산한 군비는 31,509파운드까지 감소하였다. 그의 재직 기간 동안의 의회 보조비는 1848년의 25,000파운드에서 1853년에는 8,500파운드로 감소하였다. 본국 정부가 전적으로 부담하고 있던 군비는 1848년에 80,778파운드이던 것이 1853

년에는 50,346파운드로 감소하였다. 그럼에도 불구하고 본국 정부는 홍콩정부의 지출에 대해 여전히 불만을 가지고 있었고, 본함의 퇴임 시에는 단지 경비를 절약할 목적에서 총독의 봉급과 지위를 하락시키려는 헛된 시도를 하였다.

토지는 절박한 문제를 안고 있었다. 많은 지주들이 자신들의 토지를 포기하였고, 임대수입의 징수에 어려움을 겪고 있었다. 본함이 도착하기 전인 첫 경매를 위해 내놓은 부지가 충분치 못하기 때문에 1848년 2월에 상인들은 과열경쟁과 지대의 강제적인 인상이 야기되기 때문에 지대가 너무 높다고 불평하고 그리고 임차조건의 개정과 지대 인하를 요구하면서 외무장관에게 토지에 관한 진정서를 제출하였다. 그들은 또한 소수의 주민들로 하여금 영국 무역의 전반적 혜택을 위해 유지된 식민지의 부담을 감소하게 만드는 '의심스러운 정책'을 지지하였다. 그레이는 어떠한 임대료 인하도 경매에서 성공하지 못한 입찰자에게는 공정치 못할 것이라고 답변하면서 임차계약 기간을 연장하는 방안을 고려해 보겠다고 제안을 하였다. 1848년 12월에 그는 본함에게 75년간의 임차계약을 실질적으로 영구자치권을 의미하는 99년간에 걸친 임차계약으로 대신하는 권한을 부여하였다.

상인들은 여전히 자신들이 세금을 많이 내고 있다고 생각하면서 1849년 1월에는 본함에게 세금경감을 요구하는 탄원서를 냈다. 그럼에도 버려진 토지에 대한 많은 소송이 제기되었고 1848년 12월에 본함은 130개 구역의 토지를 정부에 귀속시켰다고 보고했다. 이것들 중 5개의 구획은 정부가 점유하였고 49개의 구획은 순전히 투기의 대상이었고 76개의 구획은 식민지가 기대했던 것만큼 발전하지 않았기 때문에 소유권을 포기했던 실질적인 구매자가 보유했던 것이다. 토지수익이 1/5로 감소하자 철저한 조사를 하기로 결정되었다.

1850년에 특별토지위원회가 구성되었고 지나치게 많은 임대료를 지불하고 있다고 생각하는 모든 분할대여농지 소유자는 위원회에 그들의 청원서를 제출하라는 요구를 받았다. 상인들의 격렬한 소란과 저항에도 불구하고 단지 11명만이 청원서를 제출하였고, 관련된 토지의 절반가량은 악명 높은 투기업자인 조지 더델(Georges Duddell)의 손에 넘어갔다. 청원자 중 단지 5명만이 자신들의 권리를 인정받았다. 그 위원회의 두 비공식위원은 모든 지대의 완전한 폐지를 주장하고 그리고 수입은 영제국의 보조금 증액과 중국 무역에 부과하는 세금에 의해 보충할 것을 제안하겠다. 하지만 이것은 실질적으로 받아들이기 어려운 제안이었다. 그 성과는 약간의 지원금이 주어졌으며 7개의 분할대여농지의 매각을 촉진하기 위해 분할대여농지를 세분하기 위한 조처가 취해졌다는 점이다. 얼마 후 경매의 조건에 약간의 변화가 생겼다. 경매조건은 더 이상 연간지대에 대해서가 아니라 단 고정된 지대로 분할대여농지를 확보하기 위한 프리미엄의 지불을 위해 존재하였다. 토지는 이제 초미의 관심사가 아니게 되었고, 본함의 재임 말기에는 더 나은 기반 위에서 식민지의 미래를 가꾸어나갈 수 있다는 구상이 확고히 자리잡게 됨에 따라 침체 분위기는 사라지고 지가는 회복되기 시작하였다.

제10장 존 보우링 경(1854~59)

홍콩은 항상 어떤 치명적인 열병이나 다소 의심스러운 전쟁 또는 수치스러운 내부 언쟁으로 얼룩져 있다.

타임즈지, 1849년 3월 15일자

존 보우링 박사는 전권대사의 합동 관직에 임명되기 전에 중국 무역감독관을 역임했고 그리고 홍콩에서 쌓았던 매우 훌륭한 경력을 가지고 있다. 그는 매우 견문이 넓었고, 훌륭한 언어학자이면서 경제학자였고 또한 급진 철학파와 긴밀히 제휴한 정치가, 찬송가 작가, 그리고 평화협회의 회장이었으며 급진파 의원이었고 휘그당의 지지자였다. 그는 자신이 유럽문학에 공헌한 점을 인정하여 그뢰닝겐 대학이 자신에게 수여한 명예박사 학위를 자랑하기를 좋아했다. 1849년 무역경기의 퇴조로 말미암아 그의 사업은 실패하였다. 그래서 그는 관직에 진출하려 했고 광동 국제영사직을 수락했다. 그는 중국 문제에 흥미가 있었는데, 그 이유는 부분적으로 그의 아들이 홍콩의 무역상인 자딘 매디슨 가에 고용되었기 때문이다. 그는 1852년 본함이 휴가 중이었을 때 무역감독관으로 활동했었고 본함이 휴가를 마치고 돌아왔을 때 휴가차 귀국했다가 본함의 후임총독으로 임명되었다. 그는 1854년에 부임했는데 그의 나이는 은퇴한 본함보다 11살이나 많은 62세였다. 그는 시대에 앞선 자유로운 생각을 가진 사람이었다. 그는 56세의 나이에 중국어를 배우기 시작할 정도로 정력적인 사람이었다. 하지만 그는 잘난 체하고 자부심이 강하고 그리고 높은 관직을 떠맡을 정도로 충분히 강직한 성품을 지니지 못했다. 그 결과 일관성의 결여와 균형감각의 부족이 초래됐다. 평화를 사랑했던 그는 자신의 고압적인 조치로 말미암아 두 번째의 영·중 전쟁을 일으켰다. 그는 다수의 훌륭한 식민지 개혁안을 만들었으나 그 개혁안을 실현시키는 데는 실패했다. 그는 자신의 부하들을 통솔할 능력이 전혀 없었기 때문에 그는 원칙에 있어서 자유로웠다. 그리고 자신의 재임기간 동안 반중국입법의 물결을 간파해내지 못했다. 이 선량한 사람 밑에서 그 식민지의 통치는 가장 열악한 수준에까지 떨어졌다.

본함의 은퇴로 말미암아 본국 정부는 섬의 시설에 있어서 보다 더 절약을 시도하도록 촉구하였다. 본국 정부는 총독직과 무역감독관직을 분리하기로 결정했다. 케인 자신이 통상적으로 이 같이 중요한 직책에 수반되는 보다 중요한 직책을 떠맡는다는 조건으로 2,000파운드의 연봉을 주면서 그를 부총독으로 만들려는 제안이 있었다. 윌리엄 머서(William Mercer)가 식민지 장관직을 맡았고 그가 차지했던 식민지 재무장관 자리에는 식민지 재무성의 일등서기관이었던 리에네커가 더욱 삭감된 급료를 받으면서 취임하였다. 특별입법이 없이는 중국 무역감독관직과 홍콩의 총독직을 분리하는 것이 불가능하다는 것이 밝혀졌다. 그리고 영국외무성은 무역감독관이 식민지에 거주해야 한다고 주장했다. 그 결과 보우링이 무역감독관 및 전권대사가 되었을 때 그는 또한 총독직까지 떠맡아야 했다. 그러한 어려움을 극복하기 위하여 그는 봉급을 받지 않는 순전히 이름뿐인 홍콩 총독이 되도록 조정되었다. 그가 극동에 있는 영국인의 이익과 복지가 필요로 한다고 생각했던 식민지 문제에 개입할 수 있는 권한이 그에게 부여되었다. 그러나 그는 명목상의 총독이었기 때문에 그것은 하나의 단서조항에 불과했다. 그리고 그가 모든 급전문들을 검토해야 한다고 결정되었다. 케인은 2,500파운드의 봉급을 받는 부총독이 되어 식민지의 행정에 책임을 져야 했고 단지 총독이 부재했을 동안 단지 임시직에 불과했을지라도 그가 가졌던 수준을 훨씬 넘어서는 필요한 만큼의 재량권을 부여받았다. 이러한 부담만 되고 일할 수 없게 만드는 결정은 의의를 상실했다. 보우링은 그 지위를 충분히 이해했다. 하지만 그는 홍콩문제에 초연하게 있지 않았고 전임총독의 절반밖에 안되는 봉급을 받는데 만족할 수 없었다. 그는 그의 도착 후 곧바로 준비되었던 새로운 총독 관저를 차지하였으며, 이러한 여건은 그로 하여금 그의 총독직이 명목상의 직책 이상이었음을 깨닫게 했었을 것이다.

1854년 4월에 케인은 새로운 계획에 따라서 홍콩 정부에 대한 통제권을 떠맡았다. 보우링은 곧 간섭하기 시작했고 1855년 2월에 식민지교회 임시목사의 임명을 둘러싸고 문제가 발생했다. 그 직책을 떠맡기 위해 영국으로부터 막 건너온 윌리엄 백스터 목사(Rev. William Baxter)는 도주한 빚쟁이로 판명되었고 스미스 주교는 그에게 목회를 허락하지 않았다. 군목인 오델 목사(Rev. M. C. Odell)는 임시 목사직에 임명되었고, 이것은 정부관보를 통해 발표되었다. 보우링은 이의를 제기하고 누가 오델의 목사직 임명을 허락했는지에 대해 문의했다. 케인은 그가 주교와 집행위원회 위원들과 협의했고 보우링이 동의하였기 때문에 그 임명을 발표했다고 대답했다. 또한 입법의회에 대해서도 또한 상이한 입장들이 있었다. 보우링은 케인이 주장했듯이 중국문제가 논의될 때뿐만 아니라 항상 자신이 관장해야 한다고 생각했다. 새로운 개각이 실패한 주된 이유는 보우링이 식민지를 위한 거대한 개혁안을 가지고서 그것들을 실행에 옮기기를 원했기 때문이다. 그 분쟁은 본국에서도 언급되어 파머스톤은 보우링의 직위는 이례적이고 불가능한 것이라는 점에 동의했다. 그는 그 직위가 존재치 않은 총독을 날조해냈기 때문에 그것을 행정적 결례라고 하였으며, 1855년 4월 보우링은 충분한 권한이 보장된 총독직을 부여받았다. 보우링은 케인에게 은퇴할 것을 제안했다. 하지만 이 제안은 케인이 그 혼란에 책임이 없었기 때문에 거절당했다. 총독직에서의 경비절감책은 실현되지 않았으며, 사실 그 정책은 1859년 케인이 은퇴할 때까지 명목상의 부총독직에 소요되는 비용을 추가로 포함하고 있었다.

1854년 보우링이 도착한 직후에 크림전쟁(1854-56) 반발 소식이 전해졌다. 그는 지체 없이 러시아인의 군사행동 가능성을 저지하기 위해 군제독 제임스 스터링 경(Sir James Stirling)을 대동하고 북쪽 원정에 나섰다. 홍콩은 이제 무방비 상태로 남겨질 것이라는 두려움 때문에 공포에 사로잡혔다. 함대는 출항했고, 육군의 수는 본함이 권고한 1,128명이 아닌 570명이었고 이들 중에 단지 400명만이 전쟁을 수행하기에 적합했다. 해적질이 성행했고 19척의 해적선단이 공격을 감행할 준비를 갖춘 것으로 알려졌다. 게다가 해적은 단지 영국인만을 살해한다는 소문이 나돌았다. 케인의 표현대로 잘 알려진 바와 같이 러시아 함대가 이 해역에 있다는 점이 그 두려움을 배가시켰다. 내부로 부터 즉 비밀연계를 갖춘 부랑자 무리로부터의 위협에다가 바깥으로부터의 위협이 가중되었던 것이다.

1854년 6월에 케인은 방어대책에 대해 논의하기 위해 홍콩의 저명인사 일곱 명에게 행정위원회에 참석하도록 촉구했다. 그들은 식민지 방어선에 병사를 배치하고 곧 영국인 36명을 포함하여 76명에 달했던 보조경찰을 군대에 편성하고 공격에 대비해서 빅토리아 외곽에 경찰주둔지를 강화시키기로 결정했다. 식민지 방어와 치안유지를 위해 한 달 만에 그 지원부대의 병력 수는 127명이 되었다. 그 중 92명은 영국인이고 156명은 포르투갈인 그리고 나머지는 유럽 각국인들로 구성되었다. 그리고 남은 전쟁에 대한 두려움은 곧 사라졌다. 보조경찰부대는 단지 6주간 존속한 후 경비절감을 위해 해체되었다. 지원부대는 좀더 오랫동안 유지되었다.

보우링 경은 적극적인 대 중국 정책을 추구했고 1856년에 애로우호(the Arrow) 사건에 의해서 야기된 전쟁에 참전했다. 그의 정책은 내재적인 모순을 드러내었다. 그는 한편으로는 가장 자유주의적인 사상을 내세웠다. 그는 국내분쟁의 해결방법으로 평화를 옹호하는 평화협회 의장이었고 홍콩에 거주하는 중국인에 대하여 자유주의적이고 인간적인 정책을 추구했다. 다른 한편 그는 중국 정부에 대하여 가장 고압적인 방법으로 대했고 확실한 양보를 얻어내기 위하여 위협할 준비가 되어 있었다. 조약에 의한 해결은 유럽인에 대한 공격이 빈번하고 배외감정이 강렬했던 광동에서 결코 만족하게 작용하지 않았다. 광동에서의 거주권은 거부되었다. 보우링은 1843년의 미국과 체결된 황히아 조약(Treaty of Wanghia)의 한 조항에 따라 최혜국원칙을 내세우면서 조약개정에 대한 욕구를 더불어 상기시켰다. 광동에 있는 중국인 고등관무관 예밍쉔(Yeh Ming-shen)은 유럽인과의 마찰을 피하기 위하여 갖은 핑계를 늘어놓았다. 그리고 1856년 9월에 보우링은 프랑스 및 미국인 대표들과 함께 북경당국과 직접 협상하기 위해 페이호 강(Peiho River)으로 갔으나 협상에 실패하였다.

애로우호 사건은 적대감을 야기했다. 1855년에는 홍콩에 있는 영국 왕실 령토지의 임차인이었던 중국인 선박 소유자들에게 그들의 선박을 식민지에 등록시켜 영국기를 게양한 선박에 상응하는 보호를 받도록 허용하는 한 법령이 통과되었다. 태평천국란으로 말미암은 혼란으로 인해 인근해역이 매우 불안하였기 때문에 그 보호권은 하나의 귀중한 특권이 되었다. 비록 애로우호 사건 당시에는 등록에 따라 보장된 12개월 간의 기간이 만기에 이르렀을지라도 애로우호는 서양식 선체를 갖춘 중국인 소유의 배였고 영국인 주인의 명령에 따라 홍콩에서 등록되었다. 1856년 10월에 광동에서 그 배는 주인의 부재 시에 화물을 선적하였고 선원들은 해적죄로 투옥되었다. 영국기가 끌어내려졌다고 주장되었지만 그러나 주장은 부인되었다. 보우링은 강경한 입장을 취하면서 사과를 받아내고 선원들을 되찾아 와야 한다는 영사의 주장을 지지했으며 자신의 최후통첩이 중국에 의해 수용되지 않자 광동에 대해 공격을 감행토록 명령을 내렸다. 매우 사소한 사건이 전쟁의 발단이 된 것이다. 파머스톤은 취해진 그 조처를 지지했다. 그러나 그는 보우링의 정책이 그의 전임 총독들에 의해서조차 강력히 비난받았던 하원에서 승인을 받지 못했다. 정부의 패배는 총선으로 이어졌다. 파머스톤이 소속된 휘그당은 다시 권력을 장악하였으며 프랑스의 참전으로 대 중국전쟁은 계속 전개되었다. 양국의 군사력으로는 광동에 전면 공격을 감행하기에는 불충분했다.

그리고 예맹쉔은 도성의 파괴와 폭격에도 불구하고 기대했던 대로 굴복하지 않았다. 1857년에 인도에서 폭동이 일어났기 때문에 중국에 파견될 예정이던 원정군은 인도로 향하게 되었다. 1857년 12월이 되어서야 비로소 연합국은 광동을 점령할 준비가 되었으며, 광동은 다음 해로 접어들자마자 함락되었다. 예는 캘커타의 감옥으로 보내졌다. 그 전쟁은 북쪽으로 확산되었고 1858년 6월에 텐진조약으로 막을 내렸다. 중국인들은 무역항을 추가로 개방하기로 약속했고, 중국인들의 강렬한 반대를 고려하여 영국 전권대사 엘긴 경(Lord Elgin)이 수도 북경이 아닌 다른 곳에서 공사관이 자리 잡을 수 있도록 약속했을지라도 북경에 영국공사관이 설치되었다. 1860년에 적대행위가 재개되었는데 그 이유는 영국인 공사가 북경에 가려고 했으나 페이호 강에서 저지당했기 때문이다. 그 결과 북경은 점령되고 뒤이어 1860년 북경조약이 체결되었다.

전쟁은 홍콩에 커다란 영향을 끼쳤다. 첫 번째로 홍콩이 중국에서의 영국무역과 행정의 본부 역할을 더 이상 하지 못하게 되는 과정이 가속화되었다. 이미 1847년에 중국에 있는 영국 국민들은 무역규제에 관한 영사의 결정에 대하여 홍콩의 대법원에 제소할 권리를 상실했다. 홍콩 치안판사들은 보다 일찍 1844년에 이미 중국 거주 영국국민에 대한 자신들의 재판관할권을 잃었다. 이제는 총독의 관할권이 제약을 당하게 되었다. 그는 중국과 그 자신의 중요성이 매우 커진 그 거대한 땅의 영국대표로 인정되는 것을 자랑하며 1854년에 등장하였다는 것이다. 그는 한 사소한 사건을 둘러싸고 중국인들에게 강경책을 취하며 적대감을 불러일으켰다. 하지만 그가 자국의 이익으로 간주한 것을 이처럼 강력히 옹호했으나 그는 자신이 원하던 신용을 얻지 못했다. 협상은 그의 손에서 벗어났는데 엘긴 경이 1857년 7월에 전권대사로 파견되어 총독에게서 그의 임무를 덜어주었다. 보우링은 이러한 임무들이 중국주재 영국공사에게 위임되었던 때인 1859년에 은퇴할 때까지 무역감독관으로 남아 있었고 그 후로 식민지 통치는 대 중국관계의 통제와 완전히 분리되었으며 게다가 총독은 단지 식민성에 대해서만 책임지게 되었다.

1865년에 홍콩대법원은 영사법원으로부터 올라온 민사사건에 대한 항소재판에 대한 관할권을 상실하였으며, 그 이후로 그러한 분리는 더욱 철저히 준수되었다.

전쟁의 두 번째 결과는 스토운 커터스 섬과 구룡반도의 할양 덕분에 식민지 영토가 확장되었다는 점이다. 이 같은 영토확장은 보우링이 퇴임한 후인 1860년에 발생했기 때문에 다음 장에서 다루게 될 것이다.

셋째, 전쟁으로 인해 더욱 많은 군대가 도착하는 것이 연기되었기 때문에 특히 광동에 대한 공격이 1856년 11월에 취소되었을 때 다시 한번 불안정한 상황이 초래되었다. 예밍쉔은 그러한 철수를 승리한 것으로 알고 환호성을 질렀고, 모든 중국인에게 영국에 대한 협조를 거절하도록 명령했다. 그들의 목에 현상금이 걸리고 광동의 공장들은 불탔으며 그리고 황포아(Whangpoa)의 부두 및 항만시설이 파괴되었다. 비록 통상금지령이 실행되지 않았다 할지라도 홍콩에 대한 식량공급이 금지되었다. 그리고 모든 중국인에게 적에 대항하는 투쟁에 동참할 것을 촉구하는 벽보가 빅토리아에서 나붙었다. 1857년 1월에 중국 관리들의 명령으로 환차이(Wanchai)에 있는 에싱(E Sing) 빵집에 공급하는 빵에 비소를 투입함으로써 식민지의 외국인들을 독살시키려는 시도가 있었다. 다행히도 너무 많은 양의 비소를 투입했기 때문에 쉽게 발각당했고 커다란 피해도 없었다. 하지만 그러한 시도는 외국인 공동체들을 격분시켰다. 경찰이 동원되었고, 이들은 정착하지 못한 중국인들에게 강력한 조치를 취하도록 촉구받았다. 하지만 보우링은 자신의 신용을 위하여 혐의자를 재판 없이 처형해야 한다는 널리 확산된 주장을 거부하였다. 그 빵집의 주인인 청 아 럼(Cheong A Lum)은 그날 아침 마카오에 가버렸으나 그는 소환되어 재판을 받았다. 하지만 그는 영국 판사에 의해 무죄 방면되었는데 그 이유는 그에게 유죄 선고할 만한 어떤 증거도 발견되지 않았기 때문이었다. 그의 종업원 52명은 감금되었다. 감옥이 가득 찼기 때문에 그들은 경찰서에 있는 15평방피트의 방안에 1월 15일부터 19일까지 구금되어 있었다. 그 중 10명은 그때 재판을 받았고 나머지 42명은 그들의 지방의

사의 긴급한 요청으로 감옥으로 이송된 2월 3일까지 그 방에 감금되었다. 그들은 석방되었으나 감옥문을 나설 때 범죄 혐의자로 다시 체포되었을 뿐이었다. 그동안 보우링은 그 사건을 본국에 의뢰했다. 많은 영국인과 중국인들이 이러한 억류에 대해 탄원서를 제출한 덕분에 그 사람들은 식민지를 떠난다는 조건으로 석방되었으며 그리고 청아럼도 그들의 뒤를 이어 식민지를 떠났다. 중국인들에 대한 이러한 처리는 언론을 통해서 본국에 전해졌다. 진상을 밝혀 신뢰를 회복하기 위하여 영국 정부는 그 사건을 조사하도록 명령했다. 500명에서 600명 정도에 달할 정도의 수많은 사람이 체포되었고 1,670명이 화이난으로 이송되었다. 1월 24일에 혐의가 있어 보이는 204명이 본함 스트랜드에서 체포되었고 46명이 투옥되었다. 게다가 146명이 비밀정보가 제공되었기 때문에 체포되었다. 더델(Duddel)이 소유한 다른 빵 가게는 곧 불탔다. 그러나 이러한 긴장은 곧 누그러졌다. 많은 중국인은 이주해나감으로써 충돌을 피하려 했으며, 1857년에 26,213명이나 되는 중국 승객들이 주로 태평양 연안과 호주 식민지를 향해서 떠났는데, 이 수치는 1856년의 141,300명과 대비가 된다.

그 전쟁은 고통과 불안을 초래하였다. 보우링은 중국인들에 대한 가혹한 법률들을 도입했다. 이러한 법률은 자유롭고 인간적인 그의 일반적인 정책과 크게 달랐다. 그는 개혁가였다. 그리고 중국인의 복지에 깊은 관심을 드러내었던 그의 개혁안은 평온한 시기를 필요로 했을 때 그것이 전쟁과 사회적 긴장의 시기와 일치한 것은 불행한 일이었다. 보우링은 그 문제의 매듭을 지었다. 그러나 그의 성격의 이와 같은 다른 측면을 주목하는 것은 바람직하다. 보우링은 부임 직후에 상이한 외양을 지닌 징수체계, 강요, 정실인사 그리고 권력 남용이 식민지에 존재하는데 이러한 것들은 사라져야 하며 그리고 섬의 현재와 미래의 번영을 위해 특별한 관심을 두어야만 했던 중국인들로부터 많은 불평을 들었다고 본국 정부에 보고했다. 그는 모든 부정을 뿌리 뽑기를 원했고, 탐욕스러운 변호사들과 착취자들로부터 중국인들을 보호하기를 원했다. 그는 한 선출직을 추가하고 홍콩에 있는 등록된 모든 왕실 토지 보유자에게 투표권을 주고 10파운드라는 연간 최소지대를 지불함으로써 입법의회를 확대시킬 계획을 구상했다. 그는 공공토목공사, 토지 간척, 프라야 건립, 식물원 건립, 사관학교 설립 계획을 통한 관리교육법 개선 등 야심찬 계획들을 마련했다. 그는 빈민구역들에 학교가 부족하고 모든 계층의 외국인들에 의해 원주민의 자녀들의 많은 수가 무시당할 수 있는 부당한 상황이 위험한 요소로 발전하기 시작했음을 개탄했다. 그는 또한 위생개선의 중대성을 깨달았다. 이러한 것들이 그의 개혁을 위한 모든 분야를 포괄하는 야심에 찬 계획이었다.

그는 이 모든 계획을 이행할 수가 없었다. 그러나 그의 후계자 허큘레스 로빈슨 경은 신뢰를 얻기 위해 많은 개발을 시작했다. 전쟁에 기인하는 긴박한 상황들은 그에게 방해가 되었다. 1855년에 그 자신은 오히려 조급했으며 식민지 장관이었던 럿셀은 보우링이 모든 문제들을 오히려 성급하게 다루었다고 논평했다. 그의 개성은 그의 사고와 일치하지 않는 것처럼 보였다. 한 가지 중요한 어려움은 식민지 경영을 최악의 상태에 빠뜨린 그의 부하직원들 사이의 개인적인 언쟁이었다.

보우링은 착취와 정부 부처의 불법세의 징수를 조사하고 모든 사적인 사례비 제공 문제를 검토하기 위한 한 위원회를 설립했다. 하지만 그 조사는 유익했으나, 정부 관리들에게 접근하기 위해 돈을 주기로 되어 있었고 중국인들이 사건들을 입증할 의향이 없었기 때문에 어려움에 봉착했다. 그는 "우리는 무지한 채로 통치하고, 그들은 맹목적으로 복종한다"고 말했다. 그의 해결책은 지배자와 피지배자 사이의 간극을 좁히기 위해 교육을 추진하고 새로운 유형의 관리들을 양성하는 것이었다. 그는 언어 문제가 만악의 근원이라고 생각했다. 정직하고 능력 있을 뿐만 아니라 언어의 장벽도 잘 극복할 수 있는 관리들이 필요하였다. 그는 필수적인 언어훈련을 제공하려는 관리 양성 계획에 대하여 외무성의 승인을 받아냈다. 그 계획의 핵심사항은 로빈슨에 의하여 나중인 1861년에 식민지에 채택되었다. 본함은 중국어에 능통한 관리를 양성하기를 거절했다.

중국인들로 하여금 홍콩 정부의 정책을 이해시키기 위해 보우링은 본함이 강압적인 정책으로 없애버렸던 등기청을 다시 개설하고 거기에다 '중국인 보호자'라는 명칭을 추가하여 중국인들이 정보와 도움을 요청할 수 있는 관리를 근무하게 만들었다. 뛰어난 언어학자인 칼드웰(D. R. Caldwell) 박사가 임명되었지만 식민성은 약간의 오해를 품고 있었다.

보우링은 실례로 치안판사와 같은 정부관직에 중국인을 임명할 것인지에 대해 또한 토론하였다. 외무장관은 원칙적으로 동의하였지만 조심하라고 충고하였으며, 사실 어떤 중국인도 임명되지 않았다.

중국인들에게 보다 비용이 적고 보다 편리한 재판을 보장하기 위한 사법개혁이 시도되었다. 1858년에 두 부분의 법률 직책을 통합시키는 한 법령이 통과되었다. 이것은 변호사 선임경비를 들이지 않고 법정변호사로 하여금 직접 소송사건 적요서를 제출하도록 허용하였다. 중국인들의 무지를 악용하는 정직하지 못한 법률가들에 의한 사기행위가 자행되었고 과도한 경비가 들었다. 적정 수수료로 소송을 수행하기 위해 대리인들이 고용되었다. 이제 소송비용은 소송 당사자의 이익을 위해 제한되었다. 중국인들은 배심원으로 종사하고 개업변호사로서 자격을 갖추는 것이 더 이상 금지되지 않았다. 여러 방법으로 보우링은 중국인들의 생활부담을 덜어주려는 새로운 정책을 추구하였다. 중국인들의 관례에 따라 작성된 유언서를 법정에서 효력을 갖는 것으로 인정해 주는 한 법령이 통과되었다. 중국인들을 위해 특별 매장지가 따로 마련되었다.

보우링은 위생시설과 보건에 대하여 관심을 가졌다. 천연두가 더욱 만연하였고 배출되는 악취는 지속적으로 공개적인 논쟁거리였다. 1854년에 윌리엄 모리슨이 죽자 육군군의관인 캐롤 뎀스터(J. Carrol Dempster)가 식민지 외과의로 임명되었고 그는 식민지의 위생시설에 대해서 공개적으로 비판하였다. 1854년 한해에 대한 자신의 첫 번째 연례보고서에서 그는 "홍콩은 매우 불결하고 소음이 진동하고 있다"는 문구로 시작하였다. 타핑샨(Tai Ping Shan)은 외양간, 돼지우리, 썩은 풀장 등 온갖 쓰레기의 집결지였다. 배수시설, 하수도, 포장도로는 청소를 더욱 필요하게 되었다. 가옥들은 부족하였다. 그는 1년에 두 번씩 흰색 페인트를 칠하도록 제안하였다. 다음 해 그는 몇 몇 쓰레기 저장소를 제외하고 아무것도 이루어지지 않았다고 보고했으며 이어서 교도소의 위생시설을 격렬히 비난하였다. 작은 감방에 때로는 16명의 죄수가 수감된 것으로 드러났고 그들을 분리수감하게 해야만 했다. 1856년의 연례보고서에서 그는 위생시설이 식민지에서 가장 중요한데도 불구하고 자신의 건의가 전혀 실현되지 못했다고 가장 노골적으로 불평을 털어놓았다. 그리고 이 모든 그의 주장에 대한 본국으로부터의 답변은 늘 그렇듯이 "그 문제는 고려중이다"는 것이었다. 1857년 콜레라가 발생하는데 이는 배수와 청결을 소홀히 한 데서 기인하였다.

보우링은 어떤 조치를 취하려고 시도하였다. 새로운 하수시설과 쓰레기통을 만들었다. 죄수들을 동원하여 청소시켰다. 공유지감독관은 1855년 모두 4,826명의 기결수를 이전 한 해 동안에 경찰 감시 아래 청소에 동원하였다고 주장하였다. 그러한 계획이 지속되는 동안 위생에 있어서 어떤 커다란 진보도 기대할 수 없었다. 보우링은 성가신 문제로 논쟁을 벌였고 1856년 건물법령 및 민폐를 끼치는 것을 금지하는 법령을 통과시켰다. 이 법령은 단지 간섭 없이 거주하기를 요구했던 중국인들과 그리고 소유권에 대한 간섭에 분개했던 재산 소유자들의 일치된 반대에 직면하였다. 그 행정장관은 법령을 해석하는 데 있어서 어려움에 직면했고, 그 조처에 반대했던 치안판사들과 더불어 그 조처의 정신에 반대되는 결정을 내렸는데, 이는 보우링을 크게 성가시게 만들었다. 그 결정은 공개적인 논쟁을 야기하였는데, 그 이유는 보우링이 치안판사들이 법을 있는 그대로 집행하지 않는데 대해 항의하였을 때 그들이 행정부에 의한 사법의 간섭은 비합법적이며 법에 대한 어떠한 지침도 총독이 아닌 대법원장이 지시해야 한다고 답변하였다. 이 논쟁은 본국에서 언급되었고 치안판사들의 견해가 널리 지지를 받았다. 위생 분야에서 보우링의 조처 중 가장 중대한 것은 아마도 위생국이 실질적으로 개설된 1859년의 불법행위 감독관(Inspector of Nuisances)의 임명이었다. 식민지 외과의는 지역사회

내에서 전반적인 보건업무에 대하여 여태껏 책임을 지지 않았는데 그의 임무가 정부의 하급관리들, 경찰, 교도소 내의 죄수들을 진료하는데 국한되었기 때문이었다. 그는 민간 병원을 책임졌으나 단지 지역사회에서 사건이 일어날 경우에 공동체의 진료를 떠맡았다.

위생 문제는 상수도 문제를 포함하였는데 이 문제는 인구의 증가로 더욱 심각해졌다. 이 같은 문제들의 증가는 주로 태평천국란으로 인해 중국에서 정착할 수 있는 여건이 부적합했다는 점에 기인하는데 본함의 통치 하에서 시작되었고 보우링의 통치 하에서 더욱 심화되었다. 1853년의 인구는 37,536명으로 보고되었다. 1854년에는 55,714명이었고 다음 해인 1855년에는 72,607명으로 급증하였으며, 1856년에는 섬의 긴장상태로 인해 약간 감소한 후 1859년에는 다시 85,330명으로 증가하였다. 상수도는 심각한 결점을 지녔다. 많은 가옥들이 우물을 가졌으나 중국의 극빈자 계층은 언덕 옆의 개울 이외에 어떤 다른 상수원도 갖지 못했다. 보우링은 꽤 놀랍게도 식수공급이 개인 기업의 문제라는 입장을 취하면서 요금을 징수할 권한을 가진 식수회사가 설립되어야 한다고 제안하였다. 행정위원회는 그와는 달리 생각했는데 섬의 남부로부터 물을 끌어올리는 계획이 마련되었으나 그것은 실행하기까지는 몇 년을 더 기다려야 했다.

보우링은 자신이 심각한 식민지 범죄의 근본 원인들이라고 생각했던 도박을 통제하려고 시도했을 때 중국인들의 반대에 직면하였다. 그는 단지 도박장의 폐단을 인정하고 허가제로 하기를 원했다. 그러나 본국 정부는 그것을 허용하려 하지 않았다. 보우링은 갈보집의 인정 및 허가에 대비하기 위한 전염병방지법을 제정하였지만 그러나 그 법령은 중국인들의 반대 때문에 그들에게 적용될 수가 없었다.

보우링은 선출된 의원들을 추가함으로써 입법위회를 개혁하기를 원했다. 그로 하여금 이러한 개혁을 제의하도록 만든 이유는 여러 가지가 있었다. 그는 정치적으로 급진파였으며 공리주의의 창시자인 제레미 벤담의 추종자였다. 공리주의는 그 시기의 지배적인 정치철학이 되었으며 각 사람들이 투표권을 가지는 민주적인 방법에 의해서 최대다수의 최대행복을 널리 만들어 내는 것을 목표로 삼았다. 보우링의 공리주의 단체에 가담한 사실을 고려해 볼 때 그가 중국에 투표권을 도입하기를 원한 것은 전혀 놀라운 사실이 아니었다. 게다가 의회를 설립함으로써 식민지에 자치제도를 부여해 주려는 시도는 그 시기 식민지 정책의 한 부분이었다. 그는 놀랍게도 중국인과 외국인에게 동등한 조건으로 투표권을 부여하기를 원했다. 보우링은 입법의회를 자신의 개혁 도구로 이용하기를 원하였고 따라서 식민지의 그 의회가 식민지 여론의 대표기구가 되기를 원하였다. 그는 또한 만일 입법의회가 보다 큰 대표권을 갖게 된다면 본함이 시도하였던 자치정부안은 불필요하게 될 것이라고 생각하였다. 보우링이 사용한 하나의 다른 흥미로운 논쟁은 재정에 기초를 두고 있다. 보우링은 또한 1855년 6월에 그가 영제국 의회로부터 어떠한 허가도 얻어낼 필요가 없다는 서신을 띄웠다. 즉 식민지는 자급자족이 가능하였다는 것이다. 그는 만약 식민지가 재정적으로 자립하게 되면 식민성이 수락하지 않던 한 원리인 자치제도를 가져올 입헌주의 원리를 제의하였다. 식민지는 군사적 방어에 기여하지 못하였으며 그리고 어쨌든 보우링은 너무 일찍 자랑스러워 했는데 그 이유는 1858년과 1859년에 거대한 건축계획과 안보계획이 그로 하여금 정부에 지원을 요청하지 않을 수 없게 만들었기 때문이다.

보우링은 또한 기존의 입법의회가 본함이 재정문제에 관해 그것에 협의를 하지 않았기 때문에 권능을 상실하였으며 그리고 중요한 관직 보유자가 아닌 자딘은 더 이상 참석하지 않았다고 주장했다. 본함의 통제를 받는 의회는 그 의원이 모두 6명이었는데 3명의 공식의원과 2명의 비공식의원 그리고 총독을 포함하고 있었다. 보우링이 의회를 주재하겠다고 주장했을 때 그 의원수는 7명으로 늘어났으며 또한 부총독으로 참석했던 케인은 고참의원이 되었다. 보우링은 1855년 8월 3명의 공무원과 3명의 비공무원을 추가하여 입법의회를 재건하자는 제의를 하였다. 그는 또한 5명의 비공식의원들이 적어도 10파운드의 연간지대를 납부하는 분할되지 않은 왕실 부지의 소유자들에 의해 매 3년마다 선출되어야 하며 그리고 그들 다섯 명 중 적어도 3명은 치안판사들 가운데서 선출되어야 한다고 제의했다. 그는 모든 민족이 전체 사회의 부분으로써 동등한 조건으로 투표권을 부여받아야 하며, 69명의 영국인, 52명의 중국인과 30명의 다른 외국인과 같은 자격을 갖춘 보유자들의 수에 해당하는 투표권을 부여하기를 열망하였지만, 유권자의 수는 75명으로 감소하였다고 추산했다.

국무장관인 라부세르(Labou Chere)는 "나는 실험을 시도하는 것을 바라지 않는다"라고 기록하였고 대부분의 계획을 거절하였다. 그는 1856년 6월에 중국인들이 사회적 질서의 토대인 기본원칙에 대한 존중을 여태 요구하지 않았으며 그리고 영국인들이 소수이고 단지 일시적으로 거주하고 있기 때문에 이들에게 영구 거주자들에 대한 지배권을 부여하는 것은 가능하지 않다고 대답하였다. 그는 선거가 입법의회에 전권을 부여하기 위한 이행 단계의 조처로서 타당하며 동양전체에 걸쳐 미래 문명 진보는 상당한 정도로 영국인들과 질서를 갖춘 홍콩정부의 지배의 덕분일 것이라고 주장하면서 식민지 문제는 중국주민의 감정과 이익에 가장 커다란 관심을 기울이면서 수행되어야 한다고 계속 제안하였다. 보우링은 관직이나 입법의회에 유능한 중국인을 선출하였고 그는 입법의회 의원수를 증가시키기 위해 제안된 선거를 거부하였다. 입법의회는 두 명의 공식의원과 한명의 비공식의원의 추가로 그 수가 증가되었다. 비공식의원들은 정부의 지명으로 여전히 영국왕실에 의해 임명되어야 했고 보우링은 치안판사에게 지명을 위한 후보자를 제안하도록 허용하는 본함의 관행을 계속 유지시켰다. 보우링은 1857년에 공유지 감독관과 1858년에는 회계감독관 등 두 명의 공식의원을 추가함으로써 입법의회 의원수를 증가시켰고 이 조처는 비공식의원의 수가 균형 있게 증가되기를 원했던 3명의 비공식의원의 커다란 불만을 야기했다. 그때 보우링의 그 공동체 사회와의 관계는 긴장상태에 직면했고 그에게 식민성에 접근할 동기를 거의 주지 않았다. 그는 의회 의사록을 출판하는 관행을 시작하였으며 1858년에 그 회의는 대중에게 공개되었다. 보우링은 본함을 너무도 속박했던 긴축재정으로부터 벗어나게 될 정도로 운이 좋았다. 비관적 분위기가 사라지고 부분적으로 중국인들의 유입에 의

해 지가가 상승하였다. 재정수입은 1854년의 33,011파운드 2s, 4d에서 1858년
에는 62,476파운드 9s, 4½d로 거의 두 배가 되었다. 지대는 같은 시기 동안에
10,266파운드 20s, ½d에서 19,907파운드 18s, 22d로 상승하였고 1858년에 후
자의 수치는 새로이 신설된 조명세 수입을 포함하였다. 중국에서는 텐진조약
에 뒤이어 아편이 합법화되었고 보우링은 4,508파운드 6s, 8d의 수입을 가져
다 준 아편독점권을 1858년에 재도입하였다. 그 해에 주류허가로 4,760파운드
14s, 7d의 수입을 얻었고 실제로 재정수입이 아편복용을 한 중국인들의 비행
으로부터 보다는 음주를 한 유럽인들의 비행으로부터 더 많은 이득을 얻지 못
했던 1848년은 데이비스가 아편독점권을 폐지한 첫 해였다. 사회시설물의 건
설이 증가하고 보우링이 제출했던 개혁에서 비롯된 공공토목공사 계획이 증가
하였기 때문에 지출은 1854년의 34,035파운드 8s, 1d에서 1858년에는 62,979
파운드 9s, 1d로 비교적 증대되었다. 새로운 중앙경찰국 설립이 인가를 받았
고, 추가로 경찰국들이 서부지역에서의 인구증가에 대처하기 위해 신설되었다.
교도소에 대한 신랄한 비판에 대처하기 위해 새로운 교도소가 신설되었고 새
로운 하수시설과 쓰레기 저장소가 지어졌다. 인구와 건물수의 증가는 가로와
도로 건설에 지출을 증대시켜야 함을 의미했다. 이들 새로 유입된 사람들의
필요를 충족시키기 위해 행복계곡과 바다 사이의 간척계획이 수행되었고 그
간척지는 총독의 이름을 따서 보우링톤(Bowerington)으로 명명되었고 개방된
두 운하 지역을 통하여 계곡으로부터 물을 끌어왔다. 보우링은 시장독점에 불
만을 품고 새로운 시장의 건설에 착수하였다.

경제적으로 가치가 있었지만 물론 도시를 아름답게 꾸미려고 의도했던 두
가지 다른 계획들이 보우링의 개인적 신앙에 부합하였다. 그는 홍콩의 '왕립
아시아 협회'(Royal Asiatic Society)에서 중국의 나무, 산림, 숲에 관한
지식을 보급시키면서 공립 식물원의 가치에 대해 역설하였다. 식민성은 어
떤 여분의 자금도 위생시설의 향상에 바쳐져야 한다고 언급했지만 보우링은
식민지의 지속적인 이익을 위해 식물원이 건립되어야 한다고 고집하였다.

보우링은 또한 해군만(Navy Bay)에서 코즈웨이만(Causeway Bay)에

이르는 정착지의 바다에 접한 모든 지역을 따라서 도로를 건설하려는 계획을 앞장서 추진하였다. 그 계획은 「프라야」(Praya)계획으로 불렸고 그것은 광동의 삼각주 지역에서 포르투갈인의 영향력에 대항하는 증거였다. 「보우링 프라야」(Bowring Praya)는 그렇게 불리어졌던 바와 같이 하나의 미화사업으로서 뿐만 아니라 경제적 가치가 있는 중대한 발전으로 시도되었다. 일찍부터 토지는 모두 여왕로에 접하고 있었으며 각 해안부지 소유자는 방파제를 제공하거나 또는 자신이 선택한 바다 정면에서 어떤 개발을 수행하는 임무를 맡게 되었다. 프라야 계획은 1843년에 최초의 식민지 기사(Colonial Engineer)였던 고든(Gordon)에 의해 제안되었지만 보우링의 재임기간이 끝나고 나서야 재정적으로 실행이 가능했으며, 사실 그때조차도 총독은 예산안을 신중히 짜서 그 계획에 소요되는 자금을 모아야만 했다. 프라야는 불규칙한 해안선을 따라 건립할 수 없었기 때문에 방조제의 건설과 간척을 위한 측량을 포함하고 있었다. 이 같은 간척 문제에 관해 보우링은 대상인 가옥들의 재산권을 침해하게 되었다. 왜냐하면 해양부지 소유자들이 이미 자신들의 비용으로 불법적으로 얼마간 매립을 하였기 때문이다. 실제로 그들은 자신들의 소유지보다 두 배 이상이나 더 큰 땅을 갖고 있었다. 그래서 프라야 계획은 그들에겐 극히 못마땅한 것이었다. 공유지 감독관은 1855년 11월에 발표된 하나의 계획안을 만들었다. 해양 토지 소유주들은 자신들이 원래 보유한 부지에 추가된 면적에 대한 추가지대를 지불해야 했고 정부가 책임져야 했던 방조제와 방파제의 건설비용을 납부해야 했다. 보우링은 부지할당을 재개하도록 위협을 가했지만 항의 집회를 가졌던 유럽인 지주들이 제기한 커다란 반발을 완화시키지 못하였다. 그 문제는 본국에 의뢰되었고, 총독의 계획은 지지를 받았다. 서부 지역에 있는 중국인 지주들과 몇몇의 유럽인 지주들은 그 계획에 동의하였다. 이러한 경우의 토지에서 그리고 보우링턴에서처럼 정부 스스로가 해안 부지를 소유한 곳에서 공사가 시작되었다. 중앙군 병영과 시내 중심 사이의 땅을 갖고 있었으며 총독 반대파를 이끌었던 덴트(J. M. Dent)는 물러서기를 거부한 사람들 중의 하나였으며 그래서 1858년에 보우링은 강제권을 발동할 수 있는 하나의 법령을 거부하였다. 공식의원들 중 세 명이 표결에서 비공식의원들에 가담하여 총독에게 반대하였다. 그리하여 프라야 계획은 지연되었으며 실제로 아주 오랫동안 원래의 창안자가 의도했던 것처럼 그 계획에 보우링 프라야 계획이라는 이름이 붙지 못하였다.

이 투표에서 헌법상의 쟁점은 중요한 것이었다. 보우링은 매우 관대하여 자신에게 반대투표를 한 관리들을 배척하지 않았다. 그는 단지 그들이 사전에 자신에게 반대의사를 알려줬어야 했다고 생각했다. 공식의원들이 정부 입법에 집단적으로 행동하고 투표해야 한다는 규칙은 아직 포기되지 않았다. 보우링은 상인회사들이 관리들에 영향을 미치기 위해 압력을 가할 수 있고 그리고 유일한 해결책은 정당한 봉급을 지불하여 정부 관리가 사례비를 받는 관행을 없앰으로써 그러한 압력을 방지하는 것이라고 생각했다. 존경은 중국인에 대해 자유주의적 입장을 취했고 그의 개혁안이 너무 광범했기 때문에 모든 사람들에게 인기를 상실한 것 또한 사실이다. 그의 이임이 임박했으며, 관리들이 그에게 반대하는 투표가 아무런 해도 끼칠 수 없음을 그는 당연히 계산했었을 것이다.

보우링의 정책과 업적에는 찬양받을 만한 것이 많이 있지만, 그가 제안했던 것만큼 많은 것이 성취되지 못했다. 그는 이상하리만치 관운이 없었으며, 관리들 사이에는 매우 심각한 알력이 있었다. 그는 개성이 없었으며, 이러한 것들이 결합되어 식민지에서의 그의 업적과 가치를 가려버린 실질적인 내각 붕괴를 초래하였다.

보우링은 재정상황의 악화로 이 같은 내각붕괴가 초래됨에 따라 관리를 추가로 임명하였다. 왕립소송대리인(Crown Soliciter)을 법무부에 임명했고, 1857년에 식민지 장관은 감사업무를 회계 감사관에게 넘겨주었으며 중앙호적등기 소장의 직책이 부활되었다. 1856년에 법무장관 안스티(T. Chisholm Anstey)가 부임하였는데, 그는 독특한 성격의 소유자로서 개혁의 욕구와 그리고 자신이 식민지에 만연해 있다고 믿었던 권력남용, 나쁜 관행을 뿌리 뽑으려는 열망은 보우링보다 더욱 강렬하였다. 그는 부정을 저지르지 않았고 진실한 사람이었지만 침착성, 판단력, 그리고 자제력이 부족하였다. 그는 부임 즉시 대법원장과 총독을 공격했으며 결국 보우링과 충돌하였는데 그의 불행은 돈키호테식이었던 자신의 주요 법률 고문관과 함께 일하게 되었다는 데 있었다. 엔스티는 칼드웰이 재정적인 이유로 매춘국에 관심을 가졌으며 해적들과 연계되어 있다는 이유로 그가 치안판사의 자리를 차지하는 것은 부당하다고 비난했으며, 그리고 정부가 아무런 조처도 취하지 않자 그는 치안판사직책을 사임함으로써 그 결정을 강요했다. 보우링은 조사위원회를 구성하여 칼드웰이 비록 비난을 면할 수는 없지만 해임을 권고 받지 않고 있음을 발견하였다. 자신의 동료에 대해 터무니없는 기소를 하곤 했던 앤스티의 행동은 고문위원회에서 논의되었으며 그 위원회의 권고로 그는 해임되었고 그의 해임은 본국 정부의 지지를 받았다. 불행히도 그 사건에 대한 반발이 야기되었으며 칼드웰 사건은 하나의 유명한 소송사건이 되었다. 칼드웰은 1857년 7월에 해적을 지원했다는 혐의로 기소를 당했던 마 초우 윙(Ma Chow Wong)이라는 한 중국인과 친밀했고, 이 같은 제휴는 앤스티가 책임을 져야 할 근본 이유였다. 마 초우 윙의 자택을 수색하였을 때 칼드웰은 비난하는 증거가 경찰 감독관인 차알스 메이에 의해 밝혀졌음이 새어나갔다. 이것은 임시 식민지 장관이었던 브리지스 박사(Dr. W. T. Bridges)에게 보내졌는데 그의 명령으로 그 증거는 소각되었다. 칼드웰에 대한 조사 결과 그의 무죄가 입증되자 한때 브리지스가 혐의를 받게 되었다. 브리지스는 법무장관과 식민지장관이 휴가 중이었을 때 임시 법무장관과 식민장관직을 맡게 된 강인하고 무절제한 성격을 지닌 변호사였다. 그는 칼드웰을 열렬히 지지하였다. 한 지역 편집자는 브리지스가 칼드웰을 구하기 위해 증거를 소각했다는 이유로 브리지스를 직접적으로 고발하였다. 브리지스는 그를 명예훼손죄로 기소했지만 실행에 옮기는 데는 실패하였다. 그 결과는 대중들이 칼드웰의 혐의가 풀렸다고 결코 생각하지 않았다는 점이었다. 언론과 민중의 정부관리에 대한 공격과 명예 훼손에 대한 이야기는 너무나 길어서 연대기적이다. 1858년에 새로운 아편법령에 대한 브리지스의 행동은 그가 식민

장관직을 대행했을지라도 아편 독점자로부터 그가 변호사 수수료를 받았을
때 조사위원회로부터의 비난을 면치 못하였다. 보우링은 이러한 알력에 관
해 엄청난 분량의 문서와 긴 전문을 보내지 않을 수 없었다. 거대한 서류뭉
치를 하원의 책상에 놓았을 때 그 식민장관은 그가 차라리 책상을 그 서류
뭉치 위에 두는 것이 더 좋으며 그리고 모든 가능한 다양성과 양심을 가지
고 증오, 악의, 그리고 무자비를 드러내었다고 주장했다. 그리고 그는 전형
적인 관리의 생활을 보여주었다고 추정되었다. 앤스티의 해임을 수락하였을
때 불워 리튼(Bulwer-Lytton)은 홍콩 공공업무의 좋지 않은 상황에 대해
언급하였고 그러한 상황은 새 총독에 의해서 조사되어야 한다고 결정하였
다. 1859년에 새로운 북경 주재 영국공사가 영국의 대중관계를 떠맡기 위
해 도착하였다. 그 임무의 이와 같이 중요한 부분을 보상했기 때문에 보우
링은 지위를 유지할 수 없었으며 그는 식민성으로부터 자신의 사임을 허락
받았다.

　보우링은 능력과 이상을 가졌는데 그는 자신으로 하여금 공동사회를 하나
의 동료의식을 갖는 집단으로 이끌어갈 수 있게 해 준 그 같은 인간적이고
자유주의적인 관점을 가졌다. 그는 문화적인 것을 좋아하였다. 법원 관리를
성가시게 하면서까지도 대법원의 여러 방들 중 하나에 박물관을 개설했고
그는 왕립 아시아 협회의 지역 지부의 지도자였다. 아직 그는 고위 관직에
대한 자질이 부족한 것처럼 보였고 그 자신은 외국인 공동사회로부터 혐오
를 받았다. 그는 홍콩에서 최초로 정치 공약을 내건 총독이었으나 그의 공
약은 성공하지 못했다. 개혁가로서 그는 유산세습을 당황케 만들었고, 그리
고 정치적 급진파로서 그리고 종교적으로 일신주의자로서 당시 만연하고 있
던 감정과는 거리가 멀었다. 그의 성격과 정책은 너무나 많은 모순을 내포
하고 있었다. 비록 그가 평화를 표방하고 있었을지라도 중국에 전쟁을 야기
했다. 그는 홍콩의 폐단에 대한 개혁에 착수하였고 그의 행정부는 혼란상태
에 빠져들어 갔다. 의심할 여지없이 폐악이 있었다. 그러나 그 폐악들을 바
로잡는 데는 한명의 보다 덜 자유주의적인 사람이 필요하였다. 그는 1859년

5월에 식민지를 떠났다. 유럽인들은 그를 무시하였지만 중국인들은 그가 이룩해놓은 업적에 대해 하나의 선물로서 높은 평가를 하였다.

　보우링 통치 하의 사회·경제적 정책으로 관심을 전환하기 이전에 그의 후임 총독인 허큘레스 로빈슨 경에 의해 이루어진 변화를 더욱 철저히 고찰해 보는 것은 편리하다.

제11장 허큘레스 로빈슨 경(1859~65)

실제로 홍콩은 영국의 다른 어떤 속국과도 전적으로 달랐으며, 그 지위는 많은 측면에서 매우 이상할 정도로 이례적이었다.

허큘레스 로빈슨 경이 뉴캐슬 공작에게, 1860. 7. 3

보우링 경이 1859년 3월에 이임하였고, 그리고 그의 통치가 자신의 부하 관리들을 통제하거나 또는 효과적인 행정조처로 그의 훌륭한 제안들을 이행하지 못한 무능력 때문에 이미 마비되었음은 이미 살펴보았다. 이 행정상의 마비는 많은 관료들이 연루된 많은 명예훼손 행위들 때문에 더욱 더 알려지게 되었다. 그의 후임 총독의 선택은 중요한 문제였다. 35살의 젊은 사람인 허큘레스 로빈슨 경이 그의 후임 총독으로 선택되었다. 로빈슨은 육군에 복무한 후 서인도 제도에서 총독직을 역임했고 그리고 행정질서를 회복할 능력을 갖추고 있는 것처럼 보였다. 그는 도중에 영국에서 며칠동안만 쉬고서 서둘러서 1859년 9월 도착했다. 총독대리인인 케인은 로빈슨 경이 도착할 때까지 그 식민지의 통치를 떠맡았었고 그 후 연금을 받고 퇴직하였다. 새로운 총독은 식민지에서 4년도 통치하지 않았다. 1862년 7월 그는 휴가를 얻어 귀국하였고 1865년 3월에 실론(Ceylon)총독으로 전보되기 이전에 12달도 더 걸려서 1864년 2월에 되돌아왔다. 비록 짧기는 했지만 그의 통치는 식민지 역사에서 새로운 장으로 기록되었다. 고령의 관료들이 제거되었다. 케인은 1850년에 은퇴하였다. 특별히 증가된 연금 때문에 그는 불만족스러워했다. 여러 해 동안 그는 스스로 생각하기에 자신이 받아 누려야 할 마땅한 권리였던 칭호와 영예를 추구했으나 아무런 성과도 없었다. 재판장인 흄므도 1859년에 연금을 받고 퇴직했다. 일하는 솜씨가 서툴렀던 앤스티(Anstey)의 봉급 지불 정지도 지지를 받았으며 그리고 그는 식민지에 결코 돌아가지 않았다. 치안판사인 튜더 데이비스(Tudor Davies)는 중국 청 왕조의 해상 관세국의 고위직을 수락하였고, 미첼(W. H. Mitchell)은 로빈슨이 도착한 지 몇 달 만에 은퇴하였다. 양자는 보우링에게 문제를 안겨주었다. 브리지스 박사(Dr. Briges)는 칼드월 사건(Caldwell Case)이 다시 막 재론되려 했을 때 사려깊게도 식민지를 떠났다. 레니(Rennie)와 포스(Forth)는 최근에 각기 회계감사 장관 재무관으로 부임하였다. 식민지의 새로운 외과의사인 머레이 박사(Dr. I. Marray)도 1859년에 도착했다. 항무관인 잉글리스(Inglis)도 곧 퇴직하여 해군출신인 톰셋(Thomsett)이 대신 그 직책을 떠맡았다. 간단히 말해 부분적으로는 우연하게 로빈슨 경은 새로운 관료들과 함께 일을 할 수 있는 호기를 맡았고 그러한 상황은 개혁을 열망하는 신임관리인 그에게는 이상적이었다. 식민지 장관인 머서(Mercer)는 남아있었는데, 그는 17년간 그 식민지에 있어왔다. 그는 여전히 40세 미만이었고 이전 행정부의 모든 스캔들로부터 초연해지려고 애를 썼다. 칼드웰과 메이도 여전히 남아있었는데 양자 모두 침울해 있었다.

그 직접적인 과제는 칼드웰 사건 때문에 필요하게 되었던 홍콩정부의 공무원들에게 설문조사를 실시하는 것이었다. 브리지스 박사가 고소를 한 명예훼손 행위 가운데서 태란트(Tarrant)라 불린 신문 편집인에 반대하여 앤스티가 칼드웰을 고소했을 때 정당화되었다는 증거가 나타났으며 그리고 죄가 있음을 입증하는 증거는 소각되었다. 앤스티는 그를 정직시키자는 결정에 반대해서 영국에서 캠페인을 벌였다. 그 식민지에서의 사태에 대하여 영국 전역에 걸친 다양한 단체들이 저항하였다. 그 문제는 많은 문서의 검토가 필요하였기 때문에 지체되었고 그리고 로빈슨은 그가 조사를 하라는 지시를 받기 이전에 얼마 동안 식민지에 있었는데, 그 조사의 목적은 메이와 칼드웰이 자신들의 관직을 제대로 보유할 수 있을 것인지를 알아보려는 것이었다. 로빈슨은 집행위원회 앞에서 조사가 공개적으로 이루어져야 한다는 결정을 내렸고, 대민간업무의 부정에 대한 조사가 1860년 8월 13일 개시되었다. 그 조사는 다음 13개월에 걸쳐 30일 동안 이루어졌다. 그러한 지연은 휴가, 질병, 그 사건의 복잡한 성격, 중국어를 앞세우고 증명하게 하는데 있어서의 어려움에 기인하였으나, 주된 이유는 칼드웰 자기 자신 때문이었다. 보다 일찍이 그가 그 직책을 맡고 있는 동안 418파운드의 횡령을 포함한 공금횡령이 자행되었다. 최고책임자로서 그는 자신의 봉급을 삭감함으로써 손실액을 보충하도록 촉구 받았다. 1861년 2월에 칼드웰은 삭감된 봉급으로는 살아갈 수 없다고 불평했다. 그는 그의 직책을 포기하고 집행위원회에서 자신의 입장을 변호하기를 거절했다. 그의 사임은 받아들여지지 않았고 로빈슨은 조사 중단 요청을 거절했다. 오직 데일리 프레스지(Daily Press)의 편집장인 머로우(Y. J. Murrow)와 칼드웰의 쓰라린 정적이 정보를 제공하기 위해 일반 대중에 대한 조사를 하라는 로빈슨의 촉구에 반응을 나타내었다. 로빈슨은 참으로 어려운 과제에 직면했고, 어떠한 구체적인 책임도 없으며, 그러므로 칼드웰과 메이에게 관련된 모든 것이 조사받아야 했다고 불평했다. 중국인 목격자들의 증언을 신뢰할 수 없고 기록들은 훼손되거나 분실되었으며 목격자들을 만들어낼 수도 없었고, 번역의 정확성조차도 의심받았으며, 그리고 대체로 조사는 극단적으로 모호하고 회피적인 상황에 직면하였다.

　광동주재 태수였던 파크스는 1860년 3월에 군대주둔에 반대하지 않았고 그리고 광동태수가 구룡이 아마도 배상금의 부분적 지불에 의해 보유될 것임을 연락받았다는 내용의 서신을 띄웠다. 파크스는 임차계약의 협상을 진행시키라는 명령을 받았다. 그는 어떠한 문제도 제기하지 않았고 1860년 3월 26일 구룡에서 스토운커터스 섬에 이르는 구룡 지역이 영구 임차되었다. 엘긴 경은 외무성으로부터 구룡을 획득할 어떤 기회도 잃지 말라는 훈령을 받았다. 1860년에 체결된 북경조약에 의해 구룡반도의 임차는 철회되었고, 그것은 홍콩 식민지의 독립으로 완전히 양도되었다. 영국인과 중국인의 혼합위원회가 영국인의 점령의 결과로 추방된 어떠한 중국인에게도 지불되어야 할 보상을 결정해야 했다. 상충되는 주장을 하는 많은 사람들이 나타났으며, 보상을 주장할 거짓 행위를 상당히 만들어 낸 증거가 있었다. 그 행위는 부정확했고, 어떠한 경계선도 드러내 보이지 않았기 때문이다. 이것은 가장 어려웠음이 판명되었는데 그 이유는 토지소유자나 차지인에 관한 소유자들은 99년간에 걸친 조차권을 얻고, 그들이 이전에 지불했던 것과 동일한 액수의 조차료를 지불하게 되었다. 임시변통식의 보상방법이 채택되었다. 의문이 존재하는 곳에서는 토지가 팔렸고 중국인 관리들의 감독 하에서 돈은 상충된 주장을 하는 사람들 사이에서 분배되었다. 사실 상당한 중국인 정착지가 단지 최근에 생겨났기 때문에 법적인 토지 소유권을 가진 자의 수는 매우 적었다.

새로운 조차지의 처분을 둘러싸고 식민지 정부와 군대 사이의 분쟁은 해결하기가 훨씬 어려웠고 새로이 획득한 조차지의 조직화를 지연시키면서 4년이나 질질 끌었다. 군대는 구룡 전체를 홍콩에 있는 모든 병력이 이동되어야 할 병영으로 사용해야 한다고 주장했으며, 항구를 건설하기 위한 27개 장소로 구분되었다. 로빈슨은 건물과 레크리에이션 시설을 위해 부지별로 구분하여 구룡에 투자하고 그 섬에 대한 압력을 경감시키기를 원했다. 그는 상업적 목적에서 그리고 항구를 이용하기 위해 남서지역을 원했다. 왜냐하면 그 지역은 상해와 근접해 있었기 때문이다. 해군, 육군, 그리고 총독은 협정을 체결하려 노력하면서 공동위원회를 임명했지만 그러나 세 가지의 상이한 보고서가 제출되었고, 그 문제는 본국에 의뢰되어야 했다. 서비스 부문은 본국 정부의 후원을 받았고, 로빈슨은 영제국의 요구가 충족될 때까지 결코 토지의 사적 소유를 허용하지 말라는 지시를 받았다. 육군은 식민지가 통치비용을 기꺼이 떠맡지 않겠다는 위협을 함에 따라 그 요구를 완화시키지 않을 수 없었으며 비록 로빈슨이 상업적 목적을 위해 심해에 인접한 부지를 구제할 수 있었을지라도 그것은 여전히 가장 쉽게 선택할 수 있는 부지로 남아있었다. 칭 샤cb이에서 스토운 커터스 섬 반대편에 있는 경계까지 제안된 프라야는 포기되어야 했고 결코 건설되지 않았다. 소유권을 빼앗긴 중국에 대한 보상금 지불은 총계 29,291달러가 지불되었던 1864년까지 연기되었다.

배심원은 당신에게 불의의 사고로 인한 "인권사망"이라는 판결을 내렸지만 그러나 기강이 결여됐고 사용된 배가 매우 노후했다는 점을 덧붙였다. 그 노후한 배의 감독관은 해임되었으며, 그 배는 섬에 더욱 가까이 견인되어 죄수들은 건널판을 통해 해변에 내릴 수 있었다. 그 다음 해에 100명의 죄수들이 집단으로 도주하는 사건이 벌어졌다. 그 사건의 조사결과는 그들이 교도관의 무능력 덕분에 도주한 것으로 결론이 났다. 경찰 감시가 미비하고 경찰 무기가 결함이 있었음이 드러났다. 중국정부는 도주한 죄수들을 다시 잡는 데 지원을 하기로 약속했지만, 어느 도주 죄수도 다시 잡히지 않았다. 로빈슨은 죄수들이 자신들의 모범적 행동으로 형량의 일부를 사면 받을 수 있고, 또한 급여를 받을 수 있는 제도를 도입하였다.

출옥할 때에 그 식민지의 신임 외과의인 머레이 박사는 보우링의 요청을 받아 새로운 시민병원을 떠맡은 바로 그 시기인 1859년에 도착했다. 로빈슨은 공식 급여금을 삭감하는 조건으로 머레이 박사가 사적인 일을 보도록 허용했고, 관리들은 그들의 임무에 전념해야 한다는 보우링이 도입한 원칙을 지키지 않는 것이 허용되었다. 1860년의 자신 연례보고서에서 그는 의료 계획과 식민지의 위생시설에 대하여 너무 광범한 비판을 가했기 때문에 그의 보고서는 총독의 반발에 직면했다. 다음 해에 머레이는 다시 의무감에 가득 차서 새롭게 썼고, 그의 보고서는 수정하도록 그에게 반환되었다. 그의 비판은 혹독했고, 홍콩의 상수도 및 하수도 시설은 여전히 충분한 주목을 결코 받지 못했고, 어떤 포괄적인 계획에 의거하여 실행되지도 않았다. 단지 귀찮은 한 명의 검사관이 있었을 뿐이고, 경찰은 자체의 관심을 위해 환자를 보고할 자신들의 의무를 소홀히 했다. 경찰은 무능력했고, 월 1회의 의료검진은 무시되었었다. 그는 쓰레기와 분뇨의 수거를 노골적으로 비난했고, 오물 수거마차가 새벽녘에 와야 한다고 제안했다. 병원은 불충분했다. 병든 환자를 수용할 병실이 전혀 없었고, 중국인들을 치료할 준비도 되어있지 않았으며, 종종 치료에 가장 유용한 도움이 되는 통상적인 소독기구도 없었다고 신랄하게 소견을 털어놓았다. 그는 자신이 치료비를 부담하는 환자를 병원에 보내도록 허락받았으나, 그때 선원들의 병원은 환자들이 돈을 잃어버렸는데도 접수를 요청했다고 불평을 털어놓았다. 이것은 단지 비실용적임이 드러났던 모호한 계획을 만들어내었다. 중국인들이 휴지통을 화장실로 사용한 이래 그것은 세탁과 배수가 필요하였다. 중국인의 무덤은 허가를 받아야 하고, 분뇨를 받기 위한 분뇨수거장소는 도시의 인구밀집 지역에서 제거되어야 했다. 그리고 경찰은 모든 권력 남용 관행을 처벌받지 않고 저지른 것으로 악명 높았기 때문에 더욱 감시를 받아야 했다. 그 위원회는 어떤 세부적인 계획을 제시하거나 또는 비용을 검토하지도 않았고 그리고 거의 아무것도 이루어지지 않았음은 놀라운 일이 아니다. 공유지 감독관이 말한 것처럼 사실은 그 식민지가 너무 빨리 성장하였다. 식민지 초기에 도시가 과거에 성장했던 것만큼 성장하리라는 것은 결코 실현되지 않았다. 원했던 개선에 필요한 비용을 제시하는 한 비용 선정단이 마련되었다. 본국 정부는 "수입이 그 비용을 충당할 수 있다는 명백한 증거가 없기 때문에 그 사업이 실행되어서는 안 된다"고 결정하였다. 거기에는 문제가 남아 있었다. 놀라운 것은 식민지의 위생이 양호하다는 점과 그리고 식민지가 나쁜 평판을 점차 듣지 않게 되었다는 점이다. 하지만 문제는 여전히 남아있었다.

하나의 위대한 업적은 상수도 계획안의 성취였다. 이 같은 성취가 없었다면 위생의 진보는 불가능하였다. 그 계획은 보우링의 통치 시에 논의되었지만 그때는 아무것도 성취되지 않았다. 로빈슨은 상수도 설립이 시급하다고 보았는데, 그 이유는 1859년이 예년보다 더욱 가물었고 그리고 그의 부임이 식수 부족 시기와 일치했기 때문이었다. 그는 결단력 있게 행동했고, 창안된 가장 좋은 계획안에 대해 1,000달러를 상금으로 제공했으며, 그 경쟁자들을 평가하기 위한 위원회를 창설했다. 영국육군 공병대 (Royal Engneers)에 고용된 민간인 공공사업 서기인 롤링(S. B. Rolling)은 그 상금을 수여받았고 그리고 포크펄함(Pokfulham)에 있는 저수지로부터 수로를 통해 그 도시에 물을 공급하려는 그의 계획은 약간의 수정을 거친 후에 채택되었고, 롤링은 그 공사의 감독으로 근무를 명받았다. 그 공사비는 25,000파운드가 소요될 것으로 추산되었다. 여분의 5,000파운드를 가결시킴으로써 아직 건설되지 않은 지역에 물을 공급하기 위해 장차 소요될 비용을 준비하였다. 그리고 세입으로 충당될 수 없는 비용의 일부분을 메우기 위해 재산의 2%에 해당하는 지방세 징수를 허용하는 한 법령이 통과되었다. 2년 만에 그 공사가 완공된 것으로 기대되었으나 그러나 급수는 1864년에서야 비로소 이루어졌다. 게다가 그 공급량은 슬프게도 낮게 산정되었다. 도시의 동부지역 전체는 그 계획에 의해서 물을 공급받을 수 없었으며 그리고 그 첫 해에 공사의 확대를 위해 10,000달러가 가결되어야 했다. 그 첫 급수 계획은 여러 번에 걸쳐 반복적으로 언급되었으며, 급수는 인구증가를 감당할 수 없을 정도로 그 효과가 감소하였다.

식민지 인구의 급속한 증가는 계속되었다. 1859년에는 86,941명이 식민지에 살고 있었는데, 그 중 85,330명이 중국인이었다. 1865년까지 6년 동안 총인구는 125,504명으로 이는 6년 만에 인구가 대략 50%나 증가했음을 의미한다. 그들 중에서 유럽인의 수는 2,034명, '유색인'은 1,645명이었고 그리고 그 나머지가 중국인이었다.

이 같은 엄청난 중국인의 유입은 태평천국난이 야기한 혼란스런 본토의 상황과 식민지에서 제공되는 보다 나은 경제적 기회, 그리고 구룡의 획득에 기인하였다. 이 같은 유입은 성장하고 있던 그 섬의 상업적인 번영을 반영하였을 것이지만, 또한 그것은 산업적 번영에 기여하였다. 그 시기는 바로 번영한 시기였다. 식민지의 세입은 건물부지의 수요가 컸기 때문에 증가했고, 토지임차세입은 1860년에 17,878파운드에서 1865년에 30,866파운드로 증가하였다. 경매매각에서 얻은 프리미엄 수입은 1860년에 18,182파운드에서 1861년에 36,374파운드, 1862년엔 29,710파운드로 각기 증가하였고, 이 같은 증가는 주로 새로운 중국인 유입자들에 의한 치열한 경쟁의 결과였다. 재산에 따라 부과된 방위세와 전기세는 1860년에 16,573파운드에서 1865년에 37,624파운드로 늘었고, 전기세에는 수도세까지 포함되었다. 정부세입은 1859년의 65,225파운드에서 1865년에는 175,717파운드로 증가했고, 지출은 같은 기간에 66,109파운드에서 195,776파운드로 늘었다. 본국 정부는 그 식민지가 이제 자체 방위비를 떠맡을 수 있다고 결정했으며, 1863년에는 20,000파운드의 방위세가 로빈슨과 입법의회의 항의에도 불구하고 부과되었다. 방위세 납부는 1865년 초에 시작되었다.

무역 및 인구 증가로 중국인들이 독점적으로 사용했던 은본위제와 달러화에 유리하게 영국 및 인도 동전은 실질적으로 사라졌다. 달러화와 영국 및 인도의 금·은·동전에 동등한 법정화폐를 부여하는 1844년의 옛 통화 선언은 따라서 사문서(dead letter)가 되었다. 보우링은 그 문제를 고찰하고 이해했으나 그러나 그의 개혁안이 전쟁 중에 채택될 가능성은 별로 없었다. 로빈슨은 보고하라는 지시를 받았다. 그는 1844년의 통화 선언은 효력을 상실했고, 모든 상업 거래도 달러화로 이루어져야 하고, 정부는 실제적으로 모든 세입을 달러로 받는다고 말했다. 1860년에 징수된 세입 94,000파운드 중에 겨우 1,600파운드만이 영국화폐(sterling)로 지불되었고, 나머지는 달러 당 4s 2d의 비율로 징수되었다. 중국인들은 달러 당 1,200개의 비율인 구리 동전과 은달러 그 자체 사이에 어떠한 동전도 보유하지 않았다. 그들은 통상 무게를 달아 전 금액과 잔돈 달러를 받았다. 로빈슨은 식민지의 회계가 확실히 편리한 달러로 이루어져야 한다고 주장했다. 그는 또한 구룡에 있는 위조범에 의해 만들어진 많은 위조지폐가 유통되고 있었기 때문에, 영국 정부는 달러 당 1,000개의 비율로 교환되는 동전 주조를 제안했고, 그리고 두 가지 새 동전 즉 1센트짜리 동화와 10센트짜리 은화의 주조를 주장했다. 그는 스페인이나 멕시코 또는 남아메리카의 정부들의 은본위 달러는 영국에서 주조되는 동전이 법정화폐로 선언되어야 한다고 충고했다. 본국 정부는 달러로 계정을 유지하는 데 동의했고, 그 개혁안은 1862년 7월 1일에 도입되었다. 주조국 관리들은 현금과 같은 낮은 가치의 동전을 주조하고 운송하는 데 소요되는 상대적으로 높은 비용을 지적하고 다른 난제들을 제기하였다. 그들은 멕시코 달러를 법정화폐로 만들고 또 청동으로 1센트짜리 동전을 만들자고 제안했다. 로빈슨은 식민지도 경화는 물론 그 자체의 달러, 센트, 그리고 10센트짜리 화폐를 주조할 수 있는 자체 조폐국을 가져야만 한다고 주장했다. 이 주장은 영국 재무성으로부터 약간의 오해를 받았으나 받아들여졌다. 이 동전은 런던 조폐국으로부터 임시로 공급되었고 1864년 1월부터 유통되었다. 로빈슨은 주조국에 대한 자신의 계획을 강력하게 추구하였다. 그러나 그는 곧 식민지를 떠났고 이 비용이 많이 드는 그리고 성공하지 못한 과제는 그의 후임 총독에게 떠넘겨졌다.

이 여러 해 동안에 다른 상업적인 발전도 이루어졌다. 통화 개혁은 은행업을 자극시켰다. 홍콩에서 첫 번째 은행은 식민지가 건설된 직후인 1845년에 설립된 동양은행의 한 지점이었다. 영국 정부는 20년이 지나서야 그 지폐(로빈슨의 주장에 따라 주조된 지폐)를 지역 재무성으로 하여금 받아들이도록 허용하였다. 그 은행은 지불준비금을 조사받아야만 했다. 지폐 유통은 1853년 1월에 54,310달러에서 1857년 12월에는 342,965달러로 증가했다. 그때에 그 첫 번째 경쟁자가 나타났다. 인도, 런던, 그리고 중국의 특허상인 은행은 1857년 8월 1일에 지점을 개설했다. 1863년에는 인도, 오스트레일리아, 중국에서 합동업무 은행이 출현하였다. 그때에 식민성은 공식적인 승인 문제에 관한 규칙들을 제정했다.

1864년 여름에는 홍콩 및 상하이 법인은행이 5백만 달러의 자본금으로 설립되었다. 이것은 식민지의 상인들에 의한 새로운 모험이었다. 덴 및 코 회사에 의해 발표된 한 통지문은 한 지역은행의 설립문제가 일본 및 중국과의 무역이 크게 증가했기 때문에 오랫동안 숙고되어 왔으며 그리고 기존 은행들은 우선적으로 환 매매 작업에 관심을 두었다고 설명하고 있었다. 식민지의 무역을 좀더 직접적으로 지원할 한 지방은행이 필요하였다.

상업계의 매우 중요한 다른 개혁안들이 또한 로빈슨에 의해 제출되었다. 1861년에는 영국에서 빚 때문에 투옥되는 제도가 폐지되었다. 그리고 이에 상응하는 은행파산법도 식민지 법령으로 하여금 그 당시의 더욱 인간적인 정신을 따르게 만들었다. 사법개혁과 즉결재판소는 빚을 갚아 회복할 수 있도록 좀더 좋은 여건을 제공하여 그 개혁을 더욱 실용적으로 만들었다. 1855~56년에 영국에서 만들어진 법령에 따라 유한책임이 있는 보호를 해주는 회사법이 또한 통과되었다. 이 법령은 주요한 몇몇 상인 가문들의 강력한 저항에 직면하였다. 무역과 재정에 관한 모든 문제에 있어서 1861년 5월 29일 설립된 홍콩상공회의소는 상인들의 의견을 수렴하는 공개토론장으로서 주목할 만한 역할을 담당했다. 상공회의소는 무역의 감독임무와 외교본부가 북쪽으로 이동했기 때문에 생겨난 중국에 대한 적대행위에 수반되는 식민지의 상업적인 이익을 보호할 필요성에서 창립되었다.

1892년에는 의용군이 창설되었다. 의용군은 1854년 즉 크리미아 전쟁 위기 동안에 모집되었다. 그러나 의용군은 그 해의 긴장상태가 사라짐에 따라 오래 존속하지 못했다. 의용군은 정부가 촉구하고 즉흥적으로 편성된 집단이었지 하나의 운동은 아니었다. 1857년에 주둔군이 광동에 대한 적대행위 때문에 약해졌을 때 보우링은 의용군을 재편성하기를 갈망하였다. 그러나 이 목표를 실현하기 위한 모든 시도는 완전한 실패로 끝났다고 보고했다. 1859년 7월에 페이호 강 어귀에서 대패를 당했다는 소식이 전해졌을 때 군사령관은 식민지에도 의용군을 모집해야 한다고 주장했다. 그러나 임시 총독이었던 케인은 경찰을 증가시켰으며 또한 그 같은 경찰력의 증가에도 불구하고 사회 안전이 보장되지 않는다면 그때는 의용군을 모집할 것이라고 답변했다. 어떠한 혼란도 일어나지 않았다. 그래서 의용군은 편성되지 않았다.

1862년의 의용군 편성운동은 식민성의 후원을 받는 1859년의 영국의 의용군 운동으로부터 영향을 받았다. 1860년에 이 문제는 언론에서 주요 논제가 되었다. 그러나 영국군 공병대 대장이었던 프레데릭 브린(Frederic

Brine)과 같은 열성주의자들이 주요한 추진력이 되었다. 그는 1861년에 상하이 의용군을 조직했으며, 1862년 1월에 그는 홍콩에 도착하여 1862년 4월 7일에 브린을 초대 지휘관으로 삼고 정규군을 갖춘 포병부대를 창설하였다. 그해 말에 그는 한코우(Hankow)와 요코하마(Yokohama)로 가서 그곳에서 의용군을 조직하였다. 지역 육군 준장이 질책을 받은 군 장비 보급을 둘러싸고 그와 군부 사이에는 불화가 생겼다. 1865년에는 의용군 본부 건물이 건립되었다.

로빈슨의 총독직 재임시에 그 식민지는 갑자기 발전하고 현대화되는 것처럼 보였다. 구룡 반도의 획득은 유통의 변화, 우표제도의 변화, 1865년 1월 1일의 가스 가로등 설치, 거주지로서 피크(Peak) 지역을 이용하려는 첫 번째 시도, 옛 관리들의 퇴임, 사관생도 양성계획, 은행업의 발전, 상공회의소, 그리고 상하수도 계획 등 그 자체로서 모두 현저한 변화였다. 공공사업은 새로운 병원, 중앙학교, 중앙경찰서, 그리고 교도소 등의 건설로 괄목할 만한 성장을 하였다. 보우링의 프리야 계획은 해군 주둔지역 앞에까지 도로가 확정되는 것을 거절했음에도 불구하고 계속 추진되었다. 도시의 미관을 위해 다른 노력들도 기울여졌다. 길가에 나무를 심고 여왕로와 페더가의 교차로에는 종탑이 세워졌다. 그리고 시청건립 계획이 활발하게 구상되었다.

로빈슨은 1865년 3월에 실론의 총독 지위를 맡기 위해 이임했다. 그는 능력 있고 열성적인 총독임이 입증되었다. 그는 정부가 얻었던 오명을 씻을 수 있는 데 필수적인 강력한 개성의 소유자였다. 보우링이 세웠으나 완수하지 못한 계획들을 완수하였으며, 그는 실론, 오스트레일리아, 뉴질랜드, 그리고 남아프리카에서의 오랜 식민지 근무 경력을 가지고 있었으며, 마침내 그는 봉사의 대가로 귀족작위를 받게 되었다.

제12장 사회·경제적 여건(1848~65)

한 영국식민지에서 영국 당국은 동양의 기준에 따라 통치하는 것을 허용하지 않을 것이었다.

뉴캐슬 공작이 허큘레스 로빈슨 경에게. 1860년 9월 18일

허큘레스 로빈슨 경의 총독재직 기간은 홍콩의 발전이 시작되는 시기였으며 그리고 성취한 사회·경제적 진보를 시험하고, 영국의 지배가 중국인에게 미치는 영향력을 고찰하기에 편리한 시기였다. 식민성과 많은 지역 행정 관들은 홍콩이 독특하고 다른 식민지와는 상이한 특성을 지녔다고 주장하였다. 그 식민지는 중국인은 물론 외국인의 거의 대부분이 정착인들이 아니라 일시적으로 거주하는 상인들 또는 수공업자들이 있던 교역 장소였다. 유럽인과 중국인 양자 모두 생명과 재산을 보호해 주고, 상업적인 기업의 기회를 보장해 주는데 그치는 최소한의 통치가 이루어질 경우 통치 받는데 만족하였다. 공리주의자들의 자유방임정책은 자유무역에 종사하는 서양 상인들뿐만 아니라 중국인에게도 적합하였다.

홍콩은 한 가지 의미에서 독특했을지도 모르나 그것의 획득과 통치 그리고 조약항들에서의 영국인 정착지의 획득과 통치는 그 시기에 영국의 해외 팽창의 토대가 된 무력을 진정으로 대변하고 있었다. 이러한 의미에서 홍콩

은 독특하지 않고 전형적이었던 것만은 아니다. 단지 놀라운 것은 중국인들의 엄청난 유입과 영국의 통치를 받으며 살려는 그들의 의지였다. 이러한 현상에 대해 영국 행정부는 전혀 준비가 되어 있지 않았다. 중국인들은 그들 자신의 삶의 방식에 매달려 있었고 일반적으로 통치하기가 어려웠다. 그리고 여전히 영국의 자유주의체제는 그들이 번성할 수 있게 하였으며 그 결과 더욱 유능한 무역업자들이 몰려들었다. 1866년까지 그 섬에서 외국인 및 중국인 공동체들은 번성하고 있었고, 그 각각은 서로서로 상대편이 경제적으로 유익함을 깨달았으며 그리고 상호 이익을 위한 경제협력은 문서화되지 않은 계약의 본질이었다.

영국의 대의제도들이 식민지에 도입된 것이 아니라 영국적인 통치개념이 도입되었다. 중국인들은 행정부가 독단적으로 행동할 수 없으며, 단지 법에 따라서 행동할 수 있고 그리고 법에 저촉되는 행동을 하려는 어떤 정부 관리도 법정에 기소될 수 있다는 것을 이해하지 못했지만 그러나 그들은 이러한 원칙들로부터 혜택을 보았다. 둘째로 그 섬의 통치를 둘러싸고 영국 외무장관은 공평하고 거의 사법적 관점을 취할 준비가 되어 있었으며 그리고 불법이 용납되지 않고 행정부는 절대적인 정직이 요청되는 영국의회에 책임을 지고 있었다.

실제로는 약간의 불법이 발생했다. 공무원들은 재산 투기로 돈을 벌었다. 케인과 존스톤은 이미 언급되었다. 경찰 감독관인 차알스 메이는 "대법원의 등록계원인 마손은 1862년에 임시총독이었던 머서와 무역문제에 종사하고 있는 정부 관리들의 나쁜 영향을 너무나 자주 보아왔으며 그리고 그들이 성공적인 투기자들이었음을 폭로했"고 보고했다. 칼드웰은 자신의 친구인 마쵸윙 때문에 금품강요죄와 해적행위에 연루되어 1861년에 해임당했다. 검찰총장과 이어서 본함과 보우링 총독 하에서 식민지 장관을 역임한 저명한 지역변호사인 브리지스는 1858년 아편경작자와 공모하고 또한 수치스러운 카드웰 사건에 관련되었다는 혐의로 유죄 판결을 받았다. 중국인의 유입으로 작은 공간에 가능한 한 값싼 많은 가옥들의 건축으로 집세가 상승하고 범죄가 증가하였다. 1856년의 건물법령과 불법방해법령은 이미 언급되었다. 그것은 최소한의 기준을 설정했으며 많은 치안판사들을 포함한 재산소유자 사이에서 경악과 반발을 초래하였다. 부치안판사이며 그 자신이 자산가인 미첼은 그들이 이 법령 하에서 기소를 거부할 것임을 알고서 사건들이 채택되었을 때 비공식적인 치안판사들을 촉구하여 자신과 함께 같은 재판석에 앉히려는 방책을 생각해 냈다. 보우링은 법을 희롱하는 그러한 행위에 저항했으나 허사였다. 그 폭발 사건 이후인 1857년에 혐의자의 처리는 가혹했지만 그러나 야기된 분노를 고려해볼 때 그 혐의자를 용서할 수 없었을 것이다. 변호 시에 범죄, 폭력, 강도 그리고 모든 종류의 불법행위가 그 같은 규모로 존재하여 권력남용이 결코 발생하지 않는다면 그것은 주목할 만한 것이었음이 기억되어야 했다. 중국인들은 서로서로 약탈했고, 몇 가지 주장된 영국법의 위반 때문에 행동의 위협을 받았던 새로운 이주자들을 공갈쳐서 약탈했다.

1856년 11월 폭동 후에 중국인들은 자신들의 불만을 털어놓으라는 요청을 받자 이 시기의 상황을 말해주는 다음의 몇몇 불만을 털어놓았다: 불법행위 금지법령에 따른 과도한 벌금을 폐지하고, 경찰은 절도 행위를 하는 사람을 실제로 목격할 경우에만 그를 구타할 수 있고, 구금 중에 있는 사람을 구타해서는 안 된다: 배에서 내린 물건이 상점까지 이동하도록 할 수 있는 시간적 여유가 주어져야 하고: 행상인들은 가난한 사람들이므로 그리고 길거리에서 물러가라고 명령을 받아야 하지만 그러나 물건을 압수당해서는 안 된다: 중국인들이 자신들의 상점의 상품을 도둑맞았다고 거짓으로 주장할 때 그 문제의 조사를 위해서는 중국 상점 주인들의 조언을 들어야 한다: 그리고 중국인 반역자들이 작은 배를 나포하거나 항구에서 선박을 약탈하는 것을 막아야 한다.

다른 측면에서 많은 불평이 쏟아졌는데, 일반적으로 홍콩은 중국인들의 이익을 위해 효율적이고 조심스럽게 통치되었다. 중국인을 책임 있는 자리에 임명하려는 주장은 일찍이 1855년에 원칙적으로 동의를 받았고 그리고 영국을 위한 시 자치는 주로 그들이 중국인 대다수를 통제하는 권리를 위임 받아서는 안 된다는 이유로 거부되었다. 1857년 본국 정부는 중국인들이 변호사 자격을 갖추는 것을 허용하였다. 1857년에 유럽인인 퓨로우는 5명의 중국인으로 하여금 240명의 품팔이꾼 이주자들을 계속 억류하도록 시켰는데, 이는 그들의 의사에 반하였기 때문에 유죄임이 드러났다. 그 중국인들은 6개월간의 징역형을 선고받았지만 퓨로우는 5달러의 벌금을 부과 받고 형을 면제받았다. 이 차별 행위 때문에 본국 정부는 그 사건이 영국 당국에 대해 신뢰성을 갖지 못하게 할 것이라는 논평을 하였다.

식민지 국무장관은 때때로 엄격한 정의를 주장하는 쪽에 치우쳤다. 1857년 해군이 잡아들인 73명의 해적들은 답변할 수 있는 정당한 논거를 갖고 있음이 드러났다. 보우링은 관대하게도 그럴 가능성이 있는 73명의 집단 처형을 피하고 그들을 구룡의 행정장관에게 넘겨주었다. 그는 질책을 받았고 그런 범인들을 다루기 위한 바로 그러한 목적에서 홍콩에 대법원이 설립되었다는 말을 들었다.

1858년에 포도주와 증류주의 판매에 관한 법이 수정되었고 그리고 중국술과 다른 나라의 술은 구분되었다. 이것은 영국령 식민지에 거주하는 몇몇 민족들을 위한 입법의 획일성을 이끌어내었다.

엘리어트의 첫 번째 선언에서 표명되었던 이 차별 없는 정책은 중국 및 영국법과 행정부를 식민지에서 나란히 보유한다는 보다 초기 원칙의 포기를 의미했다. 중국인들이 중국의 법과 관습에 따라 중국인관리들에 의해 통치를 받아야 하는 간접적인 법규에 대한 이 같은 시험은 이미 폐지되었다. 그것은 범죄의 만연이 권위의 위임을 방해하였기 때문에 결코 정당한 시도를 하지 못했다. 법과 질서의 유지업무는 영국인들의 손에 확고하게 장악되어 있었고, 중국인 관리는 실질적인 권한을 거의 갖지 못했다. 그들은 자신들의 평판을 나쁘게 만든 세금징수를 함으로써 보수를 제대로 받지 못했고, 어쨌든 홍콩에서 중국인 사회는 통상적인 중국사회 유형에 따르지 않았는데, 그 이유는 가족생활을 별로 누리지 못했고 그 중국인 사회는 어떠한 종류의 권위에도 대항하였던 대규모의 무법적 요소들을 내포하고 있었기 때문이다. 식민지 주민들에 대한 영국의 정책에 있어서 근본적인 변화는 없었다. 이제 관습과 분리된 행정체제를 유지하는 것보다는 차별하지 않는 정책에 의해서 더 잘 보호될 것이라고 생각되었다. 토착민의 법과 관습은 여전히 가능한 한 존중되어야 했다.

이 새로운 정책은 중국인들이 점차 통치의 영역 내에 끌어들여져야 함을 의미했다. 중국인들은 그 수가 적었던 반면 그들은 방임되어 있을 수 있었다. 이제 그들은 수가 더 많아졌고 더 많은 호적등록을 했기 때문에 통제는 불가피하였다. 중국인의 관습과 편견은 이 과정에서 커다란 어려움을 야기했으나 그 어려움은 종족들 사이에서보다 더 결실 있는 우애의식을 향한 첫 번째의 중요한 단계였다.

확실히 중국인들은 영국의 통치 아래서 번창하였다. 그들의 수는 1948년 법의 20,338명에서 1865년에는 121,825로 증가하였다. 이 증가된 수치는 구룡 거주 중국인들을 포함한 것이었고, 그렇다 할지라도 그 증가는 놀라운 것이었다. 1855년에 지방 치안세를 10파운드 이상을 납부한 사람의 수는 1,999명이었는데 그 중에 1,637명이 중국인이었고, 186명은 영국인 그리고 176명은 다른 외국국적 보유자들이었으며, 40파운드나 그 이상을 납부한 사람은 772명이었는데 그 중에 410명은 중국인이었다. 식민성의 한 관리는 "이 수치는 중국인들이 이 엄청난 부를 벌었음을 의미한다"라고 주장하였다. 수가 적었던 영국인과 다른 비중국인들은 자신들의 고용인들에 무료숙박을 제공하는 것이 상인 가문의 관행이었다는 사실을 통해서도 어느 정도 알 수 있다. 주민 수나 식민지에 정착한 사람의 수치 그 어느 것도 그 부의 역전을 보여주지 않았다. 모든 중국인들은 중국으로 돌아가려는 경향이 있었고, 변한 것은 많은 사람들이 보다 오래 남고 그리고 단지 자신들의 말년을 보내기 위해 중국에 돌아왔다.

본함에서 로빈슨까지의 시기는 커다란 상업적인 발전을 한 시기였다. 여기서 그 주요 요소들은 첫째 침체분위기가 지나갔고, 둘째 중국인 주민 수의 증가는 자국무역을 증가시켰으며 그리고 더욱 번영함에 따라 더 많은 중국인들이 식민지에 유입되었고, 셋째 북미, 호주, 말라카 해협 그리고 다른 곳으로 중국인들이 이주해갔고, 넷째 중국, 일본 및 사이암에서 보다 많은 수의 항구가 개항되었고, 다섯 째 아편무역이 합법화되고, 여섯 째 해외의 중국 공동체에 공급할 필수품에 기초한 중계무역이 성장한 점 등이다. 홍콩이 중국에 대한 영국 상품의 공급중심지가 되리라는 예견을 실현되기 시작하였다. 홍콩의 번영은 중국 및 해외의 중국인 공동체의 번영과 연계되어 있었다.

항구를 이용한 선적은 지속적으로 증가하였다. 본함이 공직을 맡았던 해인 1848년에 입항하여 어음을 교환한 대양항해 선박의 수는 700척으로 총 228,818톤이었다. 보우링이 부임한 1854년에는 그런 선박들의 총 톤수는 443,354톤에 달했는데 이전보다 거의 두 배로 증가하였다. 로빈슨이 부임한 1859년에는 2,197척이 있었는데 이는 1,164,640톤에 달했다. 로빈슨의 총독 재임기의 말엽인 1864년에 총 톤수는 200만 톤을 넘어섰고 선박 수는 4,558척이었다. 식민지 무역의 규모를 정확히 산정해내기는 어렵지만, 적어도 이같은 선박 수치는 괄목할만한 성장의 증거였다. 많은 배들은 환어음과 창고를 필요로 하게 되었고 1848년에 그들의 요구의 절반이 하역을 필요로 하는 몇몇 화물을 갖고 있는 것으로 10년 후에 1007척의 기항 선박 중에서 855척은 식민지를 위한 몇 개의 적하물을 싣고 있었다. 1852년에 본함은 개인적으로 사적인 보고를 하였다. 그는 포팅거와 데이비스 통치 하에서 조약항들의 개항에 의해 이루어진 광동지역에서의 교역조건의 커다란 변화는 상당히 간과되어 왔으며 게다가 홍콩은 거대한 남부의 중국무역 중심지로서 광동을 대신하지 못했는데 그 이유는 미국인들이 광동에 자신들의 상가를 유지하였고 영국인들에게도 그 같이 할 것을 강요하였기 때문이라고 주장하였다. 그는 식민지가 보그조약의 규제조항이 폐지될 때까지 결코 어떠한 합법적인 정크선 무역도 하지 않을 것이라고 생각했다. 그러나 어쨌든 정크선 무역이 너무나 소규모여서 중국인들의 질투심을 불러일으킬 수 없었다.

확실히 미국인들의 무역과 선박업은 활기를 띠었고 1850년에는 37,807톤에 달하는 90척이나 되는 미국 선박들이 항구에 정박하였는데, 이는 31,213톤에 달하는 65척의 영국 선박과 비교가 된다. 기름을 재정비하고 판매하기 위해서 그 섬을 사용한 미국인 무역업자들은 1854년까지 전체의 팽창을 도왔으며 그러나 그 이후 미국인의 선박업은 그 상대적 중요성이 쇠퇴하였다.

식민지의 점증하는 번영의 많은 부분은 말라카 해협으로, 호주로 그리고 태평양을 건너 미주로 간 중국 이주민들 덕분이었다. 이러한 새로운 해외 중국인 사회는 그들 자신의 생활 방식을 고수하면서 중국과 밀접한 관계를 유지하였고 그리고 홍콩은 그들의 필요에 부응할 수 있는 무역중심지가 되었다. 1849년에 차는 영국에 5,570궤와 910상자가 수출되었고, 호주로 1668궤 그리고 샌프란시스코에 1869궤가 수출되었다. 1853년의 차 수출을 살펴보면 영국에 대한 수출은 기록이 없고 호주에 13,730꾸러미와 2,650궤, 그리고 북미에 3,614꾸러미와 3,304상자가 각기 수출되었다. 쌀과 설탕의 선적량도 양적으로 비슷하게 증가하고 있었다. 식민지는 조약 항에 주로 동인도 상품들인 쌀과 설탕을 공급하였다. 주어진 통계수치들은 인정되고 있는 바와 같이 믿을 수 없었고, 1855년 이후 식민지의 수출과 수입량에 대한 공식적인 산출은 모두 이루어지지 않았다. 일단 식민지의 경제가 회복기에 접어들자 그 회복은 꾸준히 지속되어 점차 많은 수의 중국인들을 유입시켰으며, 이 같은 유입은 무역 증대를 가져다주었다. 중국에서의 태평천국운동으로 중국인의 유입과 그로 인한 무역증대 과정이 가속화되었고, 식민지가 제공했던 상대적인 안전성이 강조되었다.

1849년에 캘리포니아 금광으로 그리고 1851년에 오스트리아 금광으로 많은 사람들이 몰려가는 가운데, 많은 중국인 이주자들이 그와 같은 해외진출 물결에 휩싸였다. 중국인 이주자들은 자유이민자들과 하급 계약노무자로 구성되었다. 모든 중국인들의 이민은 명목상 불법이었으나 수 세기 동안 지속되어 온 것이었다. 구츠라프는 1844년 한 해 동안의 정크선 무역에 관한 자신의 보고서에서 북에서부터 말라카 해협으로 중국 이민자들을 실어 날랐던 정크선들에 대해 언급했다. 1843년 영국의 서부인도 식민지에 의한 하급노무자 공급요청을 둘러싸고 많은 논쟁이 벌어졌는데, 그 요청은 학대에 대한 어떠한 보장도 없다는 이유로 스탠리 경에 의해 거절당했다. 그 요청은 계속되었으며 1849년에 본함은 학대행위에 대해서 하급노무자의 거래를 감시하는데 필요한 조건에 관해 조언하도록 그레이 경으로부터 요청을 받았다. 그 사이에 하급노무자, 주로 아모이에서 하바나로 그리고 인도양과 호주로 가려는 복건성 사람들의 선적이 시작되었다.

일련의 여객 법령에 의해서 영국 정부는 일반적으로 이민자들을 위한 선박 수용시설의 최저 기준을 설정하려고 시도했다. 그러나 1인당 15입방피트라는 최저기준치는 하급노무자들의 수송을 위해서는 비용이 너무 많이 들었고 게다가 비난을 받았다. 1853년에 여객 법령은 수정되어 1인당 12입방피트를 허용하면서 반면에 다른 제한하는 조건들은 유지시켰다. 총독은 선언에 의해 그 조처를 수행하라는 충고를 받았다. 그러나 본함은 어떠한 조처도 취하지 않았는데 왜냐하면 그는 규제조치가 시행된다면 홍콩을 통한 무역은 제동이 걸릴 것이고 그리고 그들은 쉽게 그 규제들을 피할 수 있다고 생각했기 때문이었다. 계약에 따라 하급노무자들을 특히 라틴아메리카 국가들을 향해 수송하는 것은 그 노무자들에 대한 혹사로 점철되어 있었다. 하급노무자들은 노예취급을 받았고, 거짓 약속으로 속임수를 당하고, 노예 수용소에 집단 수용되었으며, 학대를 받았다. 그리고 노무자들도 종종 계약금을 받은 후 도주하려고 시도하였다. 그리고 바다에서 관리들을 살해하고 선박을 포획하기 위한 많은 시도가 이루어졌다. 영국인 선주들은 중국인을 이용하여 하급노무자를 수송하기 위한 주선료를 받는다는 조건으로 중국인 납치알선업자들을 이용하였는데, 그들은 단지 하급노무자의 수를 증가시키는데에만 급급하였다.

1854년 5월 케인은 선박들이 어떤 통제도 받지 않고 사람들을 가득 태운 채 출항하고 있었다고 보고했다. 1월 1일 이래로 5,500명이 샌프란시스코로 건너갔으며, 2,100명이 멜버른으로 갔다. 그는 홍콩과 광동에서 1,200

명이 외국으로 가기 위해서 대기하고 있었다고 말했다. 여객 법령은 이제 적용되었고, 최고 치안판사인 힐리어는 인민관리로 임명되었다. 보우링 또한 학대를 저지하기를 열망하면서 하나의 법령을 제안했다. 그러나 어려움은 한 법령이 식민지 밖에서는 효력을 갖지 못한다는 점이었다. 1855년 9개의 홍콩상사가 여객법의 새로운 규제에 항의를 하였는데, 이 상사들은 그 규제조항이 널리 알려져 있지만 적용할 수 없는 것이라고 비난하였고 그리고 그같은 규제는 중요성이 점증하고 있는 상업부문이 주로 혜택을 보았던 이민무역을 방해할 것이라고 주장했다. 그리고 그들을 숙박시설을 평가하고 요청된 의료시설에 대해 불만을 제기하였다. 그 결과 힐리어는 그 규제를 완화시키라는 지시를 받았다. 거기서 의회의 입법에 의해 가혹행위를 처리하도록 결정되었다. 1855년에 한 '중국인의 여객법령'이 통과되었다. 그 결과 무역중심지는 마카오와 다른 곳으로 옮겨가게 되었으며, 다른 국적의 국기를 사용하는 선박들의 수가 증가하였다. 이민가는 사람들을 실은 선박은 통상 홍콩에서 출장 준비를 갖추고 식량을 공급받고 나서 인간화물을 모든 곳으로 실어 날랐다. 1856년 7월에 보우링은 그 법령이 1856년 1월 1일부터 시행되었기 때문에 1856년 단 한 척의 이주민 선박만이 그 식민지를 이용했다고 보고했다. 해군성은 그 법령에 대해서 협의를 받지 않았기 때문에 그 법령을 위반한 것으로 드러난 선박들을 나포하도록 태평양 해군전대에 지시하였다. 한 가지 난제는 법령이 하급계약노무자 거래와 자유로운 중국인 이민자들 사이에 어떠한 구분도 하지 않았다는 점이다. 두 번째 나쁜 사건은 두 척의 선박이 계약 노무자들과 더불어 하바나로 향해 출항하도록 허락받았을 때인 1857년에 발생했는데 사망률이 높았기 때문에 조사가 이루어졌고, 그 결과 수많은 하급노무자들이 납치당했다는 것이 드러났다. 그런데도 홍콩에서의 선박에 대한 평가는 부정확하였기 때문에 힐리어와 홍콩 정부는 비난을 받았다.

영국 선박에서의 사망률은 지속적으로 높았고 1858년에 보우링은 항해하는 영국의 이민자 수송선박에서 병원시설을 갖추도록 하기 위한 또 다른 법령을 도입하라는 지시를 받았다. 홍콩 입법의회는 그 법령을 통과시켰지만, 요금을 지불하는 중국인 승객들과 사업차 여행하는 자들에게는 그 법이 적용되지 않기를 원했다. 그러나 불웨어-튼은 그러한 희망을 거절했다. 선박에 중국인 외과 의사를 고용하는 것은 승인되었다. 식민지는 하급계약노무자를 승선시키기를 중단했고, 자유이민의 거대한 중심지가 되었다. 좋지 않은 납치사건들이 계속되었으며 선박들이 통상 식민지에서 정비를 받고 식량을 공급받았기 때문에 연루되어 있었다. 1862년에 로빈슨은 항구를 출발하는 모든 선박들이 승선하여 조사받을 것을 결정했으나 선박 소유자들은 자신들이 조사받기를 원하지 않았던 어떤 항해 준비를 홍콩해역 밖에서 완수함으로써 그 같은 총독의 경고를 모면할 수 있었다. 1855년에 14,683명의 중국인 승객들을 항구를 떠났고, 1857년에 2,213명, 1859년에 10,217명, 1861년에 12,840명, 1863년에 7,809명이 각기 떠났고, 그리고 7,793명이 되돌아왔다. 1865년에 샌프란시스코로의 이주는 실질적으로 중단된 것으로 보고 되었다. 그 외부로의 유출은 돌아오는 이주민에 의해 상쇄되었는데, 이들 중 다수가 황금을 가져왔다.

소금 및 아편 등의 밀무역은 번영의 주요 원천이었다. 미첼은 자신의 보고서에서 1845-49년의 시기 동안 인도 아편이 그 항구에서 취급되었고, 1,600만 달러의 가치를 지닌 평균 40,000상자가 그 식민지에 비축되어 있었다고 피력하였다. 이 아편의 대부분은 해안선을 따라서 그리고 해외로 대량으로 보내졌다. 아편은 매달 25상자가 해안에서 소매로 교역되었으며 그 대가로 주로 설탕과 은괴를 받았다. 미첼은 두 개의 대기업인 자르딘 마트슨사와 덴트사가 홍콩에서 소매교역의 성장을 저지하기 위해 협력했다고 진술했다. '피 앤드 오'사의 기선들은 아편과 보물들의 수송을 위해 1845년부터 사용되었다. 1848년에 그들은 총수입 물량인 45,479상자 중에서 10,613상자를 수입하였고, 보물의 가치가 있는 5,625,827달러를 수출하였다. 1854년에 그들은 46,765상자를 수입하였고, 이는 20,700,463달러의 가치가 있었다. 1859년에는 18,633,522달러의 가치가 있는 27,577상자를 수입하였다. 홍콩은

분명히 값어치 있는 아편무역의 본부였다. 로빈슨 통치 하에서 아편 수치는
연례보고서에서 사라졌는데 그 이유는 이민과 아편무역의 합법화 때문일 것
이다.

제13장 공공교육제도의 성장(1841~65)

중국인들은 교육이란 말의 실질적인 의미에서 볼 때 어떠한 교육도 받지 못했다.

프레데릭 스튜어트 1865년 교육보고서

영국인이나 중국인 어느 누구도 국가적 교육의 어떠한 전통도 가지고 있지 않았다. 식민지가 탄생한 후 초기 몇 년 동안 어느 누구도 교육을 요구하지 않았다.

중국인 교사들은 학생들로부터 수업료를 받았으며, 이들에 대한 교육은 대개 고전을 암기하는 데 국한되었으며 교실수업은 거의 존재하지 않았다.

영국에서 교육은 사설단체나 공공기관의 재량권에 의해 좌우되었으며 19세기 초 교회들은 자선사업의 일환으로 가난한 어린이를 위한 학교를 짓고 자신들의 교리를 가르치기 시작했다.

1833년에 영국정부는 비국교회 교육단체에서 학교건물을 짓도록 20,000파운드의 보조금을 지원했다.

이런 조심스러운 시작에서 현재 영국의 대중교육제도가 지역적인 자발적 노력과 정부의 보조를 받아 생겨났다. 교육에 대한 책임을 정부가 인정한 것은 단지 19세기 말경에 서서히 나타났다.

홍콩 교육은 중국전통에 어느 정도 영향을 받았다. 그러나 자발적 노력에 토대를 둔 영국의 교육전통으로부터 더 많은 영향을 받았다. 그러나 이상하게도 최초의 공공보조금은 종교단체들에게가 아니라 중국인 학교들에 주어졌다. 섬의 공식할양이 있기 전에 어려움에 직면했을 때 그 섬의 할양과 거의 동시에 교육 작업에 착수한 것은 기독교교회의 가치를 인정하는 것이다. 작은 선박에 거주하는 사람들 및 해안가에 산재해 있는 촌락들의 어린이들은 크지 않은 요구를 하였다. 빅토리아의 정착지는 중국에 가족을 남겨두고 온 소수의 중국인들을 끌어들였다. 의심할 바 없이 신앙의 전파는 중요한 목적이었다. 그리고 이 같은 전파 덕분에 목사 후보자를 배출하기 위한 부속학교를 작추고서 중국인 목사 양성을 위한 대학교 또는 신학교가 설립되었다. 그러나 교회들이 그 자체 이익을 위해 관심을 가졌음은 의심할 여지가 없다.

미국인 선교사 브리줘마우 박사(Dr. E. C. Bridgmau)가 회장으로 있는 모리슨 교육협회(Morrison Education Society)는 홍콩에서 이 분야의 선두주자였다. 그 협회는 최초의 프로테스탄트 선교사인 로버트 모리슨(Robert Morrison)에 대한 기념으로 학교나 다른 방법에 의해 중국에서 교육을 촉진시키고, 중국에서 교육상태를 조사하고 서구사상에 대해 중국의 문호를 개방시키기 위해 1835년에 대중의 기부금으로 광동에서 설립되었다. 고용된 모든 교사들은 중국어에 능통하였지만 영어도 가르쳤다. 학생들이 성경책도 갖고 있었으나 어떠한 종교시험도 부과되지 않았다. 그 협회는 구츨라프 여사(Mrs. Gutzlaff)에 의해 세워진 마카오에 있는 학교를 지원하였다. 그리고 1842년에 그 협회는 학교를 그 섬으로 옮기기로 결정했다. 헨리 포팅거 경은 그 협회의 후원자가 됐고 1842년 봄에 모리슨 언덕(Morrison Hill) 지역에 있는 부지를 제공하면서 그 협회를 후원하였다. 그리고 1843년 11월에 그 학교는 개교되었다. 런던 선교협회는 말라카에 있는 대학과 유사한 영·중 대학을 설립하기 위해 한 구획의 토지를 신청하였다. 포팅거는 한 조그만 섬에 두 개의 유사한 교육기구가 불필요하다는 이유로 영국 선교협회의 초기의 잘못 이행된 조처를 비난했고 몇 년 동안 학교와 대학들은 필요치 않을 것이라고 생각했다. 그는 모리슨 교육협회가 얼마나 성공했는지를 알기 위해서는 기다리는 것이 더 현명하다 생각하면서 두 단체는 연결되었어야 하고 그리고 통역가의 배출을 후원하기 위해 말라카에 있는 대학에 지급된 재정보조금이 새로운 모리슨협회 기구에 이전되어야 한다고 제안했다. 1843년 12월 그 새로운 기구는 자금압박을 받자 포팅거에게 지원을 호소하였고, 포팅거는 말라카에 있는 영·중 대학에 대한 1년치 보조금 1,200달러를 제공하였다.

모리슨 교육협회는 포팅거가 1844년 이임했을 때 중요한 후원자를 잃었다. 런던 선교협회는 그 신임총독 존 데이비스 경에게 지시했던 스탠리 경에게 땅의 무료기부에 대한 협회의 요청이 허용될 수 있는지 없는지를 조사하도록 호소하였다.

데이비스는 모리슨 교육협회에 동정을 느끼지 않았고, 그리고 1845년 그 협회가 전적으로 미국선교사회의 영향력 아래 놓여있다고 보고했다. 그는 그 협회가 런던선교협회와 연결되는 것을 거절했고 중국인 이외의 어떤 다른 어린이의 수용도 거절했다는 이유로 그 협회에 추가지원을 반대한다고 주장하였다. 모리슨 힐에 있는 그 학교는 6년간 지속되었고 1849년에 문을 닫았다. 그 협회는 1867년에 덴트 및 코(Dent & Co)의 파산으로 자체자금의 대부분을 상실했을 때까지 중국어린이들의 교육을 위해 존속하며 보조금을 계속 지급했다. 그 협회의 도서관은 1869년에 시청건립계획에 포함되었다. 1873년 그 협회는 한 장학재단을 설립키 위해 정부에 자금을 제공했다. 그러나 그 조건들은 수용될 수 없었고 그리고 그것은 곧 사멸해 버렸다. 모리슨교육협회는 계획이 야심찬 소수의 상인들에 자본을 의지하는 종교단체였기 때문에 실패했다. 그리고 그 자본은 영구기부금을 형성하기에는 불충분했다. 지원할 것으로 기대되었던 많은 교회가 선교사업의 일환으로 그 자체의 종교학교를 갖기를 열망했다.

런던선교협회는 땅의 기부를 확실히 보장받았고 제임스 레그 박사는 목사를 양성하기 위한 신학교로서 1843년에 영·중학교를 설립하였다. 가톨릭교 회는 1843년에 웰링톤가에 있는 가톨릭교회와 연계시켜 한 신학교를 설립하 였다. 식민지교회 목사인 빈센트 스탠턴은 유사한 영국국교도 양성학교인 성바울대학을 건설하기 시작했다. 1845년 그는 영국인 어린이를 위한 학교 도 창설했다.

중국인들로서는 전통적인 중국인 학교를 세우기 시작했다. 1845년 8개의 중국인 학교가 있었는데 그 중 2개는 외국인의 후원을 받았으며 그 모든 학 교는 헛간에서 수업할 정도로 열악한 상태에 있었다. 그는 각 학교가 한달 에 10달러의 비율로 재정적 보조를 받아야하며 이를 중국인들이 매우 고맙 게 생각할 것이라고 제안했다. 스탠톤은 기부금에 의해 보조를 받았던 자신 의 재원으로부터 재정을 충당하고 있었던 영국인 어린이 학교에 대한 보조 금을 요청했다. 레그 박사는 또한 정부가 페낭과 싱가포르에서 그러했듯이 중국인을 위한 무료학교를 설립해야 한다고 제안했다. 데이비스는 기존 학 교에 대한 재정보조원칙을 수락하고 그 문제를 본국에 의뢰하였다. 식민성 은 동정적이었으나 학교, 교육프로그램, 교육방법, 교사진 그리고 교사임명방 식에 더 많은 것을 알기를 원하였다. 제임스 스탠톤 경은 선교협회들을 가 장 효율적이고 거의 필수불가결한 보조기구로 간주하였다. 따라서 본국에서 선교단체는 교육을 위한 자신의 계획에 관해 의문을 품게 되었다.

영국에서 이 시기에 국립교육제도의 발달은 종교적 차이와 종교학교들에 대한 정부의 보조금 배분을 둘러싼 종파적 질시 때문에 지연됐다. 그레이 경 은 따라서 홍콩에서 종파교육을 지원하고 공공자금의 사용을 막기 위해 특히 신중을 기해야 했다. 그런 이유와 그리고 또한 영국 부모들이 지불할 수 있 다는 그의 생각 때문에 그는 영국인 어린이를 위한 스탠톤 학교에 대한 어 떠한 기부금도 허락하기를 거부했다. 그는 선교협회가 1846년까지 식민지에 서 뚜렷한 교육계획을 세우지 못했음을 발견하였고 그리고 어느 정도의 공공 지원이 필요하다는 점에 동의하였다. 요구된 기부금이 적절하고 어떠한 종교 적 차별도 발생하지 않았던 중국 신학교들의 경우에 학교들이 어떠한 우상

숭배의 편견을 갖지 않았음이 데이비스에 의해 확인되었기 때문에 그는 1847
년 8월에 빅토리아, 스탠리, 그리고 애버딘에 있는 3개의 중국인 학교들에게
각기 매달 10달러를 보조하기로 결정했다. 1847년 12월에 보조금이 발표되었
고, 3개 학교를 감독하고 보조금을 다루기 위해 식민지 목사, 최고치안판사가
임명되었다. 이것은 1845년의 구츠라프의 거의 우연한 제안과 더불어 시작되
었던 식민지의 공공교육제도의 시작이었다. 먼저 이 공공제도를 다루고 이어
서 선교단체 및 기타 자선단체의 활동을 다시 설명하는 것이 편리할 것이다.

1) 1848년 교육위원회의 첫 해 보고서에서는 빅토리아에서 40명, 스탠리
에서 25명, 애버딘에서 30명의 학생이 각기 학교에 다녔음을 알 수 있다. 빅
토리아 학교는 한 달에 한번 방문이 이루어졌지만 학교에 대해서는 어떠한
효과적인 감독이 이루어지지 않았다.

2) 교육국은 원조가 제대로 평가되었고 실질적인 도움이 있었다는 점에
동의했다.

3) 1849년에 윙 네이 청에서 중국인은 유사한 허가를 청원하여 그 보장
을 받았다. 1851년 애버딘에 가까운 리틀 홍콩에 세워진 중국인 학교는 정
부의 원조를 받고 있는 총 5개 학교를 구성하고 명부를 소개했다.

4) 관리는 원조를 받아 방을 제공하고 모든 부수 경비를 지불했던 교사를
통해 직접 통제가 이루어져서 학생들은 이러한 모든 학교에서 어떠한 납입
금도 내지 않았다.

5) 위원회가 추진한 그 정책은 자발적인 토대 위에 약간의 기독교교육의
도입을 제외하고는 전통적 중국의 교과과정 및 교육방법에 방해가 되지 않
았다.

6) 교사들은 불만을 품게 되었음이 드러났으며 그리고 1849년에 스탠리의
한 교사가 사임했을 때 그는 중국인 크리스챤이 전임자가 행동했던 원칙보
다 더욱 건전한 원칙을 가질 것이라는 희망에서 그 중국인 크리스챤에 의해
대체되었다.

7) 다음 해 애버딘에서 한 교사는 커다란 부정행위로 인해 해임되었고 빅

토리아에서도 한 교사가 불만을 품은 것으로 드러나 해임되었다.

8) 그 해 말까지 모든 교사들은 교육위원회에서 지명 받은 사람이었고 이 모두는 개종된 기독교인이었다.

9) 1850년에 교육위원회는 영국국교회 주교 조오지 스미스가 학교에 대한 감독권을 갖도록 권고했으며 교육위원회는 재구성되었다.

10) 그 주교는 하일러와 함께 위원장이 되었고 런던선교협회의 대표였다. 그리고 영국국교회의 한 특별 신부가 좀더 나중에 추가되었다. 즉 그러한 위원회는 기독교의 확산에 관심을 가져야만 했다.

11) 주교의 출현은 공식적인 정책의 목적이 정부학교들에서 영국국교회의 영향력을 증대시키려는 것이었음을 의미했다. 1853년까지 하루 수업시간의 절반은 외국인들의 감독 하에 편찬된 교재를 가르쳤고 나머지 반은 중국의 고전을 가르쳤다.

12) 주교 스미스는 정부학교가 자신의 바울대학에 입학할 수 있는 학생을 키우는 역할을 해주길 원했다. 그리고 학생들이 입학시험을 치르도록 권장하였다.

13) 스탠톤과 주교 스미스에 의해 설립된 이 학교는 영국국교회의 신부가 되도록 중국인 지원자를 준비시키기 위해 구상되었지만 그러나 그 학교는 몇몇 형태의 보다 높은 수준의 교육을 제공했으며 그리고 영사 업무를 위한 번역자를 배출하려 했던 외무성으로부터 비록 어떤 번역자도 배출하지 못했을지라도 재정적인 도움을 받았다.

14) 많은 학생들은 순전히 영어학습의 결과를 얻을 수 있는 경제적 이로움 때문에 성바울대학에 입학하길 원했다.

어떠한 국무장관도 종교적 교육을 뒷받침하기 위한 공금의 사용을 인가함으로써 의회에서 비난을 받을 위험을 감히 무릅쓰려 하지 않았기 때문에 그 선교단체들은 주로 이 모든 시기 동안 자신들의 재원에만 의존해야 했다. 그들은 중국인뿐만 아니라 모든 어린이들에게 관심을 가지고 자유교육을 목표로 삼았으며 중국고전을 받아들이면서도 기독교교육을 도입하였다. 그들의 방침은 교육위원회의 방침과 비슷하였는데 사실상 그 방침은 신교 선교사들의 통제를 받았다. 유일한 차이점은 선교학교들이 자유로운 실험의 이점을 누리면서 정부의 통제를 받지 않았다는 것이다.

1844년에 런던선교회는 중국인을 위한 하나는 신학교를 운영하였고, 그 해의 연례보고서에서 다른 중국인 학교는 정부보조금을 받는 5개 학교에 불과했다고 언급하였다. 모든 학교는 자유로운 분위기를 가진 것으로 설명되었다. 견고하게 뿌리내린 깊은 역사를 가진 학교는 적었고 출석률도 저조했다. 총독 보우링의 통치 하에서 정부의 보조를 받는 중국인 학교들이 주로 발전했다.

선교단체들은 1858년 텐진조약 이후까지도 변하지 않았다. 그렇지만 선교사업은 중국인 지역에서 용인됨으로써 가벼운 자극을 받았다. 그때까지 홍콩의 중국인 주민 수는 증가하였고 타이핑운동은 식민지 하에서 세대수의 증가를 존중하였다. 1865년까지 런던선교협회는 중국인을 위한 두 개의 자유학교를 보유하면서 약간의 기독교 교리를 중국인 교육과정에 넣었다. 가톨릭교회는 두 개의 신학교를 가졌는데 포르투갈인 학교는 152명의 소년들이 다녔던 성 사비우스 대학(St Savious College)이 되었다. 또 그들은 세 개의 중국인 학교를 가졌는데 그중 하나는 중국인만을 교육시키는 여학교였다. 그들은 또한 웨스트 포인트(West Point)에 소년원을 세웠다. 이탈리아인 자선단체 소속 자매들은 케인(Caine) 도에 모든 국적을 망라한 192명의 소녀들이 다니는 한 여학교를 설립하였고 프랑스인 자선단체 소속자매들은 아질 당팡스(Asile d'Enfance)에 한 학교를 세웠다. 성 바울 학교는 부분적으로 기숙학교가 되었고 로마가톨릭교회 선교단은 뒤늦게 모습을 드러내었다. 그들은 본함로에 무료 여자 기숙학교를 세웠고 여성교육의 위대한 기수인 제인 벡스터(Jane Baxter)는 교구의 원주민 여학교를 설립했다. 그러나 영어로 중국소녀를 가르치는 실험은 오류임이 드러나 철회되어야만 했다. 왜냐하면 그 여학생들의 대부분이 유럽인들의 여교사가 되었기 때문이다. 주교관구의 기숙학교는 남녀공학 학교를 시험대상으로 삼고 유라시아인 자녀들을 취학시켰다.

그리고 1865년에 그 식민지에 있는 22,300명의 어린이 중에서 14,000명이 취학 연령에 도달했고 그중 1,870명이 학교에 다녔다. 그 시기는 준비, 시도, 투쟁의 시기였고, 그 주요 결과로는 그 당시 학교들이 출현하고 있었다는 점이다.

제14장 리처드 그레이브스 맥도넬 경
(1866~72)

"이 영국식민지와 다른 영국식민지들 사이에는 어떠한 유사점도 없었다."

리처드 맥도넬 경이 버밍햄 공작에게 1867년 10월 29일

로빈슨의 후임총독인 리처드 맥도넬 경은 처음으로 1847년에 감비아(Gambia)에서 그리고 이어서 서인도제도, 남오스트레일리아 그리고 노바 스코티아(Nova Scotia)에서 거의 20년 간에 걸쳐 식민지 총독을 역임하였다. 그는 중국인들을 더욱 식민지의 법률에 따르게 하고 통제를 받게 할 정도로 정열적인 활동을 하면서 총독직을 수행했다. 중국인의 습관 및 관습에 미친 이 같은 영향은 홍콩에서 하나의 공동체를 창조하기 위한 어떠한 의식적인 시도에 토대를 두지 않았으나 공동체 내부에서 중국인들의 통합에 필수적인 하나의 준비행동이다. 그에게 재정적인 문제를 부담지운 경제적 침체에도 불구하고 그는 정력적으로 또 비상한 관심을 갖고 홍콩통치에서 일련의 개혁에 착수하였다. 그는 모든 정부사업을 직접 다루었으며 그리고 숙련된 토론자로서 별다른 어려움 없이 비판자들의 비난을 무마시켰다.

맥도넬은 로빈슨이 이임한 지 12개월 후인 1866년 3월에 식민지에 도착했다. 이 공백기 동안 식민지 서기관인 직물중개상인이 통치하였다. 중국정

부와의 관계는 권한의 문제를 야기했는데 그 문제에 대한 결정은 신임총독이 도착할 때까지 연기될 수 없었다. 광동의 태수는 해적행위를 저질렀다는 이유로 고소당했던 홍콩에 거주하는 한 중국인의 인도를 요구했다. 영국 정부는 식민지 수역 바깥에서 해적행위를 자행했다는 이유로 고발된 혐의자들이 소송과정에서 고문을 당하지 않아야 한다는 조건하에 중국당국에 인도되어야 한다는 데 동의했다. 머서(Mercer)는 인도에 필요한 법령을 통과시키라는 명령을 받았다. 텐진조약은 중국에 범죄자를 인도하는 것을 영국의 무조건적 의무라고 규정하였으며 그리고 광동 태수가 이점을 지적하였을 때 '고문배제' 조항은 그 법령에서 누락되었고 고문배제 조항을 삽입하도록 중국인을 설복시키기까지는 어느 정도의 시일이 소요되었다. 동시에 그 협상은 광동태수와 총독 사이에서 직접 진행되었으며 이제 홍콩정부와 중국 관리사이의 모든 대화도 북경주재 영국 공사 또는 영사관 관리를 통해 이루어져야 한다는 원칙이 정해졌다.

머서는 식민지의 총독직을 지원하였으나 홍콩에서 무시당하고 있는데 대해 크게 침통해 했다. 그는 맥도넬로 하여금 가장 일반적인 자국의 필수품조차 총독 관저에 조달되지 않았음을 알게 했으나 그는 전면적인 개혁을 시도하려는 강렬한 신념을 지닌 이 신임 총독과 함께 일하기가 불가능하다는 것을 알았다. 맥도넬은 공무를 처리할 때에도 그를 무시했다. 그가 도착한 지 두 달 후에 다음과 같은 글을 썼다. '매일 매일의 모든 업무는 내 자신이 직접 처리한다.' 일년이 약간 지난 후인 1867년 5월에 머서는 병가로 귀향을 했고, 식민성은 마지못해 45세의 젊은 나이인 그에게 연금을 주는 데 동의를 했다. 그는 1844년에 식민지를 체계화시키기 위해 영국이 파견한 관리중에서 마지막 사람이었다. 1868년 5월에 영국령 기아나(Guiana)에서 하층노무자들의 계약노동 관리자로 수년을 지냈던 가드너 오스틴(J. Gardiner Austin)이 그의 직책을 이어받았다.

영국을 떠나기 전 맥도넬은 직무 태만했던 해군장관으로 인해 식민지가 혐의를 받았던 해적과 관련된 문제들과 치안의 효율성에 관하여 조사하도록 지시를 받았다. 그는 모든 선박의 등록과 해적의 진압 임무를 맡고 있는 해군을 돕기 위해 무기판매를 통제할 가능성을 조사하려 했고, 유죄판결을 받기가 어렵다는 점 때문에 해적이 홍콩에서 생겨난다는 소문을 조사했다. 아마도 식민지가 이제 겨우 어려움에서 헤어 나오는 초기라서 나쁜 소문으로 압박을 받았을지 모르는 맥도넬은 마치 위기에 직면한 것처럼 행동하고 각 부서를 조사하게 하여 많은 문제점들을 발견했다. 그가 발견한 것은 "내가 접촉했던 것 중 가장 비효율적인 것은 경찰"이라는 것과 홍콩에 빈번히 출입했던 해적들의 소굴에 관하여 사실상 어떠한 것도 알려지지 않았다는 것이다. 교도소의 체계, 위생, 급수 등 모든 부문이 심각한 상태에 이르렀다. 마침내 그는 식민지가 파산에 이르렀다고 생각했다. 1866년 6월 부임한 지 겨우 4개월 만인 1866년 6월에 그는 단안을 내려 식민지 생활의 전반에 걸친 일련의 개혁을 감행했고, 그는 중국인들과 친화력을 갖게 되었다. 제안된 법령은 세금인상, 원주민 선박의 통제, 집과 하인들의 등록, 해적들에 대한 방어, 준법과 청결 그리고 죄수들의 낙인찍기와 국외추방과 관련된 것들이었다. 이러한 법령들은 각 부분이 긴밀히 연관된 하나의 정책을 형성하였고 전체적으로 심사될 예정이었다. 개혁은 필요했지만 이 모든 계획은 총독 자신의 지배적 개성과 독자적 견해의 산물이었다. 런던에 있는 식민성은 '오직 그의 관점에서 파악된 그의 첫째 임무'라고 불평했을지 모르지만, 총독은 중국인들 및 외국인들의 비난을 누그러뜨리기 위해서가 아니라 신뢰와 결단으로써 자신의 임무를 수행했다.

첫째로 재정적인 문제가 있었다. 상업의 쇠퇴는 극동에서 뿐만이 아니라 본국에까지 확산되었다. 1866년에 아그라(Agra) 은행과 매스터맨(Masterman) 은행이 파산했고, 1867년 2월에는 식민지에서 영업 중이었던 11개의 은행 중 단지 5개의 은행만이 남았다. 1867년 덴트 앤드 코(Dent & Co) 증권거래회사가 파산했다. 식민지에 대한 중국인들의 영향력은 중단되었고, 세입은 실질적으로 부동산 거래가 중단되었기 때문에 낮은 수준에 머물렀다. 조폐국이 비록 상당한 이득을 남기리라는 희망을 갖게 했지만, 식민지 자원은 상당히 고갈되어 있었고 맥도넬은 비관적인 시각을 가졌다. 부동산 매각에 따른 수수료가 세입으로 간주되었지만 더욱 많은 부동산이 팔릴수록 점차로 정부의 자산은 줄어만 갔다. 1863년 1월 1일에 식민지의 세입은 475,000달러였다. 후에는 단지 55,000달러로 줄어들었고, 1865년의 수지적자는 94,000달러에 달했다. 일시적 수단으로 그는 군분담금의 지불을 연체했고 가장 긴박한 공공사업을 제외한 모든 사업을 중단했고, 홍콩 및 상하이 은행으로부터 일반적으로 이자율을 12%에서 8%로 낮추어 80,000달러를 빌려와야 하는 긴박한 상황에 직면하였다. 하지만 맥도넬은 그 상황은 재정지출의 삭감보다는 오히려 세금의 증가로 대처해야 한다고 보았다. 홍콩은 상업의 중심지이다. 즉 중국과의 무역에서 '중요한 교역을 직접 주도하는 사람들이 사는 곳이 바로 이곳이다' 그러므로 이곳의 적합한 역할을 수행하기 위해서는 '홍콩은 안락한 거주 장소'가 되어야만 한다. 그는 해마다 견적상 120,000달러의 적자를 메우기 위해 어음을 포함한 모든 공문서는 인지세를 지불해야 한다는 인지조례를 발표했다. 이 안은 커다란 반대에 부딪쳤다. 입법의회의 세 명의 비공식의원들이 이의를 제기했고, 외국인 공동체도 공개적 회합을 통해 똑같은 비난을 가했다. 상인들은 상업상에 있어서 인지세 확대를 염려했고 중국인들이 지불을 회피하지 않을까 걱정했다. 포크펄람(Pokfullam) 급수계획의 확장을 위한 50,000달러 그리고 해적진압을 위해 사용되는 26,000달러의 지출항목들은 세금 이외의 돈으로 지불되거나 누락되어야 한다는 주장이 대두되었다. 즉 이것은 중요 지방세 납부자였던 중국인에게 재정적인 짐을 떠넘기려는 의도에서 비롯되었다. 맥도넬은 청결과 재해예방을 위해서라도 더욱 많은 물이 필요하며 그것은 식민지 전체에 이득이 될 것이라고 답했다. 또한 중국인들은 맥도넬의 안건에 항변하는 진정서를 제출했다. 1867년 10월에 그 법령은 약간의 양보를 하면서, 예를 들어 은행부기에 대한 인지세가 1%에서 2/3%로 감소된 채 발효되었다.

가장 큰 재정적인 문제의 하나는 조폐국의 재정위기였었다. 1866년 3월 맥도넬이 도착했을 때 조폐국은 이미 310,000달러의 미납체불금을 보유하고 있었고, 추가적으로 20,000달러가 총독이 주장한 군경비대의 막사를 짓는 데 소요되었다. 화폐원판의 미도착으로 인해 얼마간 연기된 이후인 조폐국이 1866년 5월 7일 공식적으로 돈을 찍어내기 위해 개관되었다. 그러한 작업은 완전히 실패임이 밝혀졌다. 기계에 일어난 사고로 일주일 동안 화폐발행이 연기되었고 조직체계에 있어서도 결함이 보였다. 이러한 것들은 맥도넬이 예견했던 것이었다. 비용을 만회하기 위해서는 하루에 27,000달러를 찍어내야 했지만, 하루에 산출량이 15,000달러를 결코 넘지 못했고, 항상 그보다 훨씬 낮은 수준에 머물렀다. 맥도넬은 예금된 은의 양을 화폐화하는 데는 2년 반이 걸릴 것이라고 주장했다. 은행들은 조폐국에서 자신들의 은을 인출하기 시작했는데, 그것은 인출이 지연될수록 심각한 손실이 야기되기 때문이었다. 1866년 10월 공식적인 조사가 시작되었고 기계가 매우 부적합하다고 판명되자 조폐국으로 은의 유입이 중단되었다. 그리고 금은 덩어리를 매입한 후에 그것을 화폐화하여 이익을 본다는 것은 불가능하다는 것이 판명되었다. 1867년 늦여름에 조폐국은 비록 그 화폐발행액수가 한해에 50,000달러에서 60,000달러 사이에 달했지만 완전한 휴지기에 이르렀다. 그리고 1868년 2월에 맥도넬은 행정부와 공동체가 아무런 이의를 제기하지 않았지만 조폐국의 문을 닫게 할 수 있는 권한을 부여받았다. 재정지우너을 위해 은행들과 교섭을 하였다. 할인은행(Comptoir d'Escompte)은 조폐국의 비용으로 연간 3,000달러를 제공했고, 홍콩과 상하이 은행 법인은 5년 동안 조폐국의 지불 능력을 보장하는 대신에 그 보상으로 총독이 승인할 수 없었던 어떠한 특권을 부여받으려 했다. 1868년 4월에 조폐국은 문을 닫았고 조폐기계는 일본 정부에 60,000달러에 팔렸다. 맥도넬은 그 실패의 원인을 정확히 지적해냈고 그가 홍콩의 통화는 중국의 통화와 분리되어 통제할 수 없다고 말했을 때 ,중국인들은 돈으로 바꾸기 위해 2%의 요금을 지불함이 없이 무게로 달아 은을 사용할 수 있는 데에 상당히 만족했다.

해적은 가장 문제가 되는 모든 것으로 인식이 되었다. "빈번히 출몰했던 해적들의 소굴에 관한 것 또는 그들을 도와주고 있는 동료들에 관하여 어떠한 것도 알려지지 않았다"라고 그는 말했다. 그의 자구책은 경찰력의 증가, 육해상에서의 중국인들에 대한 더욱 긴밀한 감독, 특별 해적법정 신설, 중국 소형선박의 무기와 군수품 선적 금지령, 중국관리와의 긴밀한 협력 등이었다. 법령은 집과 하인들을 보다 효과적으로 등록시키기 위해 통과되었고, 중앙호적등기소장은 조사를 행할 목적으로 중국주민들을 소환할 수 있는 권한을 부여받았다. 가옥소유자들은 그들 소유지의 모든 거주민들에 대하여 어떤 범죄나 법정 벌금 납부에 대하여 책임을 지도록 했다. 중앙호적등기소장의 통제는 그에게 직접적으로 보고하는 지방경비단에 중국인 경비원들을 가입시킴으로써 강화되었다. 단지 도시의 중국인 구역과 중국인들 사이에서만 그들의 치안 업무를 수행하는 이러한 로콩(Lokongs)들은 중국상인들 사이에서 지명되었고, 적은 액수의 재정적 지원을 받으면서 상인들로부터 봉급을 받았다. 이 사적인 중국 치안력은 달갑지 않게 받아들여졌으나, 중앙호적등기소장의 힘과 나아가서는 총독의 치안력까지 강화시켰다. 환전상들 또한 구체적인 감독을 받게 되었다.

다른 법령들은 모든 선박의 이동 및 정박의 통제와 등록에 대한 간단한 내용으로 구성되었고 어떠한 선박도 출장인가가 주어지지 않거나 검열을 받지 않고서는 식민지 해상을 들어오거나 떠날 수 없다는 것을 확실히 규정하였다. 또한 어떤 법령은 해적과 그들의 공모자들의 처리를 간단하게 하는 새로운 해적 법령으로 바뀌었다. 이러한 모든 법률제정의 중요한 목적은 식민지 자체에서 효과적 치안력을 갖춤으로써 해적을 발본색원하려는 데 있었다.

그 법령들이 최종적인 형태를 갖추는 데는 얼마간의 시간이 소요되었지만 1867년 1월 1일에 효력을 발했다. 이 법률제정은 특히 중국인들을 대상으로 삼은 것이었으며 본국 정부의 사전 동의가 필요했고 해적 진압에 필수적이라는 취지였기 때문에 중국인들의 항의는 받아들여지지 않았다. 즉각적인 효과는 항구로부터 모든 정크선(Junk)이 사라졌고 약 2,000명의 중국인들이 식민지를 떠났다는 점이다. 하지만 초기의 공황사태를 거친 후에 중국 상인들은 진정되었고 1월 15일에 344개의 정크선에 대하여 면허와 허가증이 교부되었고, 그 수는 12개월 내에 2,000개 이상으로 증가했다. 맥도넬은 섬에 있는 모든 정박지를 조사하기 위해 해양경찰을 증강시켰고 식민지풍의 기선을 건조하였으며, 공동체에 대한 커다란 즐거움에 매달려 있어서 '프리포스터tm'(Preposterous: 터무니없는)라는 이름을 가진 정크선을 치장했다. 새로운 해적법령은 포기되어야 했는데, 왜냐하면 해군본부가 그 직위와 해군 구성원의 우월성에 대해 불만을 토로했기 때문이다. 대신에 대법원이 해적사건들을 맡게 되었다.

맥도넬은 모든 중국인의 정크선과 어선은 비무장이어야 한다는 점에는 철저했지만 중국인들의 상호협력이 필연적이었다. 1868년 7월에 어선들은 광동과 홍콩의 성명서에 따라 비무장화되었지만 태수가 그들에게 효력을 줄 어떠한 행동도 취하지 않았기 때문에 맥도넬은 식민지에서 성명을 취하고 모든 범선들을 비무장화하려는 다음 단계에 협력하기를 거절했다. 이 행동으로 인하여 그는 식민성 장관인 어얼 그랜빌(Earl Granville)로부터 경고를 받았다. 그 새로운 정책은 홍콩 주변의 해적행위를 효과적으로 감소시켰다. 1872년에 총독은 해적행위의 재발을 해군본부의 지시 변경 탓으로 돌렸고, 이로 인해 영국군함들은 중국정부의 동의 없이는 해적에 대한 조치를 취할 수 없게 되었다. 이것은 중국정부의 권위를 지지하는 새로운 클라렌돈(Clarendon) 정책의 한 부분이었다. 맥도넬은 다시 단호한 정책을 취했다. 그는 경찰로 하여금 두 정크선을 무장시키게 하였고 배 위에서 구룡시에서 본 한 중국인 공무원을 체포했고, 해적을 습격하여 많은 해적들을 체포하였다. 그러나 이들은 식민지 사법권의 관할을 넘어선다는 이유로 대법원에서 무죄로 석방되었다. 본국 정부는 식민지해역 밖에서의 행동은 해군에게 맡겨두어야 했기 때문에 이러한 조처에 찬성하지 않았다. 하지만 맥도넬에 관한 비판이 어떻든 간에 지역에서의 해적이 끊임없는 문제를 일으키는 것을 막아야 한다는 것은 인정되어야 했다.

해변과 해상에서 중국인들의 활동에 대한 합법적인 통제를 벗어난 해적들의 침범을 막기 위해 효과적인 치안을 필요로 했고, 총독은 그의 지시를 따르도록 경찰과 범죄를 다루었다. 그는 일찍이 경찰의 타락이 불법적인 도박장의 주위에 집중되어 있음을 발견했다. 그러므로 그는 도박의 문제를 떠맡게 되었고, 그의 개혁 중 어떠한 부분도 도박의 문제보다 더 어렵고 자극적인 논쟁을 야기하지 못했다.

그리고 그의 부관인 크레아그(Creagh)는 그 장군과 충돌하였고, 정직의 위협을 받으면서 휴가명목으로 본국에 송환되었다. 휘트필드(Whitfield)는 자신의 노선에 따라 경찰 개혁을 실행하기 위해 부감독관인 라이스(Rice)를 이용했으나 식민장관은 그의 특별한 행동을 취소했고, 크레아그는 홍콩으로 복귀하라는 명령을 받았다. 휘트필드는 인도의 시크교도를 이용한 것을 실패로 간주하고 인도 서부인들을 충원하기를 원했다. 법무장관인 스말(Smal)은 무고한 사람을 며칠 동안 부당하게 감금시키곤 했던 검찰의 신문방법을 강력히 비판했다. 맥도널은 돌아오자마자 경찰을 조사하기 위한 한 위원회의 구성을 승낙했는데 일곱 명의 위원 중 네 명은 입법위원회의 비공식위원이었다. 비록 맥도널이 행정부의 약체성과 무능함의 탓으로 돌렸다 할지라도 총독의 억제정책의 중단으로 말미암아 범죄는 증가했다. 총독 맥도널은 여전히 해결되지 않은 경찰 문제를 가지고 1872년 4월에 떠났다. 그는 한 가지 일을 할 수 있었다. 즉 재정이 크게 개선되어 본국으로부터 더 많은 경찰력을 충원할 수 있었으며 실제로 1872년 1월에는 20명의 스코틀랜드 경찰이 도착하였다. 그로 인해 영국인 경찰이 필연적으로 강화되기 시작했다.

경찰 문제와 매우 밀접하게 관련을 맺고 있었던 것은 범죄 문제였다. 수감자의 수는 시민의 수와 더불어 늘어갔고, 로빈슨(Robinson)은 스토운커터스 섬에 새로운 교도소의 건설이 필요함을 깨달았다. 맥도널은 그 형법제도가 충분한 억제력을 갖지 못한다고 생각하고 이 경향을 바로잡고자 노력했다. 홍콩은 극동에서 영국 무역의 중심지였기 때문에 그는 그 섬을 좀더 살기 좋은 곳으로 만들려는 의도를 가졌다. 그는 홍콩에서의 범죄를 특성상 예외적인 것으로 간주하고, 중국에서의 상황 때문에 준동하는 범죄의 물결이 식민지 안으로 들어오는 것을 막았다. 그는 광동에서 도덕의 마비를 바

로잡는 것은 불가능했다고 주장했으며 게다가 인구가 하루에 약 1,500명의
비율로 바뀌었고, 유일한 범죄억제 정책마저 방해가 되었다. 그는 모든 죄수
들을 스토운커터스 섬의 교도소에서 홍콩으로 이감시켰다. 그리고 억제정책
을 써서 죄수의 수를 줄이기를 원했다. 그는 부임한 지 불과 여섯 달 만인
1866년 10월에 태형과 중노동이 이루어지고 있음을 시인했다. 그는 죄수의
수가 876명에서 714명으로 줄었음을 보고할 수 있었다. 동시에 그는 많은
죄수들이 추방에 동의하고 재범을 방지할 목적의 표시인 왼쪽 귓볼에 굵은
화살 표시의 낙인을 받는다는 조건 하에 석방되기를 원한다고 보고했다.

　맥도넬은 시험적으로 이 제도를 채택했다. 카나본 경은 추방과 화살 표시
낙인제의 부활에 반대했으나, 총독은 추방이나 낙인이 감옥에 복역하기보다
는 그것들을 자발적으로 선택하는 죄수들에게만 적용된다는 이유로 그 같은
부활을 강력히 지지했다.

　그 새로운 억제정책 덕분에 죄수들의 수는 1876년 9월까지 363명으로 줄
었다. 그러나 그 정책은 영국에서 채택되고 있었던 보다 인도적인 방법들과
크게 대조가 되었기 때문에 본국 정부는 그의 정책을 의심스런 눈초리로 주
시하였다. 그의 주요 목적은 범죄 집단을 식민지로부터 격리시키고, 경찰의
부패를 제거하며, 해적 행위를 일소함으로써 범죄를 줄이려는 것이었다. 그
의 조처들은 유럽인들 사이에서 평판이 좋았고 범죄는 감소했다. 추방되고
낙인찍혔던 죄수들이 식민지에서 발견될 경우 그들은 선고 형기를 다 채우
도록 다시 투옥되거나 태형을 받았다. 이 조처의 적법성에 대해 약간의 의
심이 갔으며, 맥도넬이 본국에서 휴가 중이었을 때인 1870년 5월에 이 제도
는 중단되었다. 곧이어 영국 정부는 추방제가 폐지되어야 하고, 만약 영국
국민이 아닌 사람들이 식민지의 평화와 질서에 위험스럽다면 각료 회의나
대법원의 명령에 의해 추방될 수 있도록 그 법률이 개정되어야 한다고 결정
했다. 일련의 범죄 재발이 뒤따랐으며 많은 폭력을 자행한 폭력단이 결성되
었다. 공식 치안판사들은 생명과 재산이 그렇게까지 심하게 위협받은 적이
없다고 발표했다. 맥도넬은 돌아오자마자 경찰과 범죄를 조사하기 위한 한

독립위원회의 설립에 동의하였으며, 그리고 공동체에게는 크게 만족스러웠지만 본국의 킴벌리(Kimberly) 경에게는 불만족스럽게도 범죄자로 하여금 재범시의 태형을 포함하여 낙인과 후방을 선택할 수 있게 허용하는 한 법령을 통과시켰다. 간접적으로 도박을 통제하려는 시도 덕분에 대규모의 자선기구 즉 퉁화(Tung Wah)병원이 설립되었다. 이 같은 병원 설립은 도박에서 얻은 수익의 일부분이 중국인들의 복지에 쓰여야 한다는 국무장관의 판단에서 비롯되었다. 빈민을 위한 중국인 병원의 필요성은 오랫동안 인식되어져 왔으며, 사람은 고향에서 죽어야 한다는 편견을 가진 중국인들은 죽어가는 중국인을 보내줄 하나의 기관 설치를 요구했다.

중국인은 대개 그들의 고향에서 묻히기를 원했다. 그러나 펑쉬(Fung Shui)라고 하는 어떤 모호한 지리적 조건이 유리한 것으로 간주될 때에만 시신은 옮겨질 수 있었다. 그래서 그들은 기다리는 동안 보관할 관을 요구했다. 공유지감독관이 사원의 옆 공간에 관들이 매장되고 있다고 보고했을 때인 1851년에 중국인 사회에 제공되었던 아이 체쯔(I Ts´z)사원은 이러한 목적에 점차로 기여하게 되었다. 식민지의 외과의는 이것이 부당한 것은 아니라고 생각하였다. 보다 더 나쁜 것은 거기에서 죽도록 보내어졌던 가난한 사람들의 친구들에게 간수들이 소수의 작은 인접방들을 임대하는 관행이었다. 1869년 4월에 중앙등기소장이었던 리스터(Lister)는 아이 체쯔에 있는 작고 불결한 방에서 죽은 사람과 죽어가는 사람이 함께 뒤섞여 있음을 발견했다. 한 검사관이 시체들 중 하나를 검사하고 나서 어떤 환자라도 살아날 가능성이 없다는 것으로 간주되지 않는다면 아이 체쯔로 보내어지지 않았음을 밝혔다. 중국인들에 대한 비인도적 처우가 언론으로부터 가혹한 비판을 받았다. 아이 체쯔는 가난한 중국인들을 위해 의식주와 의료시실을 제공하는 임시병원과 구호 중심지로 개편되었다. 총독은 중국인 병원의 설립계획을 지지했으며 도박자금으로 재정적 지원을 했다. 중국인들은 자유롭게 기부하였으며, 1870년 4월에는 한 법령이 통과되었는데 이 법령에 의해 죽어가던 중국인 극빈자들을 치료하기 위한 퉁화병원이 설립되었다. 해마다 10달러나 그 이상의 자금을 기부하는 기부자들은 전반적으로 정부의 통제를 받는 이사회를 선출할 수 있는 권리를 부여받았고, 이 이사회는 병원 자체를 돌볼 관리국(Board of Management)을 임명했다. 중국인들은 그 비용을 충당하기 위해 4만 달러 이상을 기부했으며 정부는 1만 6천 달러를 지원했다. 중국인 공동사회로 보내온 여왕의 선물이라는 설명이 붙은 부지가 제공되었고 또한 킴벌리 경도 주요자금인 도박수입 중 10만 달러의 보조를 승인했다. 총독은 1872년 2월 14일에 개원식을 주관했으며, 표결된 총액의 잔금이었던 약 96,760달러를 중국인의 보호자로 여겨진 회계인단에게 공개적으로 건네주었다. 이 중 9만 달러는 홍콩 및 상하이의 금융회사에 투자되었고, 잔액은 가구 구입에 할당되었다. 중국인들에 의해 약속된 해마다의 기부금과 투자된 금액에 대한 이자가 그 기관에 매년의 충분한 수입을 제공할 것으로 기대되었다.

퉁화병원에서 희망이 전혀 없고 불치병에 걸린 광동 사람들이 우글댈 것이라는 두려움은 사실로 드러나지 않았다. 병원 이사들은 중국인 공동사회에서 저명하고 영향력 있는 사람들이었고 그리고 곧 그것의 인정받는 대변자가 되었다. 금융 위기가 상업경기의 후퇴 때문에 지속되었다. 한편 증가하는 세금 - 1865년에 843,440달러, 1871년에는 844,418달러 - 에도 불구하고 수입은 정체되었으며, 지출은 최근 몇 년간 936,955달러와 894,209달러에 달했다. 거액의 손실은 식민지 자산으로 충당되었다. 맥도넬은 홍콩을 더 나은 거주지로 만들기 원했으나 약간의 개선을 할 수 있었을 뿐이었다. 그가 중요하다고 생각했지만 포크펄람 수로확장 계획과 그 저수지는 1871년에 완공되었다. 그 비용은 예상경비인 10만 달러의 두 배에 달했다. 그는 중국인 지역이 비위생적이라는 것을 알았으나, 그가 원하는 배수로나 거리포장공사를 할 자금이 없었으며 더군다나 절박하게 필요한 새 시민병원건설 자금마저 부족했다. 1867년에 두 번에 걸쳐 몰아닥친 태풍은 프라야(Praya)의 일부분을 파괴했을 때 그것은 날림공사로 건설되었음이 드러났다. 총독이 그것을 완전히 재건하기로 결정하자 해양 부지의 소유자들이 그 재건축 비용의 일부 부담에 강렬한 반대를 다시 제기함에 따라 그는 그 소유자들에게 소송을 제기해야만 했다. 재판 결과는 그의 뜻과는 달랐으나 결국 수리는 물론 재건설을 위한 자금의 마련이 어렵더라도 프라야 건설을 대중의 책임으로 떠넘기려는 것이었다. 광동은 더 이상 팽창하지 않음이 드러났다. 지가는 하락했다. 지대가 5년 동안에 4분의 1로 격감했을 때에만 해양 부지에 대한 간척이 시작되었다. 총독은 해적 행위와 범죄를 막기 위해 강압적으로 중국인을 유린했다. 그러나 이것은 공익을 위한 것이었다. 그는 식민지에서 중국인과 외국인의 이익을 똑같이 보호하기 위해 마찬가지로 강력한 조처를 취할 준비가 되어 있었다. 중국정부가 식민지에서 잘 알려진 중국인 거류자 쿼옥 아 청 (Kwok A Cheung)에게 속한 증기선이 그 식민지에 한 정크선을 견인하기 위해 보내졌던 비조약항구(non-Treaty Port)에서 그것이 발견되었다는 이유로 빼앗았을 때 중국 정부에 가장 강력한 항의를 했으며 광동 주재 영국영사는 로버트슨이 식민지의 이익을 보호하지 못했다는 이유로 그를 비난했다. 중국인들은 결국 그 소유자에게 자신의 선박을 재구입하도록 허용하였다.

맥도넬은 광동에 있는 면화 양행들이 홍콩의 면직물 상인들에게 대항하여 가격담합행위를 시도했던 1867년에 마찬가지로 강력한 입장을 취했다. 그는 광동 태수에게 식민지에 대립하는 상인들의 결사체를 형성하는 데 반대하는 선언을 하도록 요구하여 관철시켰다. 그는 또한 소위 홍콩 해상 봉쇄에 반대하여 강력한 조처를 취했다. 입법상의 발전을 살펴보면 1865년 10월 14일에 내려진 맥도넬의 지시는 입법의회의 구성을 좀더 명확하게 정했다. 치안판사, 식민지장관, 법무장관, 회계담당관, 감사원장은 공무원이었고, 한명의 정부 관리와 사적인 개인으로 구성된 3명을 포함한 다른 4명은 비공식의원으로 임명되었다. 전자가 우선권을 가져야 했다. 3명의 비공식의원에 대한 6명의 공식의원의 비율상의 균형은 유지되었다. 그들이 보았듯이 공식적 의원들의 투표권은 이제 철회되었다. 1866년 카나본 경은 영국 정부가 직책의 유지와 양립될 수 없는 문제를 해결하기 위한 정책에 대한 입법의회 의원들의 반대를 고려할 수 있는 권리를 갖도록 규정했다. 나는 만약 그렇게 하는 것이 요구된다면 그들이 총독과 더불어 시작될 한 정책을 자신들의 투표로 지지하고 어떤 공적인 행위로 반대하지 않아야 한다는 견해를 마찬가지로 갖고 있었다. 영국에서 인지법령을 둘러싼 소요와 1867년에 개혁법령의 통과 덕분에 입법위원회 개혁의 필요성이 새로이 제기되었다. 1867년에 한 개혁협회(Reform Association)가 결성되었으나 맥도넬은 그 조직이 약체였기 때문에 사라졌고 식민지의 여론은 그러한 개혁을 실행가능하거나 바람직한 것으로 간주하지 않았다고 1869년에 보고했다. 찰스 메이(Charles May)를 감독관으로 삼고 재산에 대한 0.75%의 지방세로 재정을 충당하는 소방단이 1868년 3월에 설립되었는데, 이 소방단의 설립은 때때로 발생하는 화재의 위협에 대처하는 데 보탬이 되었다. 유럽인들과 보험회사 측은 그 소방대를 믿지 않았으며 얼마간 계속 그들 스스로 대비해야 했다. 1866년 자르딘 마트슨사(Jardine Matheson & Co.)에 의해 그들의 사무실을 연결하는 전선기가 도입되었고 곧 모든 경찰서는 전신연락망을 갖추게 되었다. 1870년에는 유럽을 연결하는 직통전신 연락망이 개설되었는데 상하이까지는 해저전선으로 연결되고 이어서 시베리아를 거쳐 덴마크까지 연결되었다.

맥도넬은 자신의 행동 때문에 즉각 문책당한 최초의 총독이었다. 웅장한 시청은 부와 식민지의 대중의식을 입증하는 증거였다. 시청은 공개 입찰에 참가했던 프랑스인 헤르미트(Hermitt)에 의해 설계되었으며 도서관, 박물관, 회의실, 무도장, 만찬장, 그리고 극장 등을 갖추고 있었다. 그 소요 자금은 자르딘 마트슨사의 아낌없는 조력 덕분에 충당되었으며, 정부는 부지를 제공하였다. 시청은 1869년에 에딘버그(Edinburgh)에 의해 문을 열었다. 공작은 또한 성 요한 대성당의 새 강단의 주춧돌을 놓았다. 중국에서 영국국교회의 다른 주교를 세우자는 제안이 반대에 부딪혀 주교인 알포드(Alford, 1867~69)가 사임했을 때 홍콩에서 영국국교회 주교직을 폐지할 기회가 주어졌다. 주교가 담당 구역 지정과 관할 영역을 할당받았던 특허장에 의한 임명이 종식되었고, 버돈 주교(Bishop Burdon, 1871)와 그의 계승자들은 국가가 아닌 영국국교회에 의해서만 임명되었다. 한 가지 측면에서 아마도 공공의식이 사라진 것 같았다. 홍콩 지원군은 계속 유지되었으며 전력은 40명으로 줄어들었는데, 그 중 단지 20명만이 훈련에 참가하였다. 리처드 맥도넬 경은 그 공동사회의 모든 계층으로부터 존경과 격찬을 받았지만 1872년 4월 식민지를 떠나 은퇴했다. 그는 자신의 진실함을 능력 및 결단성에 결부시켰으나, 그의 통치 시기가 경제적 난국과 규제로 점철되고 그의 개혁에 대한 욕망으로 인해 도박문제에 휘말려들게 된 것은 그의 불운이었다. 또한 바로 그러한 성격 때문에 그가 지나치게 자신의 견해를 고집했다는 점은 또한 유감스러운 일이었다. 그의 총독 재임은 식민지의 발전에 신기원을 열었으며 그리고 중국인과의 관계는 순전히 그들 자신의 책략에 맡겨버렸던 옛 관계로 결코 돌아갈 수 없었다.

제15장 아더 케네디(1872~77)

다궐라르 곶, 그린 섬 그리고 콜린슨 곶은 등대 건설의 적지로 제안되었고 그 건설 작업은 지체 없이 착수되었다. 다궐라르 곶 등대는 1875년 4월 16일 처음으로 불빛을 비추었고 그린 섬은 같은 해 7월 1일에 불빛을 밝혔다. 톤당 1%의 등대 부과금은 정크선과 증기기선을 제외하고 항구에 들어오는 모든 선박으로부터 징수되었다. 그리고 이 등대 건설비는 13년 만에 변제된 것으로 추측된다.

그 공공토목공사의 문제는 1874년 9월 24일 "식민지 역사상 가장 파괴적인 태풍의 영향"을 받았다는 점이다. 한 민간병원이 파괴되어 포기되었고 3마일에 걸친 프라야는 치명적인 손상을 입었으며 200채의 가옥이 파괴되었다. 그 프라야와 해안 담장은 건축상 하자가 있었으며 케네디(Kennedy)는 어떤 성취된 작업이든 견고하고 영국적이어야 한다고 주장하였다. 이것이 이루어지기 전에 재개발 문제가 결정되어야 했다. 서쪽 바다에 부지를 갖고 있는 중국인 소유주는 재개발과 자신의 보유지 증가를 원했지만 1875년에 조사위원회는 샤이잉펀과 승완 지역의 재개발에 반대하는 결정을 내렸다. 케네디는 매우 가치 있는 자산 때문에 어떠한 재개발도 여전히 이루어질 것 같지 않다고 생각했던 중앙부 지역에서 태풍의 피해를 입을 가능성이 없을 정도로 매우 효과적으로 해안 담벼락을 재구축하고 프라야를 60피트로 확장하도록 결정했다. 동시에 해군 및 육군 부지의 정면에 있는 동쪽에까지 프라야를 확장하기 위한 중요한 제안이 있었다. 항구의 출입항이 매우 중요했던 지역 해군당국은 동의할 준비가 되어 있었다.

육군 병영과 해군 부지는 모두 바닷가로 내려가는 경사지의 대부분을 차지했다. 여왕로는 이 지역을 통해 바다까지 나란히 뻗었고 동쪽에서 성장하고 있던 교외지역인 완차이를 유일하게 연결시켜주고 있었다. 따라서 해군과 육군부지는 그 식민지를 효과적으로 둘로 갈라놓았고, 프라이스(J. M. Price)가 그린 지도에서 알 수 있듯이 빅토리아는 그 허리가 짤록하였다.

그 항구는 해군 부지의 정면에서 침니로 막혀 있었다. 그래서 작은 해군 부두는 실제적으로 높고 메말라 있었으며 곤경에 빠진 작업장인부는 종종 진흙 위로 질질 끌어내야 했다. 프라이스의 계획은 토착민과 외국인의 교역을 용이하게 해주었던 동부 지역을 연결하는 프라야를 확장시키는 것이었다. 이 새로운 해안 벽은 심해에 접해 있었고 자연스러운 씻어내기에 의한 침니를 제거하기 위해 그 해안 벽을 구부렁하게 하려고 하였다. 작은 보트를 만드는 해군조선소에 이르는 입구는 그 프라야 밑에 위치해야 했고 큰 배가 수리를 위해 들어올 수 있도록 선개교가 있어야 했다. 홍콩의 육군은 비용 때문에 그 제안에 반대하였으나 케네디는 해군 본부와 전쟁성의 지원을 기대하면서 그 계획의 실행을 촉구하였다. 해군 본부는 융통성이 적었음이 입증되었고, 그 계획은 본국에 있는 공공사업부서들이 식민지가 비용 전체를 떠맡기를 원했기 때문에 철저하게 실패하였다. 케네디는 자신의 행정위원회와 입법위원회의 비공식위원들과 협의를 하였다. 입법위원회의 비공식위원들은 완벽한 프라야 건설 계획을 원했지만 그러나 본국의 공공사업 부서들이 비용을 지원하지 않음에 따라 그 계획을 포기하고 최대한의 영구성을 보장하기 위해 기존의 중앙 프라야를 보수하는데 동의했다. 본국 정부는 이러한 작업이 기술자와 합의함으로써 특별보고서를 보장해야 할 정도로 규모가 매우 컸기 때문에 그 작업을 연기하기를 원했다. 그러나 케네디는 보다 더 큰 계획이 언젠가는 결말지어져야 한다고 말하면서 이미 그 작업을 시작하였다.

이 중요한 프라야 계획은 부분적으로 빅토리아의 동부 지역에 있는 부지의 가격이 일시적으로 하락한 사건 때문에 실패했다. 전신의 보급과 수에즈 운하의 개통은 상거래에 많은 변화를 가져왔다. 가격이 유리해질 때를 대비하여 많은 재고품이 유럽인 회사들에 의해 보관되곤 했다. 그러나 이제 선적화물은 더 빨리 처리될 수 있었다. 그 결과 동부 지역에 있는 거대한 창고는 더 이상 필요하지 않게 되었고 하급 노무자들은 일거리를 찾아 그 도시의 서부 지방으로 이동했다. 이 변화에 대처하기 위해 새로운 중국인 지역은 부분적으로 개간된 부지 위에서 설정되었고 그 지역은 총독의 이름을 따서 케네디타운이라 불리게 되었다. 동부 지방의 소작료는 40%에서 50%까지 부과되었고 거기서 많은 부지보유자들이 영국이 부과하는 지대의 인하를 요청했다. 그러나 케네디는 동의하지 않았다. 프라야 확장 계획의 실패로 인해 대체도로가 더욱 더 필요해짐에 따라 맥도넬이 제안했던 육군부지의 남쪽 경계선을 따라 뻗어있는 동부 지방까지의 한 대체도로가 케네디에 의해 다시 제안되었다. 게다가 경계선을 둘러싸고 벌어진 더 많은 논쟁을 거친 후 케네디 도로는 건설되었다. 케네디는 또한 산봉우리의 개발을 격려하였다. 그는 총독과 정부 관리들을 위한 하계 가옥으로 사용하기 위해 맥도넬이 지은 '산의 막사'를 수리하고 새롭게 단장하였으나 그것은 1874년 태풍으로 파괴되었다. 산봉우리에 있는 건물은 이 같은 공식적인 후원을 받았다. 그 개발을 지원하기 위해 그곳에 이제 도로를 건설하고 우물들을 팠다. 구룡은 역시 느리게 성장하기 시작했고, 경계선의 영국인 지역에 있는 아무마티 지역이 개발되었고 침샤 튀이섬을 드나드는 왕복선 승객들을 위해 부두가 건설되었다.

새로운 민간 병원의 필요성이 인식되었고 케네디의 도착 직후 그는 부지를 선정하고 그 계획을 준비할 한 위원회를 임명하였다. 새 식민지의 외과 의사인 페네이스 아이레스는 1873년에 부임한 후 새 병원을 건설하도록 촉구하였다. 1874년의 태풍으로 인해 낡은 구건물이 파괴되어 새로운 병원의 건립이 시급한 문제가 되었다. 외무장관은 그 계획을 본국에서 준비하게 할 것이라고 주장하였다. 이 주장 때문에 그 계획은 지연되었고 본국에서 준비된 계획이 식민지에 전달되었을 때 그것들은 만족스럽지 못함이 드러났다. 1876년 케네디는 즉시 병원 건립을 시작하기를 제안하였으나, 그는 전보를 통해 건축비의 대부분을 떠맡으라는 지시를 받았다. 그 동안 미봉책이 강구되어야 했다. 새로운 중앙학교의 건립을 둘러싸고 유사한 지연이 있었다. 그 학교 부지는 추천되었고 52,000달러의 비용이 드는 건물의 건립 계획이 마련되어 돈이 기부되었으나 의혹이 제기되어 그 건물은 케네디의 후임 총독에게 떠넘겨졌다. 식민지의 교육을 위해서 그는 임의 기부제 학교가 재정적으로 원조 받는 보조금 지급 계획의 수립으로 커다란 공헌을 하였다.

식민지의 헌법은 1875년 6월 8일에 홍콩 헌장이 수정되었을 때 계속 발전하였다. 만약 총독이 죽거나 또는 부재중이거나 무능력 상태에 처한다면 그 직책은 부총독이 차지하고 아니면 만약 어느 누구도 식민지 장관에 의해 그 직책에 위촉받지 부총독의 지시에 따라야 했다.

식민지 초기에 군대를 지휘하는 육군소장이 통상 식민지의 부총독으로서 위임받았다. 1854년 케인은 비록 계획이 제대로 수행되지 못했지만 행정수반의 직책으로 의도되었던 그 직책에 임명되었다. 부총독이 귀환하였을 때 주 장관은 식민지에 군대를 파견해 줄 것을 본국에 요청했다. 케네디가 임명되었을 때 그것을 되돌려주기로 결정하였고 케네디는 식민지 비서관에게 통치자가 없는 동안 식민지 통치의 권한을 부여했다. 영국 식민 정부에서는 정부 교관은 최고 책임자로서 그들에게 맡겨진 책임과 역할을 잘 수행할 수 있다는 기대를 할 수 있는 사람이어야 하고 많은 경험을 바탕으로 어떤 일의 결정에 책임질 수 있도록 여러 가지 문제에 대해서 친숙해져야 한다고 논의했다. 게다가 맥도넬이 귀환한 후 휘트필드 장군은 많은 실수를 범했다. 그는 도박에 심취하여 통치자의 정책에 역행하는 경찰 조직의 광범위한 개혁을 중단시켰다. 장군으로서 그리고 실무통치자로서 그는 그 자신에게 편지를 썼는데 식민지 정부에서는 이를 "변덕스런 행동"이라고 논평했다. 그리고 그는 도박을 위한 자금 확보를 위해 특별 자금을 식민지 사무처의 정책에 반영시켰다. 휘트필드의 후임으로 주장관인 브런쳐가 부총독으로 임명되었으나 그는 부임한 뒤 얼마 되지 않아 곧 사망하고 말았다. 또다시 교체가 곧 이루어졌으나, 후임인 콜보른(Colborne) 장군은 미처 그 명령을 받지 못했다.

1874년 10월 케네디는 영국에 있는 그의 아내가 중병에 걸려 있기 때문에 아내가 있는 곳으로 갈 수 있도록 요청했다. 그는 식민지 비서관인 J. G. 오스틴에게 식민 정부를 통치하라고 말했다. 케네디는 이것을 "콜보른은 성질이 급하고 결과만을 가지고 상황판단을 한다. 그는 위험한 폭발물과도 같은 이중의 성격을 가지고 있음이 틀림없다"라고 보고했다. 케네디는 그가 떠난 지 오래지 않아 식민지에 다시 돌아왔으나 비슷한 시기에 싱가포르에서부터 부인의 죽음을 보고받았다. 콜보른은 육군성에 강한 이의를 제기하고 수상회의에 참가를 거부하였다. 이 상황을 케네디는 "식민지 내의 어떤 문제로 인해 참가하지 않았다"라고 말하였다. 여러 가지 직무와 휴가기간 동안의 부재 시에 이루어졌던 합병 때문에 그는 실무 회의의 정족수를 얻지 못했다. 프라이스는 그때 한 구성원으로 임명되었다. 콜보른은 그가 식민지에 없는 동안 그의 군 비서관이 그의 입장을 대신해서 참석하는 것을 반대하지는 않았을지라도 그는 달가워하지 않았다. 이것은 문관(文官)과 군관(軍官) 사이에서 파워게임을 더욱 긴박하게 만들었다. 육군성 소속 한 장교는 이 상황을 "정부와 홍콩 주재 장군 사이에는 항상 말다툼이 있고 그것은 지역적인 점유권 다툼의 하나"라고 논평했다.

케네디는 사이완과 스탠리에 있는 군사 지역을 포기해야 한다고 제안했다. 그들은 스탠리의 70에이커 땅에서 1년에 한번씩 있는 포병대의 연습을 제외하고는 그 지역의 넓은 땅을 방치해 두었으나 장군은 그것을 거부했다. 비록 "군인들은 지난 25년 동안 12번 이상 그 땅에서 훈련을 하지 않았다"는 케네디의 보고에도 불구하고 크리켓 운동장을 훈련장으로 만들기 위해 1851년 그레이 백작으로부터 정당하게 허가를 받은 것에 대해 군부는 불만을 토로했다.

그 총독은 입법부에 어떤 일에 대한 논쟁을 위한 제안권과 부대를 옮길 수 있는 권한을 주기 위해 새로운 법령을 만들었다. 그러나 총독은 이런 일들의 착수를 재정적 이유로 보류했다. 맥도널드 통치 하에서 입법부는 재정 법안을 통과시키기 위해서 더욱 더 자주 소집되었다. 이것은 다음 해에 보충적 지지를 얻기 위한 재정적 기구를 회피하기 위해서였다. 1872년에는 모든 회원이 재정기구의 위원이 되었고, 주요 멤버들이 기구를 관할하였기 때문에 그로 인해 비회원들은 더 많은 권리를 가질 수 있었다. 그들은 보안관리자인 딘을 비난했다. 그 이유는 그가 1874년 태풍이 휘몰아치는 동안 막사 속에서만 보안을 지켜왔고, 그밖에 봉급의 액수를 줄일 것을 제안했기 때문이다. 육군성의 제도는 수정되어 다섯 부서로 늘었다. 각 식민지 관리자들은 군대파견을 요구할 수 있게 되었고 어터니(Attorney) 장군, 스미스 장군, 프라이스 장군이 새로운 회원으로 구성되었다. 그러나 그들의 관공서가 장점만 있는 것은 아니었다.

무역의 퇴조로 인해 식민지 재정에는 절약이 필요했다. 1870년 레니(Rennie)의 퇴역으로 맥도널드는 식민지 장관과 오디타르(Auditar) 장군의 관청을 병합시켰다. 케네디는 비용을 절감하기 위해 영국으로부터의 사관생도 모집을 멈추었고 1875년에는 사관생도 모집 계획을 중지시켰다. 그는 임금이 낮아졌기 때문에 통역자 모집이 촉진되었다고 생각했다. 그리고 그는 처음으로 이 새로운 사업을 맡을 사람으로 다이어 발(J. Dyer Ball)을 임명했는데 관동 선교사의 아들로서 중국에서 성장한 디어 발은 광동어를 아주 잘 구사했다. 그는 한달에 10달러를 받는 대가로 관리들의 어학을 교육시켰다. 카나본 경은 이러한 케네디의 사업을 비판했다. 그는 지역적으로 통역자를 모집하는 것에는 대체로 동의했지만, 교육이 충분하지 못하다고 주장했다. 그는 중국어 교수인 옥스퍼드 대학 레게 박사(Dr. Legge) 아래서 그 후보자들을 4년 정도 교육시킨 후 시험으로 생도를 모집하는 제도를 새롭게 만들었다.

그 계획안은 매우 잘 이행되었다. 1862년에 이르러 그 생도들 중 1/3 가량이 국방성의 일원이 되었다. 1864년 호적계의 장군이 된 스미스, 1867년 경찰관리자가 된 디인(Deane), 1875년 교도소 관리자가 된 토노쉬(Tonnochy)가 그들이며, 1865년에 모병된 러셀(Russell)과 리스터(Lister)는 1875년에 각기 재판관과 우체국장으로 각각 진급하였다.

사법부는 다시 재조직되었다. 간질병으로 고통을 받던 즉결재판소의 발판사는 1873년에 사임했다. 이 법원은 곧 폐지되었고 1866년 이래로 연방 법무장관을 지낸 폰스포트(J. Pauncefote)는 배석판사가 되었다. 그는 같은 해 리워드 섬에 판사로 임명되어 곧 자리를 떠났다. 존 브라나스톤(John Branaston)은 1874년에서 1876년까지 법무장관을 지냈고, 식민관리국으로 임명되어 필립포(Phillippo)와 동료가 되었다.

식민지관리국은 입법부에 소개하기 위하여 식민지의 출생, 결혼, 죽음 등의 상황을 정확히 보고하도록 모든 식민지에 압력을 가하도록 했다. 맥도널드는 이것을 중국의 '흥미로운 의심 그리고 상처 난 침해'라고 하면서 거절했다. 1872년 케네디는 식민지인들에게 출생신고와 사망신고를 강제하는 제도를 만들었다. 1875년 그는 강제적 결혼 등록을 법령화했다. 라이몬디 대주교(Bishop Raimondi) 하에서 가톨릭교는 이 법령을 극렬히 반대했고 불복종하는 시민들을 위협했다. 그래서 그 법령은 결정을 유보한 채 연기되었고 새로운 반대에 부딪쳐 수정되기에 이르렀다.

행정부에서는 성 요한 대성당의 건축 및 지붕수리를 도와주었다. 그리고 1874년에 태풍으로 파괴된 후 방치된 이탈리아인은 수도원을 건립해주고 성 요셉 성당의 건축에도 기여했다. 자유주의적 행정부는 한 종파를 지지하기 위해 다른 이들을 배척하는 것을 배제했다.

케네디의 통치 기간은 매우 조용하고 얼마나 많은 것이 인간에 의해 이루어졌는가를 보여주는 시기였고 아주 상식적인 통치를 했던 기간이었다. 그는 균형감각을 가진 채 친근하게 다가왔다. 그는 위원회에 충고했고 우호적으로 중국을 다루기 위해 고통도 감수했으며 통치관리청으로 직분상 그들을 초대한 첫 번째 통치자였다. 그는 정원을 가꾸며 국방성에 식수했다. 그리고 도시에 조림 사업을 시작했다. 그의 통치 수완 중 가장 큰 오점이라면 군의관과 측량사로부터 간곡한 보고를 받았음에도 불구하고 비위생적인 환경을 개선하려 하지 않았다는 것이다. 퀸스랜드(Queensland)의 총독으로 부임하기 위해 1877년 5월 그가 떠난 것은 그를 좋아하던 중국인과 유럽인들에게는 유감이었다. 1883년 그는 오스트리아로부터 집으로 돌아가던 중 홍해 바다에서 죽었다. 이 소식을 전해들은 공동위원회는 얼마 후 홍콩을 가장 유명하게 했던 오직 하나뿐인 총독으로서 그를 기리기 위해 식물원 사이에 조각상을 만들도록 결정하였다.

제16장 존 포우프 헤네시 (1877~82)

나는 '여기서 한 공동체를 다루는데 있어서 총독의 책무는 어떤 단체 또는 어떤 계급에 대한 지원을 해야 하며 아울러 모든 주민들 사이에 단지 공정한 균형을 잡아주는 것.'이라고 생각한다.

헤네시 입법위원회 연설문 1881년 6월 3일

'나는 헤네시 경에 대해서 하나의 감시하는 눈이 필요함을 두렵게 생각한다.'

외무장관 카르나본 경의 의사록 1887년 8월 17일

존 포우프 헤네시 경은 연속적으로 총독에 재직했던 5명의 아일랜드인 중 4번째의 총독이었는데, 그는 아일랜드구에서 의원으로 선출되었다. 1867년 그는 라부앙의 총독이 되었고 이어서 1877년 4월 홍콩에 오기 전에 서부 아프리카, 바하마제도, 그리고 윈드워드 제도의 총독으로 재임하였다. 그는 케네디 체제의 평온함을 순식간에 깨뜨렸던 중국인들에 대해 새로운 태도를 취했다. 그는 중국인 공동체를 매우 깊은 관심을 가지고 다루었으며, 입법위원회에 중국인 위원을 처음으로 임명함으로써 식민지에서 중국인 공동체의 중요성이 커져가고 있음을 존중하려는 태도를 보였다. 그는 중국인 범죄자를 보다 더 인간적인 동정심을 가진 채 다루었고 그리고 맥도넬과 케네디의 억지정책을 변경시켰을 때 외국인 공동체는 그에 대해 강렬한 분노를 표시하였다.

헤네시는 1866년 이래로 홍콩 총독의 지침에 정해진 대로 모든 민족들은 동등하게 처우한다는 원칙을 신뢰하였던 개명된 영국의 공식 견해를 대변하였다. 외국인 공동체는 그와 같은 견해를 희망 없는 이상주의로 간주했다. 법 앞에서의 평등은 하나의 각인된 영국 관습이었다. 그러나 그러한 평등은 그들이 인정하려 한 것과 마찬가지의 평등이었다.

불행히도 헤네시는 이러한 이상주의를 자신의 행정적 비효율성과 실질적인 상식의 부족을 가렸던 뛰어난 논쟁기술로 설명하였다. 그와 같이 십년 동안 함께 일해 오면서 그를 알았던 식민성 관리들은 이 특색 있는 결합에 대해 마찬가지로 불만을 가졌다. "그는 자신이 통치해 온 모든 식민지의 재정을 엉망으로 만들었다"라고 한 관리는 기록하였다. "우리는 그의 의사록을 매우 주의깊게 봐야 한다"고 다른 한 관리는 적었다. 어떤 경우엔 그가 받았던 39개의 급전문에 답신을 하지 않은 채 버려두기도 하였다.

1857년의 죄수호송제도의 철폐로 범죄자를 인간적으로 처우하는데 대한 관심이 고조되었다. 이러한 생각들은 식민성을 통해 여러 식민지들로 확산되었고 홍콩에서 기록한 범죄 억제제도의 변경을 원했던 헤네시 경은 유일하게 그 시대의 계몽된 견해에 따라 행동하고 있었다. 그는 자신의 도착 직후 쓰인 급송공문에서 식민지의 모든 형벌제도를 비난했고, 범죄의 증가는 배의 운임이 싸서 광동으로부터 너무 쉽게 중국인이 유입된 점에 기인한다는 케네디의 설명을 비난하였다. 범죄의 많은 수가 사소한 구걸 행위, 허가받지 않은 매사냥, 통행증이나 전등 없이 야간에 외출하는 것이었다. 어쨌든 1876년 10월 이래로 범죄자의 5명 중 단지 2명만이 초범이 아니었다. 교도소 체제는 열악했는데, 왜냐하면 젊은 범죄자나 초범을 분리수용하려는 어떠한 노력도 보여주지 않았기 때문이다. 그는 4,640명의 학생만이 학교를 다닐 수 있었고, 12,000명 이상의 어린이가 교육을 제공받지 못했던 교육제도를 비난하였다. 그는 형량의 전체 또는 부분 사면의 대가로 자발적으로 낙인을 찍히거나 추방당하는 제도에 반대하였는데 좋든 나쁘든 또는 장기수이든 단기수이든 간에 죄수들은 모두 똑같은 처우를 받아야 하며, 또한 영어로 쓰인 낙인에 대한 청원서를 이해하지 못했다. 많은 사람이 추방되었고 그리고 그는 여러 해 동안 거주해 왔으며 이제 나이가 각기 72세와 80세이고 너무 늙어서 일할 수 없었던 두 명의 중국인 여자를 예로 들었다. 그는 그 두 여자가 구걸했다는 이유로 고통스럽지만 마지못해서 추방하였다. 집행위원회의 만장일치 권고에 반대하면서 그는 자신의 확신에 의심이 간다고 생각했던 곳에 추방하기를 거절했다. 그는 공개 태형의 폐지를 위한 보고서를 요청했다. 그는 교도소에서 비천해 보이는 외국교도관의 과도한 매질을 통제해야 했기 때문에 잔인해졌다. 그는 가장 나쁜 악을 제거했으며 영국으로부터 훈련된 간수들을 동원하기 시작하였고 그리고 만일 어떤 범죄자가 자신의 형량의 2/3을 복무하지 않았다면 그 범죄자를 석방시키기를 거부했다.

총독의 정책이 범인에 대해 너무 관대하게 적용되었다고 주장되었다. 1878년에는 무장갱단에 의한 강도와 도둑질 등의 중범죄가 크게 증가하였다. 또한 많은 범죄가 폭력을 수반하였다. 1878년 10월에 대규모의 궐기집회가 총독의 정책에 항의하고 공개적 태형과 추방을 요청하기 위해 정구장에서 열렸는데 그 같은 태형과 추방에 의해서만 대중의 치안이 확보될 수 있었다고 믿어졌기 때문이다. 그 궐기대회에서 국무장관에 대한 청원서가 제출되었고 식민지에서의 형법 행정에 대해 평등을 요청했고 그리고 총독과 그의 관리들 사이의 관계에 대한 조사를 요청했다. 총독에 대한 저항은 입법의회의 비공식 의원인 윌리엄 케스위치(William Keswich)가 앞장섰다. 중국인들은 곧 총독의 정책을 지지하여 많은 사람이 서명한 서신을 총독에게 제출하였다. 국무장관은 자신의 정책효과에 대한 어느 정도의 비난과 두려움을 감수하면서 총독을 지지하였다. 그리고 그는 형법, 교도소 규칙 및 방법의 개혁을 위한 완전하고 충분한 계획을 준비하도록 요청받았다.

헤네시는 스토운커터스섬에 충분한 시설을 갖춘 새로운 교도소를 건설하

여 범죄자를 범죄단계별로 격리 수감할 것을 제안했으나 본국 정부는 홍콩
섬에 있는 부지에 새 교도소를 건설하기를 원했다. 그는 교도소 개혁을 시
작 하면서 빅토리아 교도소에 있는 한 두 개의 지하실을 40개의 독방으로
바꾸었다. 1881년 자발적인 낙인찍기와 국외추방의 조건으로 남은 형기를
부분적으로 감형시켜주는 제도를 폐지하고 또 공개적 태형과 등에 태형을
가하는 것을 반대하는 법안이 통과되었다. 태형은 폭행죄에만 적용되게 되
었고 아홉 가닥의 채찍인 구승편은 등나무 회초리로 대체되었다. 가장 중요
한 문제는 특히 중국인을 처벌하기 위한 것이 목적이었던 1859년의 고문 입
법에서 비롯된 형법은 폐지되었다.

　1882년에 만들어진 추방법령은 이전의 법령들의 모든 국외 추방 조항을
대신하였다. 추방형은 총독의 자유재량권으로 남아있었다. 그러나 추방기간
은 5년을 넘기지 못했고 추방사유가 설명되어야 했다. 추방형은 중국인에게
만 적용된 것이 아니고 출생에 의해 시민권을 가졌거나 또는 귀화된 시민이
아니었던 어떠한 사람에게도 적용되었다. 헤네시는 범죄를 조장하고 태형과
추방형을 함께 폐지하기를 원했다고 비난받았다. 그의 계명된 태도는 지나
친 관대함 때문에 오해를 받았다. 사실상 그는 상습범에 대해서는 더욱 가
혹한 처벌을 촉구하고 교도소 음식물 제공을 줄이기를 주장했고 그리고 죄
수로 하여금 발로 바퀴를 돌리게 하는 형벌인 트레드밀(Treadmill)을 도입
하였다. 그는 가장 죄질이 나쁜 범죄자들을 추방하기를 원했고 심지어 라부
안(Labuan)이 홍콩 범죄자를 수용할 목적으로 홍콩에 예속되어야 한다고
주장하였다.

　여자나 소녀를 납치하는 범죄는 영국법과 중국인 관습 사이의 충돌을 날
카롭게 야기했다. 법정에까지 비화된 사건 수는 1874년 50건이었던 것이
1880년 107건으로 증가하였다. 여성과 소녀는 매매되어 해외로 팔렸기 때문
에 사건이 증가했던 것이다. 해외에서는 350달러라는 높은 가격에 팔리거나
또는 식민지에서는 45달러로 팔렸다. 여성은 완전히 위조된 계약에 의해 유
혹되어 홍콩으로 들어왔다. 불행히도 이 같은 인신매매는 어린이를 입양시

키고 특히 무차이라 불리는 소녀를 하녀로 사들이는 매우 뿌리 깊은 중국 관습에 어느 정도의 토대를 두고 있었다. 이 관습의 남용은 중국인에 대한 불신을 초래하였고 그리고 1878년에 일단의 중국 상인들은 인신매매의 폐악과 싸울 수 있는 납치 반대 연합회를 창설해주도록 요청하여 허가를 받아내었다. 같은 시기에 대법원장인 존 스발 경은 납치의 몇몇 사례들을 다루면서 어떤 목적으로든 간에 인신매매의 모든 제도를 영국법에 저촉되는 노예화의 한 형태로 그리고 식민지의 수치로까지 간주하였다. 법무장관은 필리포(Phillipo) 재판관이 법정에 들어가기 전 납치 사건에 대해 그의 진술을 제한했어야 했다고 주장했다. 그리고 그는 스마일이 요청했을 때 재정적인 동의를 받아냈든 아니든 간에 입양에 반대하는 어떤 법도 없었다는 이유로 어린이 매매관행을 반대하는 소송절차를 제도화하기를 거절하였다. 정부주재 중국 공사가 되었던 에이텔(E. J. Eitel) 박사는 중국에서 노예가 존재하지만 그러나 양자로 삼기 위해서나 또는 하녀로 삼기 위해 어린이를 사는 것과는 완전히 별개의 문제라는 장문의 비망록을 출판하였다.

헤네시는 군부와도 충돌하였다. 도너번 장군은 집행위원회에 참석할 것을 거절하였으며 부재 시에도 그의 부관이 대신 참석토록 하는 것도 허락하지 않았다. 여왕 탄신일인 1880년 5월 24일을 맞이하여 총독과 도너번 장군은 군악대가 장군을 위해 시중들도록 명령이 내려진 가운데 경쟁적으로 저녁 만찬을 준비하였고, 헤네시가 항의하자 육군은 전보를 쳐서 장군의 준비를 중지하도록 명령을 내렸다. 장군은 군사적 목적을 위해 구룡에서 더 많은 영토를 차지하길 원하였고 그리고 중국인의 열악한 위생시설에 대해 불평하기 시작했다. 이 위생시설의 미비를 둘러싼 불행한 언쟁에 자극받아 홍콩의 상태에 대한 최초의 위대한 조사보고서인 1882년의 챠드윅 보고서(Chardwick Report)가 제출되었다.

1878년에 이르러 러시아와 전쟁을 벌일 위험이 상존했기 때문에 1878년 5월 홍콩 포병대와 그리고 식민지에서 편성된 3번째의 자원부대인 자원소총부대를 편성케 하였다. 그 해가 끝나갈 무렵에는 그 부대의 수가 150개에 달하였으나 위기가 지나가자 군대에 대한 관심은 줄어들었고 군대의 중요성에 대한 논쟁이 벌어졌으며 군대로부터 차용했던 모든 군장비를 반환하여야 했다. 부대의 수는 감소하여 1881년에 이르러서는 실질적으로 부대는 존재하지 않게 되었다. 헤네시는 이임 이후 정부의 원조를 요청하였고, 행정장관 마쉬(Marsh)는 동의하였다. 자원부대는 해체되었고, 1882년 11월 그 부대의 포병중대로 구성된 새로운 자원부대가 자원자들에게 더욱 공식적인 지위를 부여하는 새로운 토대 위에서 편성되었다.

1877년과 1878년에 걸친 전쟁에 대한 두려움과 남아프리카 및 아프가니스탄에서 벌어진 전쟁들 때문에 제국의 방어를 둘러싼 모든 문제와 제국이 지역 자원으로부터 지원을 얻어낼 수 있었던 점들에 관심이 야기되었으며 그리고 지역방위위원회가 모든 식민지에 세워졌다. 홍콩에서 포대와 요새가 설치되고 미국인 동맹자들을 위해 건조된 선회 포탑을 가진 장갑선인 비베른호(The Wyvern)가 방어를 위하여 항구에 정박했으며, 지역 방위군의 문제가 토의되었다. 매우 다양한 견해가 이러한 군대의 편성을 둘러싸고 표명되었다. 헤네시는 예상했던 대로 중국인들이 이러한 군대에 질 좋은 물자를 제공해야 한다고 주장하였으나 그의 견해는 수용되지 않았다. 육군성으로부터 특별히 파견된 그로스만(Grossman) 대령이 코즈웨이만(Causeway Bay)은 해군 및 육군 진지로 이용되도록 매립되어야 한다는 한 흥미로운 제안을 하였으나 불행히도 그 계획은 결코 받아들여지지 않았다.

헤네시가 총독으로 재직하는 동안 재정이 훨씬 더 충실해졌는데 이는 주로 중국인의 대규모 유입과 무역의 지속적인 팽창 덕분이었다. 총독인 헤네시는 수수료 수입을 목적으로 인지판매국을 설립하였는데 그 덕분에 더 많은 인지 수입이 확보되었다. 그는 아편허가 제도를 폐지하여 아편소득을 132,000달러에서 205,000달러로 증가시켰다. 어떠한 부가세도 납부하지 않았기 때문에 아편소득은 1878년에 947,637달러에서 1882년에는 1,209,517달러로 증가하였다. 헤네시는 중국인들 특히 정크선 선주들의 세금부담을 경감시키기를 원하였다. 그러나 입법위원회는 시의 세율인하를 제안하였고 마침내 세율은

20% 경감되었다. 국무장관은 이러한 세율인하를 거절하였으며 긴급한 공공
사업에 보다 많은 투자를 할 것을 촉구하였다.

헤네시의 통치 하에서 공공토목 공사는 너무나 질질 끌려다니며 지연되었
기 때문에 실질적으로 아무 것도 이루러지지 않았다. 케네디에 의하여 시작
된 프라야의 강화와 재건설은 계속되었으나 다른 핵심 계획들은 단지 방치
되었을 뿐이었다. 총독이 중앙학교에서 영어교육의 불충분함을 비판하였기
때문에 1876년에 필요성이 긴급히 제기되었던 중앙학교가 계속 존속하였다.
1874년 태풍에 의하여 파괴된 병원을 대체하기 위한 새로운 의원의 설립이
절실히 요구되었다. 그 병원이 성병병원(Lock Hospital)을 일시적으로 떠맡
았던 이래로 그것은 1878년 화재로 파괴되었던 임시부지와 사이 잉 푼(Sai
Ying Pun)에 있는 새 학교 건물에 옮겨가야만 했다. 케네디는 성병 병원을
일반 병원으로 전환시킬 것을 제안하였으며 이러한 동의가 이루어졌을 때
헤네시는 새 병원이 완공되었음을 보고하였다. 사실상 의도된 일반 병원으
로의 전환은 심지어 시작조차 되지 않았다. 새로운 감옥의 건설도 마찬가지
로 지연되었다. 헤네시가 화력전에 대비한 물탱크의 준비는 머지않아 물 문
제에 부딪칠 것이라고 생각했기 때문에 타이 탐 식수(Tai Tam Water)계획
이 세워졌다. 물의 추가 공급을 불필요하게 만들 것이라고 그가 생각했던
중국인의 위생시스템에 관하여 확고한 입장을 견지했다.

관측소 설립도 마찬가지로 연기되었다. 케네디는 항구에서의 선적의 편의
를 위해 일정한 시간을 알려주는 공인 표시구의 설치를 제안하였다. 그리고
식민성은 관측소의 건립 가능성을 시사하는 답변을 하였다. 헤네시는 광동의
엘긴(Elgin)산에 기상관측소를 세울 계획을 세웠으나 만족하지 못하였으며
그래서 훨씬 더 정교한 관측소 설립의 계획이 1881년에 팔머 소령(Major
Palmer R. E.)에 의해 수립되었다. 헤네시는 북경에 관측소를 세웠던 황제
의 이름을 본 따 그 관측소를 강희(K'ong-his)관측소라고 부를 것을 제안
하였다. 또한 헤네시가 최초로 그 식민지에서 개최했던 최초의 집행위원회
에서 그는 1874년 태풍으로 선박거주민들이 입었던 엄청난 손실을 피할 수

있는 선박피난처로 코즈웨이만에 방파제를 건설할 것을 제의하였다. 카나본
(Carnavon) 경은 그 계획이 전문기술 자문가인 존 구드(John Goode) 경에
의해 검토되고 특별 대기 자금에서 충당되는 비용에 적합한지를 검토해야
한다고 주장했다. 어떠한 계획도 이루어지지 않았으며 그리고 1881년 12월
에 킴벌리(Kimberley) 경은 방파제 건설을 위한 어떠한 계획안도 보내지
않은 이유를 묻고 다른 공공사업의 진척에 관하여서도 물었다. 헤네시는 그
것이 지연되었다는 이유로 프라이스(J. M. Price)를 비난하였다. 그러나 사
실상 그러한 지연들은 헤네시 자신이 범죄문제에 너무도 집착하였고, 자신
의 관리들과 마찰을 겪었고 모든 업무를 개인적으로 처리하려고 주장한 것
과 그 자신의 새로운 정책에 의해 야기된 어려움에 기인하였다. 사실상 설
득력 있게 표명된 훌륭한 이유 때문에 긴급히 필요로 했던 공공사업 계획은
총독 자신의 재임 기간 전체에 걸쳐 방해를 받았다.

　그 총독은 중국인들을 너무 많이 격려했다는 비난을 받았다. 그는 중국인
들의 상업상 이익과 위원회에서의 대표권 획득을 위하여 중국의 관습 및 관
례를 존중하고 중국인 범죄자에 관하여 인간적 처우를 하는 정책을 수행하
였던 것이다. 그는 홍콩에서 중국인들이 더 이상 이방인으로 처우를 받아서
는 안 된다는 주장을 하면서 그 정책을 일관성 있게 수행하였다. 1880년과
1881년 사이의 식민지 수입의 증대에 대해 언급했을 때 그 정책은 영국왕의
중국인 시민들을 식민지에 있는 다른 거주자와 완전히 동등한 조건으로 처
우하는 정책에 의해 거의 영향을 받지 않은 것처럼 보인다고 말했다. 그는
가난한 중국인들을 위한 목욕탕 및 세탁소의 건립을 원하였다. 그는 정부
우체국들을 개설하여 경쟁하게 만들었다. 그리고 그는 정부고용 중국인들에
게 다른 사람들과 기본적으로 같은 조건의 연금을 주는 대신에 급여금을 주
는 뿌리 깊은 관행에 반대하였다. 그는 중국인을 위한 일반적인 귀화 법령
을 제안하였으나 이것은 특별한 입법조치 없이는 불가능하였다. 그가 할 수
있는 모든 일은 홍콩에서 많은 지역 거주자들이 개별적으로 영국시민이 되
게 하는 지역의 사적인 귀화 법령을 통과시키는 것이었다. 상업회의소는 중

국인 코홍에 가담한 모든 파트너들의 이름을 발표할 것을 중국인들에게 강요하는 입법을 원하였다. 그러나 중국인들의 자문을 구했던 헤네시는 그러한 희망을 거절하였다.

그는 시청 사용 시의 인종차별을 반대함으로써 외국인 공동체에 커다란 분노를 야기하였는데, 그 외국인 공동체의 위원회는 1869년에 문을 연지 몇 년 후에 유럽인들에게 매주 일요일마다, 주말에는 특정한 시간대에, 그리고 중국인 여자들에게는 매주에 하루의 아침 동안 박물관과 도서관의 사용을 규제하기로 결정했다. 헤네시는 이러한 규칙이 철회되지 않는다면 도서관장의 봉급을 지급했던 정부의 회사들을 철수하겠다고 위협했다. 자유주의자인 킴벌리 경은 공공 자금이 원칙적으로 계급이나 민족의 어떠한 차이를 허용하는 규범을 만드는 기관에서 사용되어서는 안 된다는 점에 동의했다. 총독은 아마 불필요하게도 또한 비록 관행이 수년간 지속되었다 할지라도 시청 사용이 허가되지 않았다는 구실로 연극공연과 다른 행사들을 할 때에 건물 안에서의 주류판매를 금지시켰다.

총독은 중국인의 교육에 열중하였고 매우 놀랍게도 그의 견해는 영어가 학교교육 체계의 토대가 되어야 한다는 것이다. 이것은 중국인의 관습과 관례를 존중하는 그의 입장과 매우 상반되었다. 그러한 견해는 그로 하여금 지방 중국어의 교육성과에 대한 총체적인 비난을 하게 만들었다. 그러나 이 것은 종교단체들의 학교에 대한 보조금 지급 계획의 보다 광범한 확대를 보장하였다.

부분적으로 1881년 로마가톨릭교의 종교사업을 위해 주교 레이먼디(Raimondi)가 재정 원조 계획을 적용한 결과 자유당 정부는 마침내 모든 종교단체에 대한 보조금 지급을 종식시키기로 결정하였다. 식민지의 주임 신부가 퇴임하였을 때 임명은 갱신되지 않아야 한다고 결정되었으며, 그런 까닭에 영국국교회는 기부금을 몰수당해야 했다.

초대 총독이었던 존 포프 헤네시 경은 식민지 초기의 유물이었던 중국인들에 대한 불공평한 처우에 충격을 받았다. 그는 1886년의 총독 지침과 그

리고 심지어 보다 일찍이 영국의 식민지 정책에서 나타났던 민족 간 차별대
우를 하지 않는 감정을 실천하는 첫 번째의 조처를 취하였다. 그는 중국인
들을 파트너로 대우하였으며, 주로 이 때문에 그는 유럽인들의 미움을 받았
다. 그는 계명된 정책으로 자신의 시대에 앞선 사람이었다.

　다른 한편 그는 불행한 행정관임이 드러났으며 그리고 그의 실제 업적에
대한 기록은 적었다. 그는 다른 사람이 그와 함께 일하기가 불가능한 사람
이었다. 자신의 모든 부하 관리들과 다투었고 식민성으로부터 불신을 당하
였다. 그는 능력이 있고 원칙을 설정할 수 있었다. 그러나 그의 성격은 개방
적이지 않았다. 그의 급송공문서는 너무 빈번히 논쟁적이었기 때문에 그 자
신의 주장을 입증할 수 없었으며, 그의 주장은 매우 비원칙적이었다. 중국인
을 파트너로 삼는 그의 계명된 정책은 엄청난 적개심과 불신을 야기한 사람
과 제휴를 하였기 때문에 이득을 가져다주지 못했다.

　그는 1882년 5월에 모리티아스(Mauritias)의 총독직을 맡기 위해 떠났
을 때 거기서 그는 홍콩에서 그랬듯이 강렬한 적대감을 불러일으켰기 때문
에 전임 총독인 허큘레스 로빈슨 경이 평온을 회복시키기 위한 특별 임무를
띠고 실론으로부터 파견되었다.

제17장 사회·경제적 여건(1866~82)

나의 보고서는 강력하고 완전한 위생대책의 필요성이 심각한 유행병이라는 저항할 수 없는 논리에 의해 입증되는 것을 기다릴 것도 없이 그 같은 위생대책의 필요성을 드러내 보일 것이다.

챠드윅 보고서 1882년

공중 보건은 최근 몇 해 동안의 주요 문제들 중의 하나로 대두하였다. 영국 본토에서 여론은 체계화된 위생 대책의 필요성을 매우 느리게 깨달아가고 있었다. 1865-1866년 사이의 콜레라 재발로 인해 1866년에 쓰레기, 상수도, 그리고 하수시설 문제를 다루기 위한 공중위생법이 제정되었다. 그리고 1869년에 공중위생 위원회는 공중위생에 필수적인 주요 조건들을 규정지었다. 1874년의 총선거에서 디즈레일리는 국민들의 관심을 공중위생에 집중시켰다. 홍콩에서 잇따라 부임한 식민지 외과의사들—특히 무레이—은 위생상태를 신랄히 비판했으며, 1863년에 공중위생위원회에서는 그 비난을 강조해 왔다. 그러나 아무것도 이루어지지 않았으며 어떠한 놀라움도 야기하지 못했음은 틀림없다. 중국인 공동체가 별도로 떨어져 살아가는 한 그 문제의 심각성을 깨달은 사람들은 별로 없었다. 게다가 중국인의 관습과 편견을 침해하지 않고서는 이 분야에서 거의 어떠한 대책도 강구될 수 없었다. 공중위생 대책은 중국인들을 식민지의 행정에 통합시키려는 정책에 가장 커다란 도전이 되었다.

1860년대의 경기침체 이후 인구는 지속적으로 증가하였고, 식민지는 심각한 주거과밀 문제에 시달렸다. 1865년에 인구는 총 125,504명이었다. 그 중에서 121,497명이 중국인이었고, 4,007명만이 비중국인이었다. 다음 해에는 맥도넬의 입법 때문에 10,000명에도 못 미쳤다. 1876년의 인구조사에서 총 인구가 139,144명이었음이 드러났는데, 그 중에서 130,168명이 중국이었다. 인구조사가 실시된 다음 해인 1881년에 총 인구는 160,402명이었고, 그 중의 150,690명이 중국인이었다. 1866년부터 1881년 사이의 15년 만에 중국인 거주자의 수는 39,208명 즉 32.2%가 증가하였다. 게다가 인구증가와 같은 속도로 주택을 공급하기란 어려웠다.

의사 무레이는 홍콩의 비위생적인 상태에 대해 계속 비판을 가했다. 열병이 크게 만연했던 해인 1870년을 대상으로 작성한 연례보고서에서 그는 "비위생적인 여건이 나 자신과 위생국 양자 모두에 의해 지적된 후에도 그들이 질병과 죽음의 진원지에 그대로 머물러있는 것은 식민지에 명예롭지 못한 것이다"라고 말하면서 하수시설에 대해 불평을 털어놓았다. 그는 자금이 부족하다는 주장은 가장 위험한 폐해의 지속에 대한 변명에 불과하다고 말했다. 그는 더 나은 병원시설을 원했다. 그가 죽어가는 중국인의 치료 상황을 폭로한 것이 계기가 되어 통화병원이 설립되었다.

통상 정력적이고 양심적이었던 리처드 맥도넬 경은 도로포장, 더 많은 노면 배수시설, 가옥과 주요 배수시설과의 연결에 의하여 타핑샨의 중국인 지역을 개선하려는 계획을 세우고 그리고 1866년에 질서 및 청결법령을 도입하였는데 그 법령은 허가를 받지 않고는 주거 지역에서 돼지와 그와 유사한 동물을 사육하는 것을 금지했다. 그 총독은 의심할 바 없이 그 문제를 이해하였으나, 그는 곧 치안, 도박, 그리고 해적행위에 관한 과제에 몰두하였기 때문에 거의 아무 것도 할 수 없었다. 어쨌든 그는 필요 이상으로 중국인들을 혼란스럽게 할 의사가 없었다. 그는 첫째로 그들의 환경의 변화 없이도 그들을 개혁할 수 있다고 생각했다. 그는 완화제로 쓰이는 석탄산의 장점에 매우 큰 관심을 보였고 피 앤드 온 상선회사가 한번에 적재하중을 초과하는 많은 양을 수송하기를 거절했을 때 그는 프랑스로부터의 공급을 보장받았다.

　의사 무레이는 근무한 지 14년 만인 1872년에 은퇴했고, 그의 후임자 맥코이(Mcoy)는 얼마 안 있어 죽었으며, 1873년 11월에 의사 페네아스 아이레스는 식민지 외과의사로 부임하였다. 아이레스와 그 해 7월에 공유지 감독관으로서 부임하였던 프라이스는 여러 해 동안 공중위생을 다룬 주요 관리들이었다. 거의 즉각적으로 아이레스는 자신이 알아낸 위생의 상태를 비난했다. 그는 1874년 1월에 갈보집들이 장티푸스 환자를 만들어내는 원인이라고 보고했다. 그것들은 방안에 칸막이로 된 방들을 갖추고 있어 불결하였으며, 많은 방들은 위생상태가 극도로 나빴다는 것이다. 4월에 그는 그 도시에 관해 보고하면서 자신이 보았던 것들을 또다시 철저히 비난하였다. 돼지조차도 살기에 적합하다고 생각하지 않았을 가옥들에는 5-10명의 가족들이 우글거리고 있었다. 이 가옥들은 자신들의 불만을 털어놓을 권리가 없었던 자들을 착취했던 유럽인들이나 중국인들이 소유하고 있었다. 그는 마당이나 통풍시설이 전혀 없었던 그 같은 종류의 가옥의 건축은 모든 위생법규를 위반한 것이었다고 말했다. 1층은 진흙이나 돌 또는 타일로 지어졌으며, 그 위 층들은 너무나 얇게 지어져 그것들은 아래층에 물이 새지 않고는 청소를 할 수가 없었다. 그는 3-8명의 가족이 하나의 방에 거주하면서 매달 각각 15달러 또는 2달러를 지불하고 있음을 알았다. 돼지들은 보통 부엌이나 위층에서 사육되었고 돼지들이 좋아하는 장소는 침대 밑에 있었다. 종종 하나의 방이 넷으로 나누어져 그 각각에서 돼지가 사육되었다. 그러나 지대는 비쌌다. 3개의 방이 있는 14평방미터의 한 가옥은 매년 55-70파운드에 임대되었다. 아이레스는 발진티푸스, 장티푸스, 콜레라가 더욱 빈발하지 않은 점에 놀라면서 건물, 배수시설, 그리고 동물 사육을 철저히 개혁할 것을 제안하였다. 1874년의 자신의 보고서에서 두 가지 새로운 지적사항을 추가하면서 자신의 비판을 반복하였다. 즉 그는 가옥 안에 우물이 있어 오염에 방치되어 있음을 발견했고, 많은 가옥들이 어떠한 배수시설에도 전혀 연결되어 있지 않음을 발견했다. 같은 해에 프라이스는 모든 상수도 및 하수도 체계가 결함이 있었고, 몇몇 거리는 전혀 배수가 되지 않았다고 보고하였다.

아이레스는 어떠한 격려나 후원도 얻지 못했다. 그의 두 번에 걸친 보고서는 중앙등기소장 스미스(C. C. Smith)에 의한 몇몇 극단적인 반대에 직면하여 식민성에 남아 있었다. 1874년 그의 연례보고서에서 위생에 관한 모든 구절들은 잘려나갔다. 자연히 아이레스의 연례보고서는 설득력이 훨씬 적었다. 1875년에 그는 극장, 호텔, 공원에서 편의시설이 크게 부족하였다고 불평하였다. 그러나 그는 새로운 건축법령이 제정되지 않는다면 아무것도 행하여질 수 없음을 인정하였다. 청소계약자들은 임무불이행 때문에 종종 소환되었고, 그리고 그는 돼지, 소 그리고 염소들이 거실 안에서 더 이상 사육되어서는 안 된다고 보고할 수 있었다.

케네디는 만족하였다. 그는 하자가 있는 배수시설에 대한 프라이스의 주장을 보고하였고 그 보수비로 1875년의 추산에 따라 5000달러를 투자하였는데, 프라이스가 주장했듯이 이러한 투자는 별다른 진척을 보지 못했다. 카나본 경의 답신은 철저한 배수계획을 제출하고 그렇지만 케네디가 중병의 위험을 무릅쓰면서까지 어떤 일을 지속하지 말라는 것이었다.

헤네시도 처음에는 아무 것도 하지 않았는데 그 이유는 여러 가지였다. 그는 중국인들에 대해 훨씬 동정적인 태도를 보였고, 여러 국민이 뒤섞여 있는 홍콩 사회에서 그들의 지위를 상승시키기를 희망했고 그리고 그들에게 영향을 미쳤던 모든 중요한 문제들에 관해 그들의 지도자들과 협의하였다. 중국인의 관습과 이익에 대한 이 같은 존중에도 불구하고 그는 너무나 자주 폭로되어 왔던 위생상태에 대해 관심을 기울이지 못했다. 중국인 거주자들에게 이른바 서양의 '위생적 과학'이라 불렸던 것을 강요하려는 공유지 감독관과 식민지 외과외사에 의해 이따금씩 이루어진 시도는 건전한 원칙에 토대를 두지 않았다고 그는 1877년에 기술하였다. 그는 중국인들이 오랜 문화를 가졌으며, 어떤 조건이 자신들에게 적합한지를 알고 있었다고 생각하였

다. 만일 그들이 광동에서의 가옥들과 같은 가옥들을 홍콩에서 건축할 수
있는 허가를 받는다면 건조한 대지의 위생체계로 인해 위생위험은 극소화될
것이었다. 따라서 그는 수세식 제도와 배수시설에 반대하면서 중국인들을
지지하였다. 그는 그들이 방임되었기 때문에 자연적으로 청결하다고 생각하
였다. 그러나 그는 정상적인 관습을 거의 불가능하게 만들었던 지나친 주거
과밀을 간과하였다.

그 상황은 저지당하지 않았고 그러나 도노반(Donovan) 장군과의 일련의
싸움이란 다행스런 사건 때문에 지속되었을런지도 모른다. 헤네시의 기질은
너무나 격정적이어서 아무도 그와 함께 일할 수가 없었으며, 총독과 도노반
장군의 관계는 개인적으로 상호 적대할 정도로 악화되었다. 중국인 가옥들
이 세워질 수 있었던 그 지역을 확대하려는 한 법령이 도노반의 분노를 샀
고, 그는 일련의 불평을 털어놓으면서 식민지에 있는 중국인 가옥들의 불결
하고 비위생적인 상태에 대해 가장 공개적으로 신랄한 공격을 가했다. 그는
중국인들이 이웃 유럽인에게 얼마나 조화를 이루지 못했는지를 눈, 귀, 그리
고 코로 깨닫게 하면서 병영 가까이서 이미 과밀거주하고 있음을 지적하였
다. 그리고 그는 군대의 건강을 보호하기 위한 조처를 요청하였다. 이러한
서신 속에서 그는 본국에서 보내지지 않았던 1874년의 공유지 감독관 및 식
민지외과의의 보고서에 대해 언급하였다. 육군의료부의 의무 장관은 홍콩에
파견되었고, 1880년 9월 1일 작성된 그의 보고서는 위생상태를 비난하였을
뿐만 아니라 위생문제에 있어서 그의 전임자들의 현명한 정책들을 완전히
역전시켰다고 그 총독의 정책을 비판하였다. 그리고 마찬가지로 유감스러운
것은 그가 영국인 관리인 정부 위생참모들의 활동을 마비시켜 왔다는 점이
다. 킴벌리 경은 1874년의 위생보고서를 요청하였고 1881년에 홍콩의 위생
상태에 대해 광범한 조사를 하기로 결정하였다. 한 기사인 오스버트 챠드위
크(Osbert Chadwick)는 전임 왕실공학기사로서 이 임무를 수행하도록 선택
되었다.

그 동안 아이레스는 의기소침케 하는 분위기 속에서 자신의 작업을 계속

하였다. 헤네시는 아이레스가 어떠한 예방접종도 하지 않았다고 비판하였고, 비록 일반대중을 치료하는 것이 식민지 외과의의 임무의 일부가 결코 아니었을지라도 매년 2000명을 예방 접종시켰던 퉁화병원을 칭찬하였다. 퉁화병원은 선행을 계속하였다. 실례로 1879년 한 해에 그것은 1,614명의 중국인 빈민을 입원시키고, 82,648명을 치료하고, 221명을 매장시켰으며 그리고 123명의 빈민을 중국으로 되돌려 보냈다. 그러나 아이레스는 그 병원의 낮은 의료수준과 중국인의 약을 비판하였다. 그는 자신이 1873년에 도착하였을 때 정부의 시민병원에 한 명의 직원이 있음을 알았고 그리고 점차 행정 및 간호 관리제를 구축해 나갔다.

그는 위생상태에 대해 계속 비판하였고, 1878년의 엄청난 화재를 '위생적인 신의 처분'(a sanitary dispensation of providence)이라고 불렀다. 1880년 보고서에서 그는 3-4층의 가옥들이 더욱 심각한 주거과밀을 초래하면서 1-2층의 가옥들을 대체하고 있었기 때문에 위생상태가 악화되고 있었다고 주장하였다. 다음 해 그는 범죄가 벌금이 부과되기 이전에 치안판사의 법정에서 입증되어야 했던 헤네시의 통치 하에서 위생검사관 때문에 생겨난 어려움에 대해 언급하였다. 아이레스가 위생에 관한 중국인의 견해를 헤네시가 지지한 것에 동의할 수 없었음은 불가피하였다. 아이레스의 보고서는 그가 아편흡연이 아무런 해는 없다는 이론을 가졌기 때문에 타격을 받았고, 그리고 그는 이것을 입증하기 위한 시도에 매년 불필요한 노고를 기울였다.

1882년 챠드윅의 보고서는 식민지 공공의료시설의 역사에서 전환점이 되었으며 그리고 그 보고서 덕분에 위생국(Sanitary Board)이 설립되었으며 이 위생국으로부터 자치시의 몇몇 통제형태를 가진 선출제에 의해 구성된 근대적인 도시업무국(Department of Urban Service)이 생겨났다. 챠드윅은 모든 사회문제에 대하여 포괄적인 비평을 하였다. 그는 중국인의 견해를 이끌어내기 위해 특히 애를 썼으며 그리고 그들이 그를 얼마나 잘 받아들였는지에 대해 놀랐다. 그 보고서의 주요 요점들은 간략히 요약될 예정이었다. 홍콩의 위생상태는 미비점이 있어 효과적인 개선책이 필요하였다.

즉 중국체제하에서조차도 여전히 효율적인 배수로가 필요하였다. 물의 공급은 불충분하여 제안된 작업이나 몇 배나 더 큰 작업 그 어느 것도 홍콩의 수요를 채우지 못하였다. 반면 수도요금은 그 부담에 있어서 불공정하고 부당했다. 가옥들은 결함이 있어서 새로운 건축법령이 필요하였다. 가옥의 배수는 근본적으로 열악했고 도시 전체의 배수로를 새로이 설치해야 했다. 배기통은 더욱 완벽해야 하고 정화조와는 분리되어야 한다. 특별 공무원 밑에 하나의 조직된 위생 담당 공무원들이 필요했다. 중국인들의 협력을 확실히 보장받기 위해 청결을 유지할 의무를 초과수당을 받는 지역 경비원에게 떠맡겨야 했다. 즉 위생담당 관리들은 일반 부서인 호적계 관리와 매우 밀접한 관계를 맺고 있었다. 그 관리는 구룡 반도에 대해 더욱 공적인 시설과 공중목욕탕, 새로운 시장 그리고 적절한 상수도 시설의 설치를 권고했다. 그 방대한 보고서는 홍콩시와 그 주민들의 상황을 꽤 완벽하게 보여주고 있으며 그리고 그것은 확실히 날카롭고 인간적인 조사자의 업적이었다. 즉 그의 관심은 종종 중국인 스스로에 의한 여러 가지의 악습에 집중되었다. 그리고 그는 중국인들이 수용할 수 있는 필요한 조처가 이루어질 수 있게 해줄 수단을 자신의 보고서에서 제시하기를 매우 갈망했다. 그는 헤네시에게 홍콩의 가옥들은 그가 중국에서 보았던 가옥들과는 유사하지 않으며 그리고 위생에 대한 중국인의 사고방식이 홍콩에는 적용될 수 없다고 대답하였다. 그의 보고서가 출판되었을 때 헤네시는 떠나고 없었다. 그는 아이레스 박사(Dr. Ayres)와 프라이스(J. M. Price)가 위생문제에서 무능하다는 이유로 배제시켰던 새로운 보건부(Sanitary Department)를 창설해야 한다고 제안했다. 그러나 킴벌리 경(Lord Kimberley)은 챠드윅이 보고할 때까지 어떤 제안도 수용하기를 거절했다. 챠드윅의 보고서가 어떻게 이행되었는지는 나중의 한 장에서 설명하기 위해 남겨두고자 한다.

근래의 몇 년 동안에 제기된 중요한 문제는 매우 정력적이고 무뚝뚝했던 맥도넬이 스스로 격노한 여론의 대변자 노릇을 하면서 강력한 반대를 제기하였던 홍콩의 이른바 중국인 세관인 '봉쇄선'이었다. 봉쇄는 맥도넬이 홍콩

부두의 입구에서 운행되는 중국 관세수입 순양함에 의하여 아편이 포함된 헤로인을 압수당했음을 보고했을 때인 1867년 11월에 시작되었다. 즉 그는 광동의 영사인 로버트슨(Robertson)에게 강렬한 어조의 서신을 보내 헤로인과 그리고 그 화물의 가격을 요구하여 마침내 받아내었다. 버킹검 공작은 영국외무성에 급전을 띄웠다. 그러나 그것은 중국 정부가 그 자국의 이익에 유리하다고 생각되는 방식으로 자국의 해역에서 자국국민에 대한 사법관할권을 행사할 수 있는 권리를 갖고 있는지에 대해 의문을 제기하는 것처럼 보였다.

총독은 다음 해에 9개의 해상 및 육상 관세국이 그 식민지 여기저기에 설치되었으며, 모든 국적의 선박이 정선한 후 조사받았다고 보고했다. 중국인들은 홍콩으로부터의 밀수 때문에 손해를 보았다고 주장했다. 즉 1865년 이래로 북경주재 영국공사인 알코크(Alcock)는 1868년 5월에 외무성을 보내는 한 서신에서 그 주장을 지지하였다. 그 서신에서 그는 홍콩을 하나의 거대한 밀수창고나 다름없는 것으로 언급하였다. 아편은 1858년 텐진조약에 의해 합법화되었다. 그러나 1868년까지 아편은 아편수입관세, 이금세, 그리고 통행세가 납부되었던 조약상으로 개방된 항구에만 입항이 국한되었던 외국 선박으로만 운송될 수 있었다. 그러나 자신들의 정크선이 금지규정의 제한을 결코 받지 않았던 홍콩의 중국인들은 그 규정을 무시하였다. 그 때문에 중국 정부는 정크선이 운반하는 아편으로부터는 수입을 얻을 수가 없었다. 중국인들은 홍콩에 대하여 다른 불만을 품고 있었다. 식민지에서 중국인 왕실 토지 임차인의 수가 비교적 적었다 할지라도 이들이 소유한 선박들에 영국국기를 단 선박에 필적하는 보호를 제공하였다. 홍콩에 있는 중국인 상인들은 유럽인 수입업자나 대리점으로부터 구입한 외국 상품의 지역 도매상인으로서 활동하고 있었다. 그래서 대외교역을 조약에 의해 개방된 항구들에만 국한시키는 이 부담은 방해를 받았다. 그 대응책은 중국인들의 불법교역을 막는 것이었다. 또한 관세 부담의 추가 없이 조약항에 대한 지위상의 특권을 식민지가 주장하였다. 지방의 교역 통제를 위해 광동과 홍콩 사이에서

투쟁이 벌어졌다. 광동태수는 대영제국의 해상 무역관세에 의하여 징수된 광동의 아편 수익의 손실에 대해 그리고 조약항으로부터 내륙에 보내진 아편에 대한 상자당 16달러의 이금세에 대해 우려하였다. 조약항 외부에서 징수된 상자 당 30달러의 아편수입세는 중국 원주민 관세의 징수를 통제했던 중국인 세관원(Hoppo)에게 하나의 문제였다. 이 두 징세기구는 홍콩을 이용하는 모든 원산지 공예품을 나란히 점검하면서 활동하였으며 관세장벽을 형성하였다. 중국인들은 사용된 전함을 구입하는 데 알코크나 로버트슨의 지원을 받았다.

맥도넬은 중국인들의 도전을 책임졌으며 그리고 원주민의 선박을 수색할 권리는 끝없는 분쟁과 적대감을 초래할 것이라고 주장했다. 텐진조약은 아편 수입세를 상자마다 30달러로 고정시켰으나 이금세에 대해서는 전혀 언급이 없었다. 따라서 이금세는 불법이었다. 해안봉쇄를 제도화하는 포고령의 선포는 실제 단지 중국선박만이 영향을 받았을지라도 중국선박과 외국선박에 전혀 차별을 두지 않았다. 그리고 중국 밖의 항구로 가는 선박들은 본토를 향하는 선박들과 마찬가지로 영향을 받았다. 로버트슨은 그것이 아편에만 적용된다는 이유로 중국인의 행동을 옹호했다. 그러나 맥도넬은 그것이 항상 아편에만 국한될 것이라는 어떠한 보장도 없다고 대답했다. 그는 밀수 아편의 양이 많음을 부인했다. 그는 홍콩에 매년 수입되는 아편의 전체를 평균 80,000상자로 산정했다. 그 중 63,000상자는 북부 항구들로 그리고 3,000상자는 캘리포니아로 보내졌다. 즉 그는 홍콩으로부터 1,500상자, 그리고 마카슨으로부터 약 4,500상자의 아편이 밀수입되는 것으로 보았다. 중국인들은 해마다 3,000에서 4,000상자의 아편을 밀수입했으며 그리고 식민지에 관세국 설치가 허용되어야 한다고 요청했다. 알코크는 홍콩에 중국영사관 설치를 제안했다. 그러나 맥도넬은 입법위원회의 지지를 받으면서 이미 지방의 부유한 중국인들에게는 부당한 압력이 상당히 가해졌으며 그리고 만약 이처럼 매우 독특한 장소, 매우 독특한 주민 그리고 매우 독특한 지리적 위치의 존재라는 특별하고 예외적인 상황 속에 있는 이 식민지에 한 중국인 영사관이 세워진다면 그런 부당한 압력은 더욱 상황을 악화시킬 것이라고 주장했다. 마침내 총독은 중국인들의 계획이 비밀리에 준비되었다고 불평했다. 로버트슨과 알코크는 봉쇄 조치에 대하여 알았고 찬성했다. 그러나 총독은 식민지 이익에 실질적으로 영향을 미치는 문제에 대하여 심지어 협의조차도 받지 못했다. 본국 정부는 맥도넬의 마구잡이식의 발언에 반대했다. 맥도넬은 세관 순양함을 '신종 해적선'이라고 묘사하면서 중국 정부를 지지하였다. "당신이 내세운 주장 중의 하나 이상이 과장되어 지지를 받을 수 없는 것이다. 나는 현재 협력이 이루어지지 않은 것에 대해 당신이 책임을 질 것을 주장한다"라고 그랜빌 경(Lord Granville)은 그에게 말했으며, 그리고 봉쇄는 계속되었다. 맥도넬의 무절제한 대항은 어려움을 가중시켰고 해결책을 지연시켰다.

케네디는 봉쇄에 대한 반대를 지지했으나 양보할 준비가 되어 있었다. 그는 1874년에 한 조사위원회를 설립했는데 이것은 중국인들을 관세국 부근으로부터 제거하고 중국의 수출입항에서 모든 관세를 징수해야 함을 요청받아야 한다고 보고했다. 이것이 실패하자 보호무역이 촉구되었다. 케네디는 확실히 식민지 무역은 커다란 방해를 받았으며 아마 상당한 강요가 있었다고 비평했다. 로버트슨은 홍콩에 있는 중국 관세국을 재촉했으며 그리고 케네디는 그것이 인기 없음을 깨달았을지라도 최상의 해결책이라고 생각했다. 1871년에 알코크의 후임으로 북경국재공사에 부임한 웨이드(Wade)는 비록 중국 세관의 감시가 홍콩 섬의 주권을 중국에 넘기는 것을 의미했다 할지라도 홍콩이 조약항으로 간주된다면 그러한 감시를 받아야 함을 제안하기 시작했다. 그 분쟁에 대한 질의를 요청받았던 본국의 상무성은 영국과 비조약항들 사이에 전개되는 교역의 규모가 얼마나 컸는지에 대해 물었다. 케네디는 정확한 정보는 없지만 그것이 사실임을 믿었다. 그리고 종종 정크선 주인들 자신도 자신들이 운송하는 상품이 영국 소유인지 아닌지를 알지 못했다.

식민지에서 봉쇄에 반대하는 불만이 계속 쏟아졌으며, 1875년에 중국의 상인들은 봉쇄를 비난하는 한 진정서를 외무장관에게 보냈다. 돈과 상자가 압수되었으나 이는 광동에 보고되지 않았고 불규칙적인 것으로 추정되었다. 호포(Hoppo) 사람들의 작업을 규제한 법률들에 대해 정확한 진술을 얻어 내는 것은 불가능했다. 영 제국 해상관세국에 소속된 외국인 공무원의 통제 아래 활동하는 유럽인들로부터 명령을 받은 관세징수 증기순양함에 대한 불 만은 전혀 없었다. 그리고 케네디의 구제책은 호포인들을 제외한 그들 관리 들을 전적으로 통제하는 것이다. 그러나 카나본 경은 이것은 상당히 지연되 는 결과를 수반할 것이라 생각했다. 그는 그 문제를 해결하기 위해 보다 더 많은 제안을 하도록 촉구하였다. 케네디는 홍콩에 한 중국영사를 임명하는 것은 모든 사람의 반대에 직면할 것이라고 말했다. 체푸협약에 의해 중국인 들이 식민지를 희생하지 않고 자신들의 합법적인 수입을 보호할 수 있는 어 떤 방안을 모색할 수 있도록 영·중 합동위원회가 설립될 예정이었다.

케네디는 중국인들이 관세국과 관세순양함을 식민지 인근에 배치하도록 허락을 받아야 하며, 그 보답으로 관세율은 협정에 의해 정해져야 하고, 식 민지로부터 나포된 어떠한 정크선도 보고되고 공동으로 조사되어야 하며, 동의를 하지 않을 경우 홍콩의 대법원에 조회를 요청해야 함을 그 해결책으 로 제의하였다. 불행히도 로버트슨은 병에 걸렸고, 위원회의 설치는 지연되 었으며, 봉쇄는 계속되었다.

헤네시는 봉쇄에 강력히 반대했던 맥도넬의 정책에서 출발하여 케네디가 했던 정책보다 한걸음 더 나아감으로써 영국인 공동체의 분노를 불러일으켰 다. 그러나 그가 도착하기 바로 직전에 중국의 관세순양함은 식민지 수역서 아편을 선적한 선박을 나포했으나 커다란 반대에 직면하였다. 헤네시는 압 수된 정크선과 아편에 해당하는 금액을 되돌려달라고 요구했다. 그러나 정 크선 소유주가 세관에 신고조차 하지 않고 밤에 불법으로 항구를 떠난 명백 한 밀수꾼이었기 때문에 중국 관세 순양함은 정크선 소유자의 나포된 재산 을 되돌려주기를 거절했다. 식민지의 여론은 아편소유주에 대한 이 같은 대 우를 중국 정부로 하여금 봉쇄를 계속하게 분명히 촉구하는 것으로 간주했 다. 헤네시는 특별한 장비를 갖춘 무장선박들이 식민지에서 본토까지 운반되는 아편과 소금의 밀수에 가담하였고 1866년의 항구조례를 완전히 저촉하였음을 알았다. 그는 홍콩으로부터의 아편밀수입을 금지하는 법령을 제안했다. 카나본은 정크선의 세관신고에 관한 법률이 처음으로 엄격히 적용되어야 한다고 생각했다. 1877년 8월에 헤네시는 밀수입자에 대한 강경 조치가 취해졌기 때문에 봉쇄에 반대하는 불평이 야기되었다고 보고했으며 그리고 그것이 중국 정부의 허가 없이 어떤 정크선도 그 창구를 사용할 수 없었음을 의미했다는 이유로 중국 정부에게는 그것이 보다 단순하고 나았다.

　홍콩 관리들은 밀수입자들에 대항한 어떠한 조치들을 취하는 것을 확실히 꺼려하고 있다는 것을 보여주었다. 헤네시는 공식적으로 밀수를 후원하는 문제에 관해 카나본에게 불만을 털어놓았다. 그러나 식민성 장관은 홍콩 관리들이 갖고 있던 신용을 누릴 만한 가치가 있음이 입증되었다고 주장하였다. 1878년 3월 헤네시는 1877년 동안의 범선무역은 1876년 동안의 범선무역보다 71,332톤에 달하는 1,186척의 증가를 보여주었고, 봉쇄에 대한 불평은 대부분 중지되었으며 그리고 광동에 있는 로버트슨의 고위관리들에게 세금을 납부했다고 보고했다. 사실 불평은 외국 상인과 중국 상인들 모두로부터 제기되었다. 법무장관과 집행위원회는 밀수를 중지시키려는 항구보고령의 사용을 반대했으며 그리고 상공회의소와 외국공동체는 일반적으로 항구의 이용 자유를 누렸다. 규칙적으로 헤네시의 조언을 받았던 중국인 상인들은 외국인 해운업자들이 입항세와 중국의 관세 양자 모두를 내지 않은데 비해 자신들의 범선이 양자 모두를 지불해야 했던 것에 대해 불평을 했다. 그들은 밀수를 저지시키려는 중국 정부의 시도에 대해 불평한 것이 아니라 면직물 제품과 다른 합법적인 무역을 방해하는 것에 대해 불평을 했다. 헤네시의 해결책은 홍콩에서 모든 아편세를 징수하고 출항허가서를 발급해줌으로써 아편 문제에 있어서 중국 정부를 만족시키려는 것이었다. 소금밀수업에 관해서 그는 중국 정부 관리들에게 군수품 무역의 경우에서 그랬었던 것처럼 그 무역을 허락해 줄 것을 제안했다. 그 대신 중국정부는 세관 봉쇄를 포기하고 출입항에서 아편 이외의 다른 상품에 대한 관세를 징수해야만 했다. 그는 홍콩항의 번영이 주로 의존했다고 생각했던 중국 상인들에 관해 걱정을 하였다. 자유항에 징세 기구를 설치하는 것에 대한 강렬한 반대로 인해 헤네시 총독의 계획이 거부되었고 그 최종 해결책은 몇 년 더 연기되었다.

세관 봉쇄는 아편무역이 여전히 중요하다는 것을 보여주었다. 맥도넬은 1868년 연간 수입이 약 8,000상자 정도이었고 1870년에는 48,742,238달러의 가치가 있는 83,000상자였다고 추산하였다. 대부분의 아편은 조약항들과 중국 각지로 수출되었다. 그러나 헤네시가 폐지하기가 불가능함을 알았던 많은 밀수 행위가 있었다. 왜냐하면 과중한 수수료를 부과함으로써 밀수가 수지맞았기 때문이었다. 헤네시는 시도되었던 봉쇄 해소의 한 방안으로 불법 소금무역을 중지시키려고 노력했으며 그리고 1879년에 집행위원회로 하여금 중국 정부를 제외한 다른 국가에 소금 수출을 금지하도록 유도하였다. 밀수 무역에 대한 실질적인 수치를 제공한다는 것은 불가능하지만 그러나 웨이드는 확실히 밀수무역이 양적으로 중요하다고 주장하였다.

1858년의 톈진조약과 1860년의 베이징조약은 중국의 대서방관계에 있어서 새로운 시대를 열었다. 사업과 다른 목적을 위해 중국에서 여행할 수 있는 권리를 새로이 획득하고 조약항들이 추가 개항됨에 따라 무역은 크게 촉진되었으며, 그 효과는 이 시기에 더욱 눈에 띄게 되었다. 1850년대에 성장하기 시작했던 홍콩의 무역은 이제 더욱 더 팽창하였음을 알 수 있다. 1883년까지 영국의 대(對)중국수입품은 중국에 대한 영국 수출품을 능가했고 그리고 수입품은 주로 차나 비단이었기 때문에 직접 조약항들에서 쉽게 선적될 수 있었다. 홍콩은 영국으로 수출할 중국 상품의 선적을 위한 집합센터로서 역할을 하였다. 이에 비해 이 시기 동안 중국에 대한 영국 수출품의 거의 절반이 그 식민지를 거쳐 갔다. 영국해상세관에 따르면 1880년 홍콩은 중국의 전체 수출량의 21%와 수입액의 37%를 취급했으며 핵심 중개항으로서의 발달은 불공정하게 진행되었다. 홍콩의 대부분의 경제적 자산은 영국국기의 보호 아래 있었는데, 그 보호 덕분에 홍콩은 중국 무역의 많은 부분을 담당하고 있던 대규모 회사들을 위한 편리한 본부가 되었다. 홍콩의 번영은 선적업과 더불어 주로 이러한 관리 업무, 회계, 은행, 보험 등 다양한 중개 업무의 산물이었다. 행정중심지였던 그 식민지의 무역은 몇 년 사이에 중국의 전체 수입액수의 45% 정도에 이르렀다. 홍콩은 또한 중국 연안무역의 중심지였다. 중국 선박회사가 1872년 버더필드와 스와이어에 의해 설립되었고 1881년에 쟈딘 마트슨사에 의해 인도차이나 증기선 회사가 1865년에 광동 및 마카오 증기선 회사가 각기 설립되었다.

수출 및 수입에 대한 수치가 없을 경우 해운업에 대한 수치가 경제적 발전 양상을 설명하기에 충분함에 틀림없다. 1866년 949,856톤에 달하는 1896척의 배가 입항했고, 1,891,281톤에 달하는 총 3,783의 선박이 입항하여 통관 절차를 밟았다. 맥도넬이 제정한 법률이 범선을 통제한 결과 범선 무역의 수치는 1867년부터 이용가능하게 되었으며 그 해에 1,353,700톤에 달하는 20,787척의 범선이 입항하였는데, 모든 선박은 외국 무역에 가담하였다. 범선들은 땔감, 소, 과일 그리고 소금절인 생선을 실어나갔다. 총 5,738,793톤에 달하는 67,716척의 배들이 그해에 입항하였으며, 2,376,320톤에 달하는 4,879척의 선박들은 외국으로 상품을 실어 날랐다.

1874년에 항무관은 1867년부터 지속적인 감소가 시작된 1872년 5월까지 범선무역이 매년 증가했었고, 1872년 5월부터 항구의 봉쇄는 심각한 역효과를 처음에는 초래하지 않았다고 보고했다. 1879년에 범선무역은 여전히 회복되지 않았지만 외국에서 건조된 더 많은 배들이 이제는 중국국기의 보호를 받게 되었다고 보고되었다. 선박들은 아무 항구라도 갈 수 있고 이런 모든 종류의 중국배들은 이제 홍콩 국내무역 전체의 42.36%를 차지했다.

1881년에 범선을 제외하고 항구에 들어온 외항선들은 2,853,279톤에 달하는 3,214척이었고, 이 외항선들 중에서 2,599,461톤에 달하는 2,750척의 배들은 기선이었다. 입항한 범선의 수는 1,620,025톤에 달하는 2,439척이었다.

중국이 홍콩 무역의 많은 부분에서 혜택을 보고 있었다는 결론은 홍콩에서 중국의 부의 증가에 의해 입증된다. 중국인들의 유럽인 자산 매점은 이미 언급되었다. 봉쇄의 한 가지 결과는 중국 세관원의 눈을 피하기 위해 기선의 사용을 늘린 점이었다. 중국은 그들 자신의 이익을 위해 기선을 운용하기 시작했다. 예를 들면 곡아청은 1877년에 13척의 기선을 보유하고 있었다. 1874년의 중국 상인증기회사가 설립되어 중국인이 연안무역을 장악하기를 바랐던 중국 정부로부터 강력한 후원을 받았다.

중국인은 홍콩에서 가장 큰 지방세 납부자가 되었다. 이것은 홍콩의 자유체제의 가치를 입증하는 것이었다. 1881년에 혜네시는 분기당 1,000달러나 그 이상의 세금을 납부했던 납세자는 18명이었으며 그 중 17명이 중국인이었고 나머지 한명은 영국의 가장 큰 상인 회사인 쟈딘 마트슨사였다고 보고했다. 중국은 새로운 지역들을 개방했으며 영국 및 유럽의 제품을 거래할 수 있었고 그리고 서양인들을 위해 제조된 중국 물품들을 홍콩에 있는 외국 회사들보다 훨씬 싸게 매입할 수 있었다. 소규모 회사들의 성장에 유리한 큰 변화가 발생하고 있었다. 1869년 수에즈운하의 개통으로 수송의 속도가 가속화되었고 정규적인 스케줄을 유지할 수 있는 기선의 항해가 자극받았으며 특히 파슨주터빈이 선박 엔진을 개선시킨 이후 무역에 따른 부담이 줄어들었다. 전보는 훨씬 더 중요성을 띠게 되었다. 제조업자들은 홍콩에 있는 중개상들의 판단에 덜 의존하게 되었으며 시장보고서를 단번에 이용할 수 있었다. 홍콩의 상인들은 계속 중개상으로 활동하였지만 순전히 그들이 위협을 받았기 때문에 막대한 이익을 얻을 기회는 줄어들었다. 옛날 중개상들은 금은괴를 중개해 줌으로써 이익을 얻었다. 금괴는 여전히 대량으로 취급되었으나 은행업의 증가로 금괴중개업은 중요성이 감소되었다. 시장을 점유하기 위한 상품의 재고량이 줄었기 때문에 창고의 필요성은 줄어들었다. 진취적인 영국인들이 중국 시장에 들어가려고 함에 따라 소규모 수출입 회사가 생겨나게 되었다. 그리고 이전의 광동회사들은 그들의 독점적 지위를 상실하였다. 그 회사들은 여전히 선박소유자이고 대규모의 도매상인, 중개상인들이었다. 새로운 회사들은 영국에 있는 제조업자들의 중개상으로 활동하면서 변변찮은 일상용품들을 거래하였다.

　홍콩은 수많은 중국인 해외이주민들의 중심지로 남아있었다. 이것은 말라카해협을 사이에 두고 번성하였다. 승객의 왕래로 무역이 발전하였고 다시 돌아오는 이주민들은 종종 금·은괴를 가져왔다. 1866년에 576명이 홍콩을 떠나가고 9,253명이 돌아왔다. 1872년에는 27,721명이 떠나가고 23,773명이 귀환했으며, 1881년에는 70,625명이 떠났으며 52,983명이 돌아왔다. 이것은 자유로운 이주였다. 왜냐하면 계약에 따라 하급노무자들을 이주시키는 악습 때문에 엄격히 통제가 실시될 수 있었던 영국식민지를 제외한 다른 식민지들에서 1867년에 홍콩으로부터 그 노무자들의 이주가 금지되었기 때문이다. 마카오에서 하급노무자 수송의 악습 때문에 어려움이 초래되었다. 1872년 케네디의 총독 부임 직후 한 중국인 대표는 약 800명의 하급노무자 중개인들이 활동하고 있는 것으로 추정되는 마카오에서 이주한 하급노무자들의 채무에 대해 강렬한 불평을 제기하였다.

　킴벌리 경은 홍콩이 이러한 악습에 연루되어 있고 그들에게 마카오의 하급노무자 수송선박들을 제공함으로써 많은 돈을 벌었다는 주장에 대해 어느 정도 사실인지 물음으로써 답변하였다. 그 대답에서 케네디는 그 주장은 사실이며 마카오를 이용하는 거의 모든 하급노무자 운송 선박들이 홍콩에서 정비되었고 그 식민지로부터 생필품을 보급 받았음을 인정했다. 그 법에는 생필품 공급을 금지시키는 어떠한 조항도 없었다. 각 여객선들은 보고되어야 하고 이의가 제기될 수 있는 장비가 설치되어 있지 않다는 것을 감시하기 위해 조사를 받아야 한다고 그 법은 규정하고 있다. 그는 이러한 장비들이 홍콩에서 만들어져서 설치를 위해 바다로 운반되어진다는 점을 인정했다. 1872년 1월부터 7월까지 페루 선박 13척, 프랑스 선박 10척, 스페인 선박 9척, 네덜란드 선박 3척 그리고 오스트리아 선박 1척 등이 하급노무자 운송 무역을 위해 홍콩을 떠나 마카오로 향했다. 킴벌리 경은 그러한 일들은 가장 만족스럽지 못한 것이라고 말하면서 새로운 입법과 여객선들에 대한 보다 철저한 조사를 요구했다. 1860년 이래로 중국으로부터의 이주가 허용되었고 그리고 중국, 프랑스, 그리고 영국 사이의 1866년 협정에 의해 더욱 규제를 받았다. 그러나 1869년에 그랜빌 경은 홍콩이 나쁜 거래에 연루되어 있다는 어떠한 의구심도 없애기 위해 홍콩으로부터 영국 식민지가 아닌 다른 지역으로 중국인이 이주하는 것을 금지시켰다. 이것은 하급계약노무자 이주를 의미하는 것으로만 해석되었고, 중국인의 자유로운 이주는 영향을 미치지 않았다.

그 성과는 어린이나 여성들을 해외로 실어 나르는 선박들을 규제하고 또한 허가를 받지 않은 수리나 정박에 엄청난 타격을 가하게 될 한 긴급 법령이 1873년에 통과되었다. 법령이 통과되었을 때 항구에서 수리를 받고 있던 7척의 이민선이 모두 떠났다. 자유로운 이민은 증가했다. 케네디는 1874년 1월부터 5월까지 7,591명의 하급노무자가 샌프란시스코로 실려 갔으며 1,211명이 대기 중에 있다고 보고했다. 그리고 그는 그들 중 몇몇이 가장 악명높은 지역인 페루나 쿠바로 보내졌으리라는 의구심을 품고서 하나의 경고조치로 페루 및 스페인으로 향하는 모든 이민선의 항구 사용을 금지시켰다. 마카오와 광동행 증기선에 심각한 승객 과밀현상이라는 유사한 문제에 관해 승객수를 제한하는 하나의 법령을 통과시켰다.

제18장 조지 보웬 경과 윌리엄 네스 보외 경(1883~91)

홍콩에서 민간인 충독의 일상 업무는 포오츠머트 시장의 일상업무와 별 차이 없다.

존 포우프 테네시가 이임한 이후의 시기는 비교적 짧은 임기 동안 재직한 두 명의 총독의 재직으로 특징 지워진다. 그들은 1883년 3월부터 1885년 12월까지 재직한 조오지 보웬(George Bowen) 경과 1887년 10월부터 1891년 5월까지 재직한 윌리엄 데스 보외(William des Boeux)이다.

그 중간의 상당한 시기 동안 대리 총독이 정부를 통치했다. 마쉬(W. H. Marsh)는 1882년 4월부터 1883년 3월까지 행정을 떠맡았고, 1885년 12월부터 그가 기사 작위를 반납했던 1887년 4월까지 다시 행정을 떠맡았다. 그는 데스 보외가 1887년 10월 부임할 때까지 육군 소장 카메론의 추종을 받았다. 1890년의 거의 모든 시기 동안 식민지 장관인 플레밍이 휴가 중이었던 데스 보외를 대리하였고 데스 보외의 이임과 그 후임자인 윌리엄 로빈슨 경의 부임 사이 기간 동안 즉 1891년 5월에서 12월 사이에 육군 소장 딕비 바커(Digby Barker)가 대리 총독이 되었다.

빈번히 교체된 총독들은 운이 좋지 않았는데 그 이유는 차드윅의 보고서가 식민지의 철저한 위생에 대한 필요성을 제기하였기 때문이다. 그 식민지는 한 거대한 공공사업 계획에 직면했는데 이 계획의 무시는 차드윅이 발견 성과들에 의해 더욱 부각되었다. 정책의 지속성은 영국의 식민성에 의존하고 있었다. 식민성의 통제를 강화시키는데 기여한 다른 요소들이 있었다. 전보 덕분에 본국에 정책 질의하는 것이 보다 용이해졌고, 식민지 총독들은 더 이상 자신의 판단에만 의존할 수 없었다. 게다가 이제 시험을 치러 충원하는 식민지 군대는 점점 전문화되었고 승진을 위해서는 업무 수행 능력에 더욱 의존하였고 독립적인 노선을 지키려는 경향이 감소했다. 보웬은 아마도 마지막 구식 총독이었을 것이다. 그는 옥스퍼드 대학 출신으로 훌륭한 경력을 가졌으며 브라스노즈에 있는 한 장학재단을 떠나 이오니아 군도의 코르푸대학 총장이 되었고 그리고 1854년에 그곳의 수석장관이 되었다. 이어서 그는 오스트레일리아, 뉴질랜드, 마우리티우스에서 총독직을 역임하였다. 그는 홍콩에서 원로 정치가의 자세를 견지했고 식민성의 지침에 분개하였는데 그 이유는 두 명의 고참관리가 퀸스랜드에서 그의 지휘 하에 근무하였기 때문이다. 보웬은 한때 식민성의 몇몇 관리들을 강력히 비난했고 책망했으며 그리고 외무장관이 그가 받았던 서신에 대하 책임이 있다는 비난을 들었다.

보웬처럼 데스 보외는 식민지에서 자신의 직책이 가장 높아졌을 때 홍콩에 왔는데 그의 식민지 경력은 영국령 기아나에서 유급 치안판사로서 시작하여 캐나다에서 법조계 변호사 자격을 갖추었다. 그는 서인도 제도에서 15년간 재임하면서 대리 총독이 되었고 이어서 피지 총독이 되었으며 뉴펀들랜드 총독이 되었다. 데스 보외는 그 시기 내내 불쾌하게 보냈다. 그는 빈번히 휴가를 신청했으며 양자강에서의 사냥은 그가 좋아하는 취미였다. 그는 1890년 대부분의 휴가를 식민지를 떠나 본국에서 보냈으며 한편 본국에서의 한 사건은 그의 퇴임을 재촉했다. 그럼에도 그는 18년을 더 살았다.

그는 많은 일을 했다. 차드윅의 보고서는 그의 사회 개혁과 거대한 공공토목공사 계획의 방안을 지적했다. 헤네시의 총독 재임 기간 동안 중국인의 거대한 유입과 식민지 공동체에 중국인을 통합시키려는 새로운 정책은 정력적이며 박식한 지도력을 필요로 했다. 봉쇄라는 관습은 아직 해결되지 않았고 프랑스인의 두려움과 러시아의 야심 때문에 새로운 방어 문제가 대두되었다.

마쉬의 당면한 과업은 혜네시가 떠넘기고 간 행정상의 혼란에서 질서를 회복하는 것이었다. 그는 새 병원, 중앙학교, 코즈웨이만의 정크 피난소 건립을 시작하였다. 상이한 부서를 통하여 정부와 교섭하게 하는 것은 인종차별이라는 이유로 이것에 반대했을지라도 등기소장의 직책은 이전처럼 그 중요성이 회복되어 한 사관생도인 러셀의 통제 하에 들어갔다. 그 다음의 긴급한 과제는 차드윅 보고서의 내용을 실천하는 것이었다. 본국 정부가 위생검사관을 신속히 임명해야 한다고 주장하였기 때문에 시립 병원의 약제사인 맥캘럼이 임명되었다. 마쉬는 가장 관련이 많은 공유지 감독관, 등기소장, 그리고 식민지 의사 등 3명으로 구성된 위생국을 세웠지만 세부 지침은 보웬에게 위임하였다. 이 위생국은 파란 많은 여정을 겪게 되었다.

1883년 5월 보웬은 보건국 설치를 위한 통풍시설 설치령과 보건교정법령을 도입했다. 그 세 명의 관료는 공유지 감독관을 의장으로 하는 직권에 따른 위원들이었고 총독이 지명하는 위원은 두 명을 넘지 않았다. 법령에서 제안된 광범한 권력의 결사적인 반대에 부딪쳤기 때문에 그 법령은 철회되었다. 위생국은 위생검사관과 경찰 총감독관이 두 명이 위원으로 추가되어 계속 존속하였다. 그래서 보웬이 1885년에 퇴임했을 때 실제로 이루어진 것은 아무것도 없었다.

1886년에 마쉬는 대표적인 지방세 납부자인 네 명의 비공식위원들을 추가하여 위생국을 더욱 강력하게 만들었다. 따라서 의사 패트릭, 맨슨, 호카이 맥어웰, 그리고 에드가 추가로 임명되었다. 논쟁거리가 되었던 위생에 관한 제안은 1886년 10월에 부분적으로 선출된 시보건국에 광범한 권력을 부여하는 법령의 초안을 제출하였던 강화된 보건국에 의뢰되었다. 건물 내부 공간, 하수도, 통풍, 채광에 대한 고상한 기준이 시행된다면 자신의 비위생적

인 재산에 손실이 미칠까봐 두려워했던 재산 소유자들이 거센 반발을 일으켰
다. 그들은 보상을 요구했다. 지방정부나 위생국은 그 어떠한 보상 요구에도
반대하지 않았지만 영국정부는 그것을 거부하였다. 게다가 중국인들과 그리
고 입법위원회에서 그들의 대표인 의사 호카이도 그 법령에 강력히 반대했
다. 그는 그 법령이 중국인들을 유럽인인 것처럼 다루는 실수를 초래했다고
생각했고 개선된 시설기준은 건물의 가용공간을 축소시켜 지대를 상승시킬
것이라고 주장했다. 대리 총독인 마레론 장군은 재산에 영향을 미치는 논쟁
대상이 되는 모든 조항들 예를 들어 의무적인 뒷마당 공간과 통풍시설에 필
요한 최소한 300평방피트를 요구하는 조항들을 미래의 법령에 떠넘기기로
결정했다. 그리하여 차드윅이 홍콩의 위생 상태를 비난한 지 5년 후인 1887
년 9월에 무력해진 한 법령이 통과되었다. 카메론은 재산권이 공중위생에 대
한 정부의 모든 노력을 크게 방해했는지 아닌지에 대해 의문을 제기하였다.

시보건국의 온당한 제안은 받아들여지지 않았고 1887년 공중보건법령에
따라 위생국이 설립되었다. 위생국의 조직은 4명의 관료 즉 공유지 감독관,
등기소장, 경찰총감독관, 식민지 외과의 그리고 총독에 의해 임명되는 4명
과 그리고 배심원 명단에 이름이 나타나 있는 지방세 납부자에 의해 선출된
2명 등 단지 6명의 추가위원들로 구성되었다. 특권은 제한되었지만 새로 구
성된 위생국은 중요하였다. 왜냐하면 위생국은 시 업무를 처리할 지방자치
기구의 확립을 위한 첫 번째 단계였고 그것은 영국국민들에게만 한정되지 않
았던 대중선출제를 식민지 역사상 처음으로 도입한 것이기 때문이었다.

비록 1887년 법령은 그 핵심 조항의 대부분이 삭제되었기 때문에 약해
졌을지라도 1887년 새로 취임한 총독 데스 보외는 그 법령에 반대하는
47,000명의 중국인들이 서명한 청원서에 직면하였다. 중국인들은 역병과 유
행병이 없음을 주장했고 그들은 변화를 원하지 않았다. 중국인들은 지대상승
을 두려워했고 가옥의 소독에 반대했다. 그럼에도 불구하고 외무장관은 공중
보건 법령을 수용하였다. 가옥들은 1887년에 포기되었던 건축법의 제한을
피하기 위해 무리하게 지어졌다. 그러나 1889년 5월이 되어서야 데스 보외

는 건축 법령을 통과시켰다. 이 법령에서조차 보다 중요하고 보다 논란이 되는 통풍시설과 뒤뜰의 공간을 다루는 조항은 누락되었고, 그 문제는 다른 법령에서 다루어져야 했다. 이런 조항들은 1889년 7월의 왕실령부지 회수 법령에 삽입되었다. 그 이유는 데스 보외가 분쟁을 피하는 최상의 길이 위생 증진과 중재국에 의해 해결되는 보상을 실행할 회수권을 사용하는 것이라고 생각했기 때문이다. 그것은 5년간에 걸친 중국인 지역을 회수하여 건설하려는 것이었다. 외무장관은 단지 임차 계약은 앞으로 보상을 더 이상 요구하지 않도록 작성되어야 한다고 규정하면서 동의했다. 위생국은 부분적으로 그것은 의견이 일치되고 사적으로 고려되었기 때문에 비난을 받았지만 그러나 과밀인구, 비위생적 주거시설, 공기와 채광의 부족, 침실과 방의 더러움에 대처하지 못한 점에 대해 비난을 받은 것은 중국인의 편견과 재산소유자의 이익의 합치된 반대에 대항하는 위생국의 정책을 데스 보외가 실행하지 못한 사실에 기인한다.

위생상태는 비참할 정도로 만족스럽지 못했고 그리고 위생국은 과밀주거를 조사하기 위한 조사위원회를 임명했다. 미첼 이네스와 에드로 구성된 그 위원회는 2년 이상 동안 상세한 조사를 했고 1890년에 발행된 그들의 보고서는 심각한 과밀주거상태를 드러내었다. 그들은 4개 또는 6개의 칸막이로 나누어진 방 심지어는 8개의 조그만 칸막이들로 나뉘어져 가구를 가진 방은 공간의 29%를 차지하는 것으로 추산되었던 방들을 발견했다. 건물의 많은 블록에서는 1에이커에 1,500명이 심지어는 3,235명이 살고 있었고 그리고 745가구가 심각할 정도로 과밀하였다고 보고되었다. 데스 보외는 주거과밀에 관한 공중보건 법령의 조항을 적용하려는 건의에 동의했으며 과밀가옥의 차지인을 다루려는 한 수정법안이 통과되었다. 사실상 1894년에 페스트(흑사병)가 위생제도의 철저한 부적합성을 드러내기까지 위생조건을 개선하려는 어떠한 효과적인 노력도 이루어지지 않았다.

이 같은 우유부단한 정책과는 대조적으로 배수, 급수 그리고 유사한 대규모의 토목공사를 다룬 차드윅 보고서의 다른 부분은 대담하게 그리고 많은 비용을 들여 실행되었다. 차드윅은 타이탐 식수계획을 식민지 건강에 필수적이라는 이유로 강력히 추천했으며 이것은 크게 초과된 것임에 틀림없었던 600,000달러로 추산되는 비용으로 이제 착공되었다. 차드윅에 의해 권고되어 시작된 다른 공공 토목 공사는 음식물 처리, 새로운 주배수로, 하수구, 쓰레기통, 쓰레기 수거의 재조직, 코즈웨이만과 요마티에 있는 치명적인 늪지의 개간을 향상시키기 위한 중앙 시장 건립계획을 포함하였다. 해군과 육군 부지의 바다를 면한 곳에 있는 도로를 통하여 동·서 프라야를 연결하려는 계획이 다시 부활되었다. 채택된 다른 위생 조치 가운데는 불법 행위 감독관의 임명과 돼지 및 양 우리를 감독하는 수의사의 임명을 들 수 있다. 보웬(Bowen)은 또한 공무원들이 종종 휴가를 떠나 없었고, 정족수를 채우기 어려웠기 때문에 재무장관과 중앙등기소장을 추가 임명하여 집행위원회의 의원수를 증가시켜야 한다고 제안하였다. 그는 주요 행정부서의 장관들이 입법의회에서 정부정책을 지지하여야 했기 때문에 그들을 집행위원회에 가담하게 하고 그리고 주례의회를 조직하였다.

더비 경은 사소한 개정을 하면서 이런 헌법상의 개혁을 받아들였다. 공유지 감독관과 중앙등기소장은 입법의회의 공식의원이 되었으며 따라서 그것의 공식의원 수는 5명으로 늘어났다. 상공회의소와 치안판사가 각기 한명씩을 지명하였고, 총독은 중국인 한 명을 포함한 세 명의 의원을 지명하였다. 더비는 최고 치안판사와 장군이 입법의원이 되는 것이 바람직하지 않다고 생각하였다. 왜냐하면 그는 자신의 투표에 의해 정부를 지지하도록 요청받을 수 없었기 때문이다. 그리고 그의 반대는 곤란한 문제를 일으킬 것이다.

보웬은 그 장군이 지브랄타(Gibraltar)와 버뮤다의 총독이 되기를 원했다. "홍콩은 동양의 지브랄타"라고 그는 되풀이해서 주장하였다. 어쨌든 총독이 부재중일 때 그 장관이 정부를 떠맡았다. 그러나 더비는 그 식민지 장관이 그 자신의 능력과 승진을 위한 준비가 되어 있음을 보여 줄 기회가 없었기 때문에 동의하지 않았다. 상공회의소는 홍콩 및 상하이 은행장인 토마스 잭슨을 지명하였다.

상공회의소는 영국인 20명, 미국인 1명, 유럽 국적 보유자 6명, 중국인 2명, 유태인 3명, 페르시아인 1명, 아르메니아인 1명을 포함한 34명의 회원으로 구성되었다. 그리고 보웬은 그들의 지명은 모든 종족과 신앙을 대변했다고 주장하였다. 영국인 62명, 중국인 7명, 페르시아인 7명, 그리고 아르메니아인 3명으로 모두 79명인 치안판사가 모두 영국 국민이었고, 그때까지 꽤 공정하게 대표하고 있는 것으로 간주되었다. 19명의 공식 판사와 나머지 비공식 판사들은 입법의회에서 영국 국민들이 차지하는 비중이 충분하다고 생각하면서 영국에서 교육받은 인도의 유태인 가문 출신인 프레드릭 세슨을 지명하였다.

보웬은 윙솅(Wong Shing)을 중국 대표로 지명하였다. 그는 모리슨 협회 학교에서 그리고 미국에서 교육받았다. 그리고 워싱턴에 있는 중국 공사관에서 리홍장과 함께 근무했다. 그리고 그는 '영국인의 시각으로 중국인의 문제를 직시하거나 중국인의 시각으로 영국인의 문제를 직시할 수 있는 충분한 자격이 있었다.' 그리고 그는 1883년 12월에 귀화하였다. 본국의 법무성 관리들이 총독의 견해를 지지하지 않았는데도 본국으로부터의 훈령을 기다리지 않고 즉시 다섯 번째 비공식의원 한 명을 총독이 임명할 수 있는지 없는지 약간 의심스러웠다. 그러나 중국인들에 대한 어떠한 모욕도 피하기 위해 잭슨은 윙솅이 그 자리를 차지하도록 허락하기 위해 손을 떼었다. 새롭게 구성된 입법의회는 1884년 2월 28일 처음으로 개회하였다. 총독은 개회 연설을 하였고, 의회의 답변은 '정부의 행동과 제안에 대한 그들의 견해를 표명한 헌법상의 기회를 부여하였다. 그러나 그들을 임명할 때에 입법의회가 상하이시의회와 같은 권한을 가져야 한다는 상공회의소의 요청은 더비 경의 동의를 얻지 못했다. 보웬은 입법 의회에서 법률위원회와 공공토목공사위원회를 설립하였다.

특히 1885년 비율이 1% 증가했을 때 시의회의 요구는 계속되었다. 그러나 그 제안은 중국인 647명과 주로 포르투갈인인 98명의 다른 국적을 지닌 납세자들이 있었던데 비해 반대로 영국인 납세자는 단지 83명에 불과했기 때문에 보웬에 의해 저지당했다. 어떤 영국인이 선출될 가능성은 거의 없었다. 그리고 중국인은 상수도, 위생시설, 경찰, 항구, 단속……이런 것들에 관한 중국인의 견해가 유럽의 견해와는 크게 달랐기 때문에 대규모 무역 활동의 전개와 더불어 한 거대한 요새 도시를 중국인들의 통제 하에 두는 것은 불가능했다. 보웬은 입법의회가 대체로 하나의 시의회이지만 그러나 지금은 공동체를 대표한다고 생각했다. 그는 두 가지 추가 개혁을 단행했다. 이제 시의 세율은 주로 입법의회에 의해 결정되게 되었으나, 그때까지 그것은 행정위원회에서 결정되었다. 보웬은 또한 특히 재정적 문제에 관해 비공식적 다수가 완전히 결합된 공식적 소수를 통제하기 위해 사용되지 말아야 한다는 헌법상의 원칙이 일반적으로 받아들여지기를 촉구하였다. 이처럼 홍콩에서 헌정 상의 진보에 대한 그의 공헌도는 매우 컸다.

보웬의 두 번째 큰 문제는 방위에 관한 것이었다. 극동에서 러시아의 계획과 1884~85년의 청불전쟁은 긴장을 야기했다.

그 식민지는 법률로 교역조건을 구체화하는 작업에 착수했다. 홍콩에서의 아편통제가 그 밀무역을 마카오로 옮겨 가게 하는 것이 두려워서 마카오와 협상하고 있던 유사한 협정에 따라 조건 지워졌다. 무장집단이 아편밀무역에 가담하는 것을 금지하는 한 특별법령이 통과되었는데 그 법령에 따라 모든 중국인들은 비록 본국 정부가 법조항에 나타난 '중국인'이란 용어를 '사람들'이란 용어로 바꾸어 그 법률을 모두에게 적용하게 해야 한다고 주장했을지라도 총독의 허가를 받는 경우를 제외하고는 무기휴대가 금지되었다. 현 정부가 '중국인'을 '사람'으로 바꾸어 그것을 모든 사람들에 적용하기를 주장했지만 모든 중국인은 정부위원회로부터 허가를 받은 사람을 제외하고는 무기를 가지게 되는 것을 금지당했다.

1887년 3월에 아편법령이 협정에 따라 도입되어 특히 소규모 무역업자와 정크선 선주들 사이에서 커다란 반발을 불러 일으켰다. 중요한 통제가 유지되었지만 어느 정도의 양보가 이루어졌다. 카메론과 데스 보외는 중국인 관리들이 그 협정에 더욱 강하게 반대했고 그리고 협력하지 않을 것이라 보고했다. 새로운 통제를 수행하고 중국인에게 필요한 정보를 보내기 위해 새로이 설치된 수출입국이 아르메니아인인 세드(A. Seth)의 관할 하에 놓였다 ; 수출입국이 모든 수출입에 대한 정보를 다루기 위해 확대되어야 한다는 제안은 기각되었다. 그리고 아편 등록 기능은 항무관의 소관에 속했다. 1988년 식민지에서 소비되는 아편의 판매독점권이 한때 도급되었다. 그러나 몇 년 동안 문제가 계속되었는데 그 이유는 아편밀수가 많은 이윤을 가져다주었고 그리고 구룡 국경지대에서 빈번한 충돌을 야기하였기 때문이다. 홍콩의 아편 경작자들이 자신이 소유한 아편이 법률규정에 저촉되지 않을 법망의 허점을 이용하면서 상당히 눈에 띌 정도로 중국에 아편을 밀반입해 들이고 있었음이 나중에 드러났다. 비밀결사체의 존재로 인해 아편문제가 더욱 첨예화되었다. 비밀결사체는 식민지생활에서 전형적인 한 특징이었다. 그러나 경찰의 불만과 한 그들의 수는 15,000명이었고 공무원 그리고 경찰들이 그 비밀결사에 가담하고 있었다. 입법의회의 중국인 의원들은 살해위협을 받았는데, 그 비밀결사에 반대했던 3명의 중국인은 살해되었다. 그리고 1886년 12월에 감옥에 불을 지르려는 음모가 있었다. 그들에 대하여 강력한 조치가 취해졌고 그 문제는 보다 덜 심각해졌다.

80년대의 이 기간은 식민지 발전과정에서 그 토대를 형성한 기간이었음을 보여주는 충분한 증거가 있었다. 보웬과 데스 보외는 그들의 임기를 끝내가고 있었다. 그들은 결코 강하지도 않았고 식민지에 오래 남지도 않았다. 보웬은 헌법, 교육, 그리고 방위협정에서 업적을 남겼으나, 그러나 그의 식민지에 대한 공헌이 그가 믿었던 만큼 그렇게 대단한 것이 아니었다는 식민성의 견해에 공감하지 않을 수 없다. 데스 보외는 행정부서들을 시중심지에서 다른 곳으로 옮기지 못하고 공공작업으로서 중앙간척사업을 시행하지 못하고, 위생법에서 재산소유자들의 주장에 제대로 대처하지 못한 주된 책임을 져야했다.

제19장 윌리엄 로빈슨 경(1891~98)

'영국 정부의 보호를 받는 홍콩은 영국인 공동체라기보다는 중국인 공동체가
되었다. 그리고 중국인의 정착은 홍콩의 그 번영에 있어서 하나의 주요한 요소
가 되어 왔다.'

리폰 경(Lord Ripon)이 윌리엄 로빈슨에게 1894년 8월 22일

윌리엄 로빈슨 경은 18세 때인 1854년에 식민성 서기로서 그의 공직 생
활을 시작하였고 일련의 승진을 거쳐 1874년에는 바하마(Bahamas)의 총
독이 되었다. 두 명의 전임총독들과 마찬가지로 그는 출세의 절정에 달했을
때 홍콩총독이 되었다. 그는 매우 유능한 식민성 관리로서 식민성을 잘 알
리고 식민성의 지침에 따르기를 열망하였다.

재산 소유자들과 중국인 공동체의 반대 때문에 챠드윅(Chadwick)이 작성
한 보고서의 지적 사항들이 명백한 경고에도 불구하고 충분히 이행되지 못
한 점은 이미 지적되었다. 1894년 페스트는 조처를 취하는데 필요한 계기가
되었다.

페스트(흑사병)는 중국 연안의 풍토병이다. 1894년 5월에 페스트가 식민지
를 강타했는데 5월 15일에 130명의 환자가 발생할 정도로 치명적이었으나
중국인 사망자의 등록을 요구하는 어떤 법률도 없었으며 페스트에 관한 지
식은 한 거리에서 많은 사람들이 죽었음이 드러났을 때 거의 우연히 알려졌

고 그리고 사망자는 5월 28까지 450명에 달하였으며 그 수는 증가하고 있었음이 드러났다.

페스트에 관한 과학적 지식은 거의 없었다. 위생국의 상임위원회는 필요한 보조법률을 제안하기 위해 설립되었고, 그 보조법률에 따라 적극적인 조처가 취해졌다. 그 조처들은 전염된 지역에서 청소와 소독을 실시하고, 환자들을 강제로 소개시키고, 병실을 추가로 설치하고 가가호호를 방문하고, 위생요원을 추가로 충원하는 것을 망라하였다. 300명의 군병력이 지원을 위해 투입되었으나 그들 중에서 5명의 환자가 발생한 이후 병력 수는 절반으로 축소되었다. 나중에 보조법률은 더럽고 비위생적인 건물이 건강에 해로움을 선포하고, 그것들의 청결을 명령하고 사람의 거주에 부적합한 건물들을 선언하고 그리고 그 거주자들을 이주시킬 수 있는 권한을 부여하였다. 홍콩은 전염병에 감염된 하나의 항구로 선포되었다.

중국인들은 서양의 의약품, 정부의 간섭 및 사생활 침해를 매우 싫어했다. 그리고 주로 군인들이 수행했던 가가호호 방문에 대해 많은 불평을 털어 놓았다. 충화(Tjung Wah)는 중국인 피해자들의 치료를 전적으로 책임지라고 요구하면서 강력히 항의하였다. 그러나 로빈슨은 그러한 항의에 굴복하지 않았다. 광둥에서 중국 여자들이 식민지에 들어가는 것을 경고하고 심지어 페스트 치료에 사용하기 위해 서양의사들이 갓난아기들의 눈을 뽑아 간다는 비난하는 벽보가 나붙었다. 이 소문들은 사실로 믿어져서 학교는 텅 비게 되었고, 수천 명의 사람이 중국 본토로 도피했다. 한 가지 난제는 죽은 사람을 비밀에 부치고 죽어가는 사람을 내다 버리는 중국인들의 관습이었다. 109명이나 되는 페스트에 걸려 죽은 사람의 시체가 6월 어느 날 하루 동안에 한 곳에서 수거되었다. 350가구가 비난 받았고, 7,000명의 중국인들이 자신들의 집에서 쫓겨났으며, 타핑샨(Ta Ping Shan)구의 많은 지역에서 방역선이 설정되고 통행이 금지되었다. 병원선인 휘세이아호(the Hyseia), 케네디 타운의 유리제조공장, 그리고 최근에 완성된 돼지고기 저장소는 임시병원으로 전환되었다. 광둥에서 배외 감정은 고조되었고 그리고 한 자선단체는 모든 환자들을 이송하고 모든 시체들을 처리하려는 제의를 하면서 홍콩에 정크선을 파견하였다. 총독인 로빈슨은 처음에는 그 제의를 거절했으나 나중에 양보를 하여 170명의 환자를 광동으로 이송하는 것을 허락했다.

선박들은 그 항구를 피했고 물가는 오르기 시작했다. 로빈슨은 그 구제책으로 도시의 약 1/10에 해당되는 모든 비위생적인 소유물을 없애야 하고, 엄격한 건물법령이 있어야 하고 그리고 상수도 시설을 증가시켜야 한다고 생각했다. 환자의 절반은 타핑샨 출신이었으며 특별법령이 통과되어 타핑샨 지역의 부지를 다시 찾았고 타이탐(Tai Tam) 급수시설확장 계획안은 승인을 받아내기 위해 본국에 보내졌다. 1895년 1월 비위생적 소유물과 지하주택을 검사하고 그리고 위생국의 권한을 증대시켜 비상사태가 발생하기 이전에 보조법령을 만들 수 있도록 하기 위한 하나의 법령이 공식적인 다수에 의해 강행되었다. 호카이 박사와 벨리리오스(E. R. Belilios)는 양자 모두 그 법령에 강력히 반대했고, 본국 정부는 단지 그 법령이 신중하게 시행된다는 조건으로 그것에 동의했다. 그 법령에 따라 의무적으로 되었던 하숙집에 대한 소독에 반대하는 하급노무자들의 파업은 신중함이 필요함을 보여주었다. 이것은 교역을 더욱 혼란에 빠뜨렸고 그리고 상공회의소는 양보를 촉구했지만 로빈슨은 정부에 대항하는 어떤 행동도 지지하기를 거부하였다. 그는 주모자들의 몇몇을 추방했고 중국인에게 설명적인 통고를 하였다. 다행히 파업은 어떤 폭력도 없이 곧 끝났다.

1895년에 페스느 환자의 수는 매우 적었으나 1896년과 그 다음 몇 해동안에는 매년 봄에 페스트가 보다 많거나 보다 적은 정도로 재발했다. 위생국이 비난을 받아야 함은 불가피했다. 아이레스(Ayres)는 자신의 1895년 연례 보고서에서 아무런 결과도 가져다주지 못한 '길고 장황하고 말 많고 산만하고 두서없는 토론들……'에 대해 언급하였다. 위생국에는 위원이 다수를 차지하고 선출된 위원들도 포함되어 있었으나 그러나 그것은 전적으로 정부의 자금지원에 의존했고, 그 보조법률은 추진된 위생 정책에 궁극적으로 책임이 있었던 입법회의의 승인을 받아야 했다. 따라서 위생국은 독립된 기관이 아니었다. 식민지의 보건의료 관리를 임명하기로 결정되었다. 그리고 그가 위생국에서 자리를 차지하는 정부관리가 되어야 할지 아니면 위생국의 관리가 되어야 할지 그리고 위생국 회의에 조언을 하지만 투표권을 갖지 않고 참석해야 될지에 관한 의문이 생겼다. 결국 보건의료관리는 정부관리로서 임명되었고, 한 명을 제외한 위생국의 모든 비공식위원들은 저항하기를 단념하였다. 1895년에 위생국은 거의 사멸되었다. 그것은 주로 관련된 정부 부서장들의 위원회가 되었다. 로빈슨은 위생국이 폐지되어야 한다는 예산절감위원회의 제의를 받아들였으나 식민성 장관인 체임버린(Chamberlain)은 개헌문제가 대두됨에 따라 동의하려 하지 않았다. 이 때문에 위생국은 자치시의 위원회가 되었다. 로빈슨과 위생국의 다른 반대자들은 정부가 보건의료 관리를 통해서 공중위생에 직접 책임을 져야 한다고 생각했다. 그 동안에 위생국이 위원회를 통해서 활동하는 것을 인정하는 하나의 법령이 통과되었고 공공사업의 책임관, 대리 식민성의사, 경찰총감독관, 그리고 대리 보건의료관리는 일시적인 합의를 거쳐 위생국의 직능을 수행하였다. 입법회의의 비공식의원 모두 위생국의 폐지에 반대하였고, 그리고 로빈슨은 자신의 이전 결정을 번복하고 보건의료관리를 의료부의 장관에게가 아니라 위생국에 배속시켰다. 새로이 구성된 위생국은 비난을 불러 일으켰고 1896년에 로빈슨은 위생국에 공식위원을 다수로 임명할 것인지 아니면 비공식위원을 다수로 임명할 것인가의 문제에 관해 영국인 공동체에서 국민투표를 실시하였다. 투표결과 331 대 31로 비공식위원을 다수로 임명하기로 결정되었다. 이 때문에 체임벌린은 '국민투표라는 기준에 따르는 것은 영국식민정부의 정책과 부합하지 않는다'는 언급을 하였다. 그리고 체임벌린은 위생국의 조직상 어떤 추가 변경도 다음 총독에 떠넘길 것을 제의했다. 그 동안에 페스트는 식민지에서 1896년에 재발하여 맹위를 떨쳤다. 8월 30일에 1,193명의 환자가 발생했고 그 가운데 1,088명이 사망했을 정도였다. 1898년에는 더욱 심각해졌다. 두 명의 영국인 간호사 자매가 자신들의 임무를 수행하던 중에 페스트에 걸려 쓰러졌다.

일본인 의사들은 페스트에 커다란 관심을 보였는데 처음으로 페스트균을 분리해내었다고 주장했다. 그러나 페스트가 쥐를 통해 감염되는지의 여부는 몇 년 후에까지 입증되지 않았다. 중국인들은 채택된 조처에 반대했다. 청소가 진행된 9일 동안 자신들의 집을 비워야 했기 때문에 환자 발생을 보고하려는 중국인은 드물었다. 1896년에 페스트는 광동에서 크게 만연했고, 중국인들의 편견에 대한 양보 때문에 페스트 환자들과 그리고 나중에 시체들을 광동으로 이송하는 것이 허가되었고, 로빈슨은 이런 방법으로 4구의 시체중 1구가 매 이틀마다 치워졌다고 추산했다. 홍콩의 중국인 지역의 각 가정은 10일마다 수색 당했는데 그 혼란상은 쉽게 짐작할 수 있다. 1896년에 자선단체에 속한 2명의 이탈리아 수녀가 페스트로 죽었다. 로빈슨은 주거과밀이 페스트의 근원이라고 생각했고 오래 끌었던 토론을 거친 후에 주거과밀 문제와 그리고 공공사업국에 의한 가옥들의 강제 배수를 다루는 새로운 법률이 통과되었다.

페스트는 광범한 영향을 미쳤다. 그것은 교육 정책에 영향을 미쳤는데 그 이유는 서구 사상에 의해 영향을 받은 중국인들의 수가 매우 적었음이 그제야 인식되었고, 그리고 그 인식은 영어를 더욱 많이 교육시킬 필요성을 제기하였다. 의료부는 재조직되었으나 그러나 이것은 부분적으로 예산절감위원회의 활동에 기인했다. 피네아스 아이레스 박사는 1873년 이래로 식민지 의사로 재직하다가 1897년 퇴직했다. 로빈슨에 의해 좀 바보스럽다고 비난 받았으나 그는 완벽한 분별력을 가졌고 식민지에 대해 열악한 위생 조건을 지속적으로 경고하였다. 식민성은 의료부가 주요 민간인 의료관리로 재조직될 수 있도록 그의 퇴직을 제의하였다. 얼마 동안 보건의료 관리직은 위생국 관리가 차지하였다.

중국인 의사들과 그리고 특히 통화병원도 비난을 받게 되었는데 서양 의사들이 페스트를 저지하는데 실패했다면 중국인 의사들도 마찬가지로 무능했기 때문이다. 통화위원회는 가가호호 방문을 중단할 것과 그리고 모든 중국인 희생자들을 치료하고 그들을 광동으로 보내는 것이 허용되기를 요청했다. 로빈슨은 거절했지만, 그 위원회는 자체의 통제 하에 몇몇 환자들을 병원에 입원시켜도 좋다는 허락을 받았다. 1896년에 아이레스가 떠난 후 정부 의료관리들은 퉁화병원의 폐지와 그것을 정부 빈민병원으로 대체할 것을 요구했다. 이 요구 덕분에 퉁화병원에 대한 조사위원회가 구성되었다. 1896년 12월에 그 조사위원회의 보고서는 퉁화병원이 중국인 환자와 빈민들을 위해 선행을 하였음을 인정했으나 자발적인 토대 위해 허용되는 서양식 치료를 하고 또 이 같은 목적을 위해 서양의술로 훈련받은 한 중국인 외과수련의를 임명하는 것과 더불어 가운데 의료부에 의한 감독을 권고하였다. 퉁화병원 의사들은 모두 정부간섭에 반대했으나 두 번에 걸친 회의 후에 마지못해 홍콩 의과대학과 알리스(Alice)추모 병원에서 외과 수련의 단과대학의 한 개업유자격자였던 의사 청(Chung)의 임명을 단지 그가 정부로부터 보수를 받는다는 조건으로만 마지못해 동의했다. 매일 매일의 소독은 한 명의 의료관리에 의해 실시되었다. 중국인들은 생각했던 것만큼 그렇게 편견을 가지지 않았음이 드러났다. 새로운 준비를 한 처음 한 달 동안에 17명의 중국인 환자가 서양식 치료를 받기를 선택했으며, 매우 이상하게도 치사율은 처음에는 서양식 치료법의 선택에 불리하게 작용했다. 새로운 주요 민간의료 관리였던 앗킨슨(Atkinson)은 퉁화병원에 근무하는 중국인 의사들에게 '돌팔이 의사'라는 오명을 씌웠으나, 런던의 식민성은 퉁화병원을 폐쇄시키려는 모든 시도에 반대하였다.

페스트는 또한 식민지의 기존의 재정상의 어려움을 가중시켰다. 어쨌든 식민지의 재원에 세금부과를 초래하였던 통상적인 공공사업 계획 때문에 그 같은 어려움은 커졌다. 세금부담은 군대의 방어사업 재원마련과 그리고 1890년 군납세의 증가로 말미암아 더욱 가중되었다. 모든 급료가 증가하였다. 파운드환의 송금에 따른 손실과 증가된 생활비를 보상하기 위해 모든 급료가 증가되었다. 같은 시기에 아편 수입은 위협을 받았다. 은의 가치하락으로 파운드화 지급은 자동적으로 더욱 부담스러워졌고 데스 보외(Des

Voeux)가 떠나기 이전에 모든 공공사업에 대한 일시적인 지불정지 명령이 내려졌다. 본국 정부는 아편 거래의 폐악에 민감하였다.

1891년 10월에 크넛츠포드(Knutsford) 경은 아편 소비를 감소시키기 위해 식민지 정부가 아편을 직접 통제할 것을 요구했다. 그는 캘커타에 자리 잡고 있던 아편 위원회와 긴밀한 상호 협조를 하도록 식민지 정부에 지시했으며, 심지어 수입 감소를 무릅쓰고서라도 아편거래를 감소시키는 정책을 옹호하였다. 또한 1892년 4월에 크넛츠포드는 대학에서의 한 문제가 싱가포르와 홍콩에 끽연실의 수가 지나치게 많았음에 기인하였기 때문에 소비를 억제하기 위해 아편가격을 올리는 정책을 실시할 것을 촉구하였다.

로빈슨은 소규모의 재정위기에 직면하였고, 입법회의에서의 자신의 첫 번째 연설에서 식민지의 재정적 어려움을 극복하기 위한 차관문제에 관해 보고할 것을 위원회에 제안했다. 그는 회계체계를 변경시켜 모든 회계를 어느 한 해를 기준으로 파악하게 하였다. 기존 관행은 1월에 결정된 어느 한 해의 회계를 그 다음 해에 적용하는 것이었다. 이것은 1892년의 부기 특성상 170,000달러의 추가 지출을 의미하였다. 대부위원회는 필요할 때 은행에서 지역에 따라 5%나 0.5%씩 초과 인출을 준비하도록 권고했으며 토지가 그 당시 낮은 가격으로 팔리고 있었을지라도 더 많은 토지를 매각함으로써 식민지가 재정적 어려움을 극복해야 한다고 생각했다. 본국 정부는 사채가 아닌 주식으로 200,000파운드를 대부할 것에 동의했으나, 로빈슨에게 그가 더 나은 재정상의 평가를 공표하거나 또는 값싸게 대부받을 수 없었을 것이라고 말했다. 그리고 그 대부액수는 1886년의 괄목할 만한 대부액수에 덧붙여졌다. 수입은 탄력적임이 입증되었고 대부가 필요한지 어떤지는 매우 의심스러웠다. 프라야 간척사업, 그 때 건립되고 있었던 새로운 중앙시장, 그리고 거대한 상수도 및 하수도 건설 계획은 대부에 의존하였다. 모든 다른 사업과 경비는 현행 수입으로 충당되어야 했다. 게다가 어떤 덜 긴급한 사업들은 지출을 감소시키기 위해 연기되었고 정부관직의 축소 또는 병합에 의해 예산절감이 또한 시행되어야 했다. 식민지장관 및 중앙 등기소장의 직책은 합쳐졌고 경찰 총감독관과 교도소 감독관의 직책도 통합되었다. 한 명의 치안판사와 부항무관 자리는 공석이었다. 모든 성직자 직책은 지역에서 충원되어야 했으며, 연금 지불 조건의 개정으로 경찰예산이 절감되었다. 비공식위원들은 정부관리의 봉급을 최초에 허용된 인상분을 제거함으로써 삭감해야 한다고 제안했으며 그리고 1893년 1월에 한 위원회에 식민지 재정을 조사하도록 요청하였다. 국무장관은 자연히 관리들이 예산절감책에 맞서야 한다는 주장에 동의하기를 거부했다. 게다가 1889년에 관리의 봉급을 인상할 것을 제의했던 것은 바로 비공식위원들이었다. 리폰(Ripon) 경은 비공식 관리들과 한 두 명의 다른 정부 관리들로 구성된 예산절감위원회의 설립을 제안했다. 로빈슨이 비공식 위원들 이외에 한 명의 공식위원장과 3명의 다른 관리를 위원으로 추가로 임명할 것을 제안했을 때 비공식위원들은 항의하였고 그리고 그 일부는 예상절 감위원회에서 비공식정 위원들이 다수가 되지 않는다면 근무하기를 거부했다. 로빈슨은 그들의 반대에 대처하기 위해 관리수를 줄였고 그리고 그 위원 회는 이미 토의되었던 예산절감책을 1894년 9월에 보고한 후 권장하였다. 위원회 서기직, 치안판사직 그리고 교도소 감독관직의 폐지와 그리고 급료가 삭감되어야 했고, 많은 부서들은 참모들을 감소시켜야 했다. 그러나 공공사 업을 감축하려는 어떠한 제안도 없었다.

정부관리의 봉급 문제에 관해 급료의 절반이 달러당 3s 4d의 비율로 지불되고 그리고 나머지 절반은 현재의 환율로 지불될 수 있도록 하는 환율보 상계획이 제안되었다. 이 계획은 원칙적으로 채택되었다. 실제로 세입은 탄력성이 있음이 입증되었고 역병이 만연한 해인 1894년에 세입은 예상보다 279,995달러가 더 많았고 전년도보다도 209,068달러가 많은 2,287,203달러였다. 1895년에 추가인지세가 부과되었고 엄청난 추가지출에도 불구하고 적자는 겨우 11,892달러에 불과하였다. 방위세라는 난처한 문제에 관해 살펴보면 그것은 1895년 7월에 식민지세입의 17.5%로 책정되었다. 식민지 세입이 크게 증가된 이래 비공식의원들의 저항의 주된 결과는 식민지가 더 무거운 재정적인 부담을 떠맡게 된 것이다. 비공식의원들은 영국정부에 초과 지불되

었던 우편수입과 같은 순수한 자치시의 수입과 어떤 다른 정부 기업의 수입
이 면제되어야 한다는 조건으로 그러한 기본적 사항을 수용하였다. 그러나
본국 정부는 군대가 총세입의 17.5%를 수령하도록 규정하였다.

　일반적으로 정부의 공공사업계획들은 지속되었다. 1892년에 로빈슨은 개
간지 위에 새 정부청사를 짓자고 제의했다. 거의 모든 부서들은 자체의 수
용력보다 빨리 팽창했다. 오래된 대법원 건물에 입주하고 있던 우체국은 특
히 비좁았다. 그리고 위생국과 같은 새로운 부서들은 사정이 매우 좋지 않
았다. 1896년에 새 정부청사를 지으려는 계획이 다시 제출되어 의회에서 강
력한 후원을 받았다. 두 구역이 계획되었는데 그 중 한 구역에는 대법원과
등기소가 들어서고 다른 한 구역엔 다른 정부 부서가 들어가도록 계획되었
다. 건축 비용은 900,000달러였는데 최고의 설계를 위해 제안된 공개입찰은
국무장관에 의해 거부되었다. 로빈슨은 사무실 임대료를 절약하고 기존 사
무실의 매각과 프라야(Praya) 위에 있는 왕실부지 매각으로 그 비용을 지불
하려 했으나 체임벌린은 정부청사 건립을 위해 새 프라야(Praya) 부지를 선
정하려는 원칙을 반대하였고 그리고 1898년이 되어서야 그는 그 원칙을 받
아들였다.

　타이탐(Tai Tam)호 확장계획이 촉구되었는데 그 목적은 담수 능력을 4
억 갤런으로 증가시켜서 애버딘뿐만 아니라 샤우키완(Shaukiwan)에까지 물
을 공급하려는 것이었다. 1891년에 인구가 14,200명이었던 구룡에서 우물을
파서 저장탱크에 물을 퍼 올리자는 제안이 있었다. 구룡의 성장속도가 너무
빨랐기 때문에 이런 소규모 계획은 매우 부적당하다고 판명되었다. 새로운
중앙상가는 1895년에 완성되었고 중앙배수 시스템은 실제로 완비되었다. 여
러 해 동안 악명을 날릴 정도로 기존 감옥은 부적합하였고 겨우 70개의 독
방만이 갖추어져 있었기 때문에 국무장관은 새로운 감옥의 건설을 요구했다.
데스 보외는 이 감옥 건립 사업을 연기시켜야 했으나 로빈슨은 새로운 감옥
건설에 동의하기를 거절하는 비공식위원들이 커다란 방해가 되고 있음을 알
았다. 그리고 그 비공식위원들은 별도의 독방체제가 중국인에게는 적합하지

않다고 주장하는 호 카이(Ho Kai)의 지지를 받았다. 체임벌린은 마지못해 중앙경찰국과 치안판사에게 감옥이 현재의 위치에서 확장되는 것을 허락해 주도록 요청했다.

재정정책에 대한 비공식위원들의 커다란 관심은 헌정 상의 문제들을 제기하였고 헌법개혁 요구로 이어졌다. 보웬의 개혁 이래로 의회는 모든 조세를 표결처리했고 의회의 재정위원회에서 조세의 합당성을 논의하였다. 이러한 개혁이 식민지주민들에게 식민지 문제에 관한 보다 큰 발언권을 부여하는 경우를 제외한다면 시행되지 않았었을 것이라고 비공식위원들이 생각했음을 알아보기는 쉽다. 광범한 자치권을 가진 상하이 자치시의회의 성공적인 임무수행은 식민지정책에 대한 도전이 되었다. 비록 비공식위원들의 수가 다수를 차지하지는 못했지만 토론에 의한 통치체제 하에서 상당한 영향력을 행사할 수 있었고 실제 행사하였다. 로빈슨의 부임 직후 곧 마찰이 생겼다. 1892년 12월에 비공식위원들은 정부 관리들의 봉급을 1890년도 수준으로 삭감하려는 법안에 찬성 투표하였고 로빈슨은 이 증가된 방위세에 대한 분개와 새 교도소 시설에 대한 국무장관의 주장 때문에 이 같은 투표결과가 초래되었다고 보고했다. 그는 인도, 중국, 호주의 공인은행의 책임자인 화이트헤드(T. H. Whitehead)가 주도하는 일단의 영국인 거주자들이 헌법개정을 원했고 그리고 비공식위원들이 지속적으로 대항하고 사임하겠다는 위협을 가했기 때문에 헌법개정을 보장받으려 했다. 1893년의 전유법안(Apparentation Ordnance)이 다수인 비공식위원들에 의해 정식으로 통과되었다. 그는 화이트헤드가 이끄는 비공식위원들이 공식위원들이 봉급인상의 적용을 받는 이해당사자로서 그 인상에 찬성투표 했기 때문에 그 법안의 통과는 위헌이라고 주장했다. 리폰(Ripon)은 비공식위원들이 어느 정도 공공기금의 특별수호자로 간주될 것임을 인정했으며 그러나 그는 그들의 저항을 지지하기를 거부하였고 그리고 예산삭감위원회(Retrenchment Committee)의 설치를 제안했는데, 이것을 둘러싼 헌법상의 논란은 이미 언급되어 왔다.

1894년에 화이트헤드, 차터(Charter), 잭슨(Jackson), 호카이가 주도하는 지방납세자들은 국무장관에게 헌정 상의 변화를 요구하는 청원서를 보냈다. 그들은 홍콩의 연간무역액이 수년 간 40,000,000파운드의 가치가 있었고, 이 같은 번영이 주로 영국 상인 및 선박소유자들에 의해 이루어져 왔으며 그리고 아직까지 그들은 자신들의 통치에서 단지 적은 몫만을 차지했다고 주장하였다. 그들은 많은 영국직할 식민지가 대의기구를 부여받았고 그리고 그 식민지들은 영제국의 이해관계가 포함되어 있지 않았던 식민지의 지출을 통제하고 자신들의 지역문제를 경영할 수 있는 영국인들의 공통된 권리를 원한다고 말했다. 입법의회에서 영국국적 의원이 자유선거에 의해 선출되고 그들이 대다수가 되어야 한다고 요구했다. 로빈슨은 본국에 청원서를 보내어 최상의 과정은 비공식위원들을 추가시키고 집행위원회에 비공식위원들을 추가로 충원하는 것이었다고 논평했다. 그가 지역문제에 관해 입법위원회의 비공식위원들과 실제로 늘 협의했다고 말했을지라도, 리폰 경은 청원을 진지하게 다루었고 장문의 급송공문서에서 식민지의 진보와 헌정 상의 발전을 세밀하게 검토하였다. 그는 홍콩이 영국의 식민지였기 때문에 번영하였다고 평가하는 쪽으로 기울었다. 그 이유는 유럽인이든 중국인이든 그 식민지에 일생동안 거주한 자는 소수였기 때문이다. 그는 투표자들이 어떤 국적을 가졌는지 그리고 영국인 대표들이 영국본토 출신인지, 아니면 영국국민이 어떤 민족인지를 물었다. 그리고 그는 별다른 어려움 없이 어떤 완벽한 계획도 제출되지 않았음을 보여준다. 그는 그 주요 제안에 반대하였는데 그 이유는 그 제안이 소수의 과두제를 설립하려고 의도했기 때문이다. 그리고 그는 기존 제도가 대다수 주민을 대표하지 않는 대표제였다기보다는 인종과 계급의 어떠한 구분도 하지 않았기 때문에 대다수 주민의 이익을 더 잘 보호할 수 있다고 주장하였다. 그는 입법의회에 비공식위원의 추가임명을 제안했다. 그 경우에 공식위원의 수도 증가되어야 하고 아니면 청원자들이 원한 것은 아니지만 제2의 중국인 대표가 임명될 것이었다. 세 번째로 집행위원회에 비공식위원이 자리를 차지할 수 있었을 것이다. 그러나 청원자들은 여왕의 어떠한 백성도 임명될 수 있으며 반드시 유럽인이어야 하는 것이 아님을 명심해야만 했다. 시위원회에 관해 리폰은 "나는 홍콩에서 하나의 자치위원회가 성립되기를 솔직히 원한다."고 말했으며 그리고 위생국이 하나의 자치기구로 발전하리라 생각했다. 그러나 그는 중·일 전쟁이 계속되는 한 어떠한 변화도 없을 것이라고 덧붙였다.

화이트헤드가 런던에서 자신의 개혁안을 주장했으나 리폰의 결심을 바꾸지 못했다. 비공식위원들은 시위원회에 대한 제안에 불만을 가졌고 1895년 6월에 리폰은 두 명이 집행위원회에 비공식위원으로 임명되어야 하며, 그 중의 한 사람은 인종차별을 피하기 위하여 중국인이어야 한다고 제안했으며 그리고 위생문제를 고려하면서 그는 한 명의 중국인을 선택하는 것이 바람직하다고 생각했다. 그는 또한 입법회의에 한 명의 관리를 더 늘리자는 것에 동의했으며 장군직을 제안했고 소매업자나 숙련노동자와 같은 부적절하게 혹은 완전히 대표되지 않는 계층이나 이해관계를 가진 자를 대표하는 몇몇 대표와 또한 두 명의 비공식 관리를 추가하자고 제의했다. 그는 중국인 주민들이 완전히 대표되지 않았다고 생각했다. 로빈슨은 중국인이 실제로 독립적이지 못하다고 생각했기 때문에 집행위원회에 중국인을 두자는 것에 반대했다. 1896년 7월에 이러한 변화는 이루어졌고 쟈딘 마트슨 회사의 벨어빌(J. J. Bell Irving)과 샤터가 집행위원회의 최초의 비공식위원이 되었고 웨이 육(Wei Yuk)은 입법위원회의 추가 비공식위원이 되었고, 이제 입법위원회는 두 명의 중국회원을 가지게 되었다. 로빈슨은 식민지 주민들이 헌법수정을 실제로 희망했는지를 확인할 수 없었다고 보고했다. 이것은 아마 사실이었을 것이다. 1894년 위생국선거에서 비록 열병의 만연으로 비참한 상태가 초래되었을지라도 500명의 투표자 중 단지 25명만이 찬성표를 던졌다. 이 시기에 극동지역에서의 혼란스런 상황으로부터 초래된 또 다른 헌정 상의 변화가 이루어졌다. 로빈슨을 면담한 후 체임벌린은 식민지 장관이 아니라 장군(General)이 총독의 부재 시에 정부를 통치할 것을 결정했다. 극동지역에서 국제 경쟁관계의 긴장고조로 인해 홍콩에서의 자치요구는 때를 잘못 만난 결과가 되었다.

정직한 행정을 위한다는 명목 아래 모든 정부 공직자는 식민지에서 자신의 주거 목적 이외에 토지와 재산을 소유하거나 또는 상업 활동에 가담하고 또는 지역회사들의 주식을 구입할 수 없다는 한 법안이 1892년 10월에 통과되었다.

사실 중국인들은 자신들이 따로 남겨진 이상 정부 형태에 대해 별다른 불만을 표출하지 않았다. 1897년의 빅토리아 여왕 즉위 60주년 기념제는 영국인 뿐 아니라 중국인에게도 자신들의 요구를 내세울 좋은 기회였다. 샤터가 기념제위원회의 의장이었고, 여성과 어린이를 위한 병원과 그리고 이와 병행하여 간호원 양성기구를 설립하고 섬 주위에 도로를 건설함으로서 그 축제를 부각시키기로 결정되었다. 그 비용은 5,000달러의 정부 보조금과 더불어 공공기부금으로 충당하기로 결정되었다.

극동지역에서의 긴장고조와 방어 특히 해상방어의 문제가 급박해졌다. 로빈슨은 여왕로의 북쪽에 위치한 해군 및 육군지역을 따라 프라야 확장을 확실히 보장받으려 마지막 노력을 기울였으나 성과가 없었다. 1896년 해군성은 조선소를 확장하여 건 도크(dry dock)를 설립하고 군사지역 전체 즉 여왕로 북쪽에 있는 해군 및 육군지역을 가로지르는 개인 소유토지와 개간지를 확보하기로 결정하였다. 이것이 이루어졌고, 육군은 포병부대를 구룡에 있는 '대포클럽 언덕'(Gun Club Hill)으로 옮겼으며 현지 거주자의 반발을 사면서 피크(Peak)의 대규모 호텔을 구입했다. 여왕로는 넓어졌고 약간 더 곧아졌으나 그 도시가 양분된 사실은 변하지 않았다. 구룡의 해군기지 또한 확장되고 결과적으로 구룡의 모든 도로, 로빈슨로와 맥도넬로가 재건설되고 다시 이름이 붙여져야 했다. 구룡 지역에 있는 토지의 처분을 둘러싼 식민지와 육군성 사이의 논쟁은 재개되었고 1904년까지 해결되지 않았다. 군대가 피크로 이동한 사실 때문에 블랙(W. Black) 장군은 매거진 갑(Magazine Gap)과 웡 네이청 갑(Wong Nei chang Gap) 사이에 새로운 군사도로를 건설할 것을 요구했다. 이제 포병대와 기관총부대로 구성된 홍콩의 지원군은 약체화되었는데, 1893년에 로빈슨은 "병력수를 늘리기 위한 모든 노력이 무위로 끝났다."고 불

평했다. 그 본부 건물이 완공되었고 그 해에 지원군 법령에 따라 부대가 조직
되었다. 1897년에 최고 치안판사인 캐링턴 경(Sir J. W. Carrington)이 사령
관이 되었고 새로운 열정을 불러 일으켰다. 그리고 그 부대의 병력 수는 몇
년 만에 최고치인 159명에 달했고 소요 동안에 지원군은 구룡 지역에서 임무
수행을 위해 동원되었다.

가장 큰 규모의 방어조처는 신계지 조차를 위한 협상이었으나 이 문제는
다음 장에 서술하기 위해 보류한다.

그 시기는 긴장의 시기였고 중일전쟁 동안에 엄격한 중립정책이 준수되었
다. 광동인들에 의해 수행된 개혁투쟁에서 로빈슨은 그 식민지가 중국정부
에 반대하는 어떤 음모 즉 그가 취해야 했던 한 행동의 중심지가 되도록 허
용하기를 거절했다. 식민지에서 교육받고 홍콩의과대학에서 개업의 자격을
딴 손문은 1896년 광동정권에 대항하는 음모를 꾸몄다는 이유로 5년 동안
식민지로부터 추방당했다. 그 추방명령이 내려졌을 때 그는 일본에 가 있었
다. 그리고 그는 과연 그 음모가 사실인지 아닌지 문의하면서 영국언론에
호소하겠다고 위협하고 그리고 타타르 요크(Tartar Yoke)의 잔혹함으로부
터 자신의 비참한 동포들을 해방하려는 시도를 하고 있다고 설명하는 하나
의 고상한 편지를 썼다. 이것이 하원에서 문제를 야기했고 로빈슨은 이에
대해 해명해야 했다. 총독은 필리핀 민족주의자들이 그 식민지에 필리핀 공
화국을 조직하고 스페인 식민정권에 대항하는 원정대를 조직하는 것을 허용
하지 않았기 때문에 본국 정부로부터 또한 경고를 받았다.

휴가를 한번도 떠나지 않고 어떠한 그의 전임 총독들보다 더 긴 기간이었
던 6년 2개월 동안 총독을 역임했던 로빈슨은 1898년 여름에 이임하였다.

제20장 19세기 후반의 교육체계

나는 학교에서 학생수가 인구에 비례하여 증가하지 않는 것을 애석하게 생각한다. 그리고 나는 학교 출석부에서 학생의 숫자를 증가시키기 위해 새로운 관심이 기울어질 것을 믿는다.

1891년 9월 1일 크넛츠포드 경이 대리총독에게

1865년 교육국의 폐지는 홍콩에서의 종교교육이 가미되지 않은 보통교육의 도입을 특징짓는 것으로 이해되어져 왔다. 그러나 이것은 부분적으로 사실일 뿐이다. 성경은 학교로부터 추방당하지 않았다. 그러나 국립학교는 교회의 통제에서 벗어나 있었기 때문에 성경을 가르치기 위해 남아 있었던 기독교 교사들의 수는 보다 적었다. 스튜어트는 성경을 가르치는 중국인 교사들이 많은 속임수를 저질렀음을 알았다. 즉 그는 학교의 성경들이 전반적으로 손때가 묻지 않을 정도로 거의 사용되지 않아서 깨끗했음을 알아차렸고, 그러나 마치 학생들이 정기적으로 성경책을 사용하고 있는 것처럼 그가 학교를 방문할 때는 언제나 그들이 성경을 손에 쥐고 있었음을 알았다. 때때로 그는 그 내용을 전혀 이해하지 못하면서도 성경의 2~3장을 암기하고 있는 학생을 발견하기도 했다. 따라서 그는 이와 같은 성경교육이 소용없고 교과과정이 순전히 세속적임에 틀림없음을 깨달았다. 그는 학교에서 기독교의 영향을 유지하기 위해서 어떤 노력도 하지 않았고 기독교의 영향은 점차

퇴색되어 갔다. 이 '신이 없는' 교육에 대해 많은 비판이 제기되었다. 그러나 스튜어트는 교육이 세속적이라는 이유만으로 교육이 비도덕적인 것은 아니며 그리고 유교는 도덕적 교육을 위한 훌륭한 토대였다고 주장하였다. 그는 중국인을 개종시키는 것이 정부의 정책은 결코 아니라고 주장했다.

성경교육의 폐지는 학교에 다니던 중국인 학생들의 숫자에 영향을 주진 않았고 그리고 스튜어트는 1868년 보고서에서 세속적 교육은 시험대에 올라 있으며 만약 종교교육을 시키는 종파소속 학교들이 우수한 것으로 판명되면 세속학교체제는 수정될 것이라고 선언했다. 기독교의 영향은 영국의 교육정책을 지배하였다. 식민지에서의 여론은 이러한 경향을 반영하였고 몇 년 동안 국립학교에서 행하여진 교육을 비난하였다. 그 종교단체들은 그들 자신의 학교를 세우기 시작했고 그들의 성공은 교육에 있어서의 세속주의가 중국인들의 편견에 기반을 두기보다는 유럽인의 편견에 기인되는 점을 입증하였다.

1866년에 스튜어트가 장학사로 있던 633명의 학생이 다녔던 13개의 정부학교가 있었는데, 그 중 중앙학교의 학생수는 222명이었다. 이런 학교들에서 성적 수준은 매우 낮았다. 교사 훈련을 위한 제도는 존재하지 않았기 때문에 스튜어트는 중앙학교에서 가장 우수한 학생들을 교사로 확보하기를 열망했다. 그러나 대부분의 학생들은 외부에서 얻을 수 있는 지위에 매료되어 일찍 학교를 떠났는데 그렇지 않았다면 교사가 추가로 필요하였을 것이다. 1864년까지 스튜어트는 사실상 혼자였으며 마을 학교들을 시찰하는 직무 이외에 중앙학교에서 3개의 학급을 가르쳐야만 했다. 거기서 그는 학생들이 전혀 이해하지 못하면서 유교의 고전 작품을 반복해서 읽고 있음을 알았다. 학교 교육에 알맞은 학생 및 학기의 유지에 대한 그의 주장은 불필요한 간섭으로 간주되어 분노를 자아냈다. 그리고 그는 마을 사람들이 정부학교에 학생을 보내는 것을 호의를 베푸는 것으로 생각하는 점에 대해 불평하였다. 마을학교에 임명된 교사들은 가난하였고 그 대다수가 해고당해야 했다. 스튜어트는 자신이 도착한 바로 직후 타이탐툭(Tai tam Took)에서 한 교사가 노상강도죄로 고발당했을 때 충격을 받았다. 1867년에는 텅 룽 차우 자신이 횡령했다는 이유 때문에 해고당했다. 그의 복직을 위한 마을 주민들의 탄원서가 거절을 당했을 때 학생들의 절반이 자퇴하였다.

1868년에 마을 사람들이 자신들의 학교를 세우도록 도와줌으로써 지역적인 지지를 얻어내려는 시도가 있었으며 그리고 정부의 후원을 받는 새로운 종류의 촌락 학교들은 정부 촌락 학교와 병립 존재하였다. 교육국은 주민들에게 그들의 학교 교사를 선택하도록 허락했다. 그러나 이러한 선택권은 남용되어 폐지되었다. 교육국은 교사들을 임명하고 급료를 지불하였으며 그리고 학교 건물을 세우기 시작했다. 1868년의 새로운 대안적 계획에 따라 마을 주민들은 교사를 선택하는 특권을 가질 수 있게 되었고 그리고 정부는 교사에게 지불한 급료의 절반 즉 매달 5달러씩을 지불하고 마을 주민들은 마을 급료의 나머지 절반과 건물을 제공하였다. 이러한 체제는 제대로 운용되지 못했으며 스튜어트는 마을 주민들이 이 협약에 명시된 자신들의 의무를 이행하지 않았음을 깨달았다.

스튜어트는 감사를 할 시간이 거의 없었고, 그의 방문은 미리 통보되었다. 그는 자신의 방문이 끝날 때까지 책과 함께 학교에 앉아 있는 학생들이 하루에 7푼의 동전을 지불받았음을 알아차렸다. 스탠리 학교교장은 여러 날을 계속하여 학교를 폐쇄시켰다. 그리고 다른 사람들이 교장의 행동을 간파했을 때 그가 기독교인이기 때문에 마을 사람들에게 박해를 받았다는 주장은 사실이 아님이 판명되었다. 1868년의 스튜어트 보고서는 얼마나 그 성취가 미흡했는가에 대해서 의기소침한 사람이 쓴 기록이다. 그는 어떠한 환각에도 빠져들지 않았다. 그가 목표로 삼았던 모든 것은 어린이들을 몇몇 종류의 학교에 데리고 와서 공부를 시작하게 하고, 학교에 질서를 세우고, 그리고 새로운 건물을 얻으려고 시도하는 것이다. 새로운 주택들이 4개의 학교를 수용하기 위해 이스트 포인트(East Point)와 웨스트 포인트(West Point)에 세워졌고 그리고 다른 학교부지는 임대되었다.

1872년에 스튜어트는 원조 받는 학교의 건립계획에서 정부로부터 받는 봉급의 절반이 교사를 지원하는 유일한 수단이며 그리고 주어진 교육은 서구에서 교육이란 이름으로 위엄을 갖춘 고상한 어떤 것에 전혀 못 미쳤다고 생각되었기 때문에 그 계획이 그렇게 유익하지 않은 것으로 드러나고 있었다고 보고했다. 스튜어트는 국립학교 체제를 계속 강화시켜 왔고 그리고 1872년엔 총 학생수가 480명이었던 30개의 국립학교들이 있었는데, 15개교는 독립적으로 유지되었고 그리고 나머지 15개교는 보조를 받았다. 1878년에 여전히 두 종류의 30개 국립학교가 있었는데 총 학생수는 2,101명이었다. 1872년에 스튜어트는 중앙학교를 본떠서 영어와 중국어를 애버딘학교에 도입하려는 실험을 시도했으나, 비록 영어가 빅토리아에 있거나 또는 그 인근에 있는 3개의 정부학교에 성공적으로 도입되었을지라도 그 시도는 성공하지 못했고 그 학교는 쇠퇴하였다. 1875년 교사들로 하여금 보다 큰 효율성을 발휘하도록 하기 위해 현재 장학시찰의 결과를 토대로 하는 보너스 봉급 지불 체제가 도입되었다. 교사는 매우 우수하다는 평가를 받을 경우 25달러, 우수하다는 평가를 받을 경우 15달러를 각각 추가로 지급받게 되었으며, 보통일 경우는 보너스가 없었고 만일 보통 이하의 성적을 받을 경우 해임당해야 했다.

가장 중요한 곳인 국립학교는 스튜어트 자신이 교장으로 근무하던 중앙학교였다. 그 중앙학교는 4개의 시립학교가 혼합되어 시작됐으나 이 학교들은 곧 다른 형태의 학교로 발전했는데 그 이유는 농촌학교들이 순전히 모국어만을 가르치고 있었는데 비해 그 학교들은 조금 앞서 지적된 시도를 제외하고는 영어와 중국어를 모두 가르쳤기 때문이었다. 그는 서양식 방법을 채택할 수 있었으나 커다란 어려움에 직면하였다. 그는 식민지에서 단지 하나의 교과서만이 존재함을 발견했는데 그것은 전 학년이 이용하여야만 했다. 그는 영어과목이 순전히 상업적 가치를 가지고 있기 때문에 채택되었고 남학생들은 영어를 수박 겉핥기식으로 조금 알자마자 학교를 떠났음을 알았다. 학교는 중국인들에게 인기가 없었다. 왜냐하면 학생들이 "뻐기고 우월성을 내세우고, 영어를 모르는 사람을 배제시킨 모임을 만듦으로써, 우리가 기대

할 권리가 있었던 방향으로 학교의 성격과 교육을 발전시키지 않았기″때문
이다. 학교 교실이 부족해서 한 교실을 3개의 학급이 공동으로 사용하였다.
그는 1864년에 유럽인 보조자를 확보했고 1869년에 두 번째의 보조자를 얻
었으며 그리고 1869년과 1868년에는 교실을 추가로 확보하였다. 맥도넬 통
치 하에서 학교는 누구에게나 개방되었으나, 스튜어트는 영어와 중국어를
각기 4시간씩 가르치는 교과과정을 어떤 민족 집단을 대신하여 변경시키려
는 압력에 반대했다. 영제국의 해상 관세국을 위한 시험제도의 도입으로 관
세국에 근무하기를 원했던 많은 학생들에게 학교는 더욱 인기를 누리게 되
었다. 그러나 비판자들은 중국을 위해 학생들을 교육시키는 것이 식민지의
업무는 아니라고 생각했다. 맥도넬은 과학에 관심이 많았고 스튜어트는 실
험실을 갖추고 약간의 수학을 소개할 수 있었으나, 시상제의 도입으로 학생
들이 배우려는 욕구가 커졌고 1869년에는 졸업식 날의 연설제가 도입되었
다. 1870년까지 학생들은 홍콩의 상가에서는 물론 캘리포니아, 일본, 그리고
조약항들에서 보직을 맡아 일하기 시작하였다. 그들을 임용하려는 요청이
쇄도하여 마치 1870년에는 최상급 반의 36명 중 29명이 학년이 끝나기도
전에 학교를 떠났고 평균 248명 중 134명이 그 해 동안 학교를 떠났다. 학
교의 정원을 유지하기 위해서는 지속적으로 학생들을 승진시켜 줘야 했고
이것은 학업성취를 지연시켰다. 스튜어트는 그 해에 학교가 보다 많은 중국
인을 입학시켰다고 보고했다. 그리고 그는 많은 학생들을 위한 초등교육을
해야 할지 아니면 소수를 위한 고등교육을 실시해야 할 것인가의 문제를 제
기하였다. 그 학교는 1871년까지 88명의 중국인 어린이를 입학시켜 학생수
가 440명으로 증가하였고 그래서 새 건물들이 필요하게 되었다. 학교 건물
은 18년이 지나서야 갖추어졌다. 1872년에 해체되고 있었던 모리슨 교육협
회는 한 장학제도를 창설하기 위해 3,000달러를 기부했다. 그러나 정부는 정
해진 그 조건들을 받아들일 수가 없었다. 스튜어트는 신을 숭배하지 않는다
는 비난으로부터 학교를 다시 한번 보호해야 했다. 그리고 스튜어트는 그
주요 목적이 어떤 분야의 감정을 상하게 하지 않고, 공통된 이유로 모두가

만날 수 있었던 하나의 학교의 설립이라고 선언했다. 여학생 교육은 교구주의의 여성교육위원회와 제인 벡스터(Jane Baten)의 노력을 통하여 중국인 소녀들에게 영어를 가르친 좋지 않은 결과에 따라 여전히 시대에 뒤진 채로 남아 있었다. 단지 2개의 국립 여자학교만이 있었다. 그러나 선교회들은 보다 많은 수의 학교를 설립하였고, 1873년에 보조금 지급 계획이 도입되었는데, 이 계획에 따라 지급되는 정부보조금에 대한 감사는 기독교학교들에 대해서는 물론 다른 임의기부제 학교에도 확대되었다. 보조금을 받을 자격을 갖추기 위해 한 학교는 적어도 20명의 학생이 다니는 비영리적인 공립 초등학교이어야 하고 그리고 학교의 조직과 원칙문제에 대해 장학사를 만족시켜야 했다. 하루에 적어도 4시간 이상 수업을 하는 세속적 교육만이 보조금을 받을 자격요건이며 그러나 정부는 종교교육에 대해 간섭하지 않으려 했다. 정부가 교사들의 능력에 만족하고 지불할 수 있는 보조금의 1 / 4이 개인적 보수로서 교사에게 지급되는 한 교사들의 임명은 정부에 달려 있었다. 보조금을 받아내기 위해, 다섯 학급 즉 중국어를 교육하고─영어를 추가하여 중국어를 교육하고, 중국어로 유럽인을 교육하고, 어떤 유럽 언어로 유럽인을 교육하고, 중국어를 추가시키면서 어떤 유럽 언어로 유럽인을 각기 교육하는 다섯 학급을 갖춘 학교들이 있었다. 보조금 수혜 과목은 정해졌고 다루어져야 하는 교과요목은 다섯 학급이 있는 학교들의 각각에서 6개의 기준으로 등급 지워졌다. 보조금은 매년 교육 감사관 또는 정부가 임명한 조사관에 의해 실시되는 연례감사 결과에 따라 지급되었다. 입학에 성공한 각 학생을 I등급과 II등급의 학교들에 대해 기준 1에 대한 2달러로부터 기준 6에 대한 8달러에 이르기까지 다양한 보조금을 지급하였고, 제 2 외국어를 가르치는 고등급과 V등급의 학교들은 추가로 1 / 2달러를 지급받았고, III, IV 그리고 V등급의 학급들의 경우 10달러에 이르기까지 지급받았다. 각 경우에 최저 200명의 출석학생들이 필요하였다.

　본질적으로 그 계획은 스튜어트가 항상 주장했던 것처럼 정부보조금 지급이라는 세속적 원칙을 유지함으로써 종파교육을 둘러싼 영국인들의 논쟁을

회피할 수 있었음을 제외하고는 그 시기의 영어교육법령을 따르면서 교육성
과에 따른 지불원칙을 채택하였다. 등급별 교과서의 부족 때문에 중국어 학
교에 그 계획을 적용시킬 때의 어려움은 인정되었고 그리고 한 위원회가 이
문제를 다루도록 조직되었다.

　모든 종교단체들은 처음에는 자신들의 학교들을 위한 보조금을 요청했지
만 그러나 가톨릭 교도들은 자신들이 그 계획의 세속주의에 반대하였기 때
문에 보조금을 요청하지 않았다. 저명한 사업가들에 의해 주도되는 한 위원
회의 통제 아래 포르투갈인을 위한 비종파학교인 빅토리아소년학교가 계획
되었다. 1873년에 6개 학교가 보조금을 받았는데, 성 도세이비어학교, 성 스
테판학교, 완차이 교회학교(Wanchai Chapel School), 타핑샨에 대버학교,
비종파적인 빅토리아 소년학교, 벡스터 모국어 여학교가 그것들이다. 1874년
말까지 비록 성 세이비어 학교가 없어졌을지라도 보조금을 받는 학교의 수
는 11개교가 되었다. 성 바울대학, 성 스테판교회학교, 그리고 빅토리아 여
학교가 새로이 추가로 보조금을 받았다. 더 많은 보조금을 얻기 위해 학생
들을 고학년으로 진급하도록 밀어붙이려는 시도 때문에 1877년에 그 계획을
약간 변경하는 것이 필요한 것으로 생각되었다. 따라서 그 계획은 1879년 1
월 1일부터 발효되도록 1878년에 수정되었다. 변경된 계획에 따라 1학년과
2학년이 있는 학교들은 5달러에서 10달러, 3학년이 있는 학교는 6달러에서
12달러, 4학년이 있는 학교는 6달러에서 16달러, 그리고 5학년이 있는 학교
는 16달러에서 16달러 50센트에 이르기까지 각각 추가보조금을 받았다. 증
가된 학생수에 따라 지급된 보조금은 평균 200명을 단위로 한 출석자 수에
따라 지급되었다. 그리고 보조금을 받을 목적으로 학생들에게는 세속과목의
추가 수강이 허용되었다.

　헤네시는 교육에 대해 매우 뚜렷한 사상을 가졌고 놀랍게도 강력한 친중
국 노선을 채택한 사람으로서 그는 중국인들이 영어를 더 많이 배우고 중국
어를 더 적게 배워야 한다고 생각했다. 그는 모든 기존 교육체제를 부적합
하고 퇴보적인 것으로 비판했다. 그는 학교의 평균학생수가 2,707명이었던

홍콩과 그리고 크기가 홍콩보다 별로 안 컸으나 14,000명의 학생이 다니는 학교를 보유한 바르바도즈(Barbadose)를 비교하였다. 바하마에서는 총인구의 1/12가 학교에 다녔으며 홍콩에서는 82명당 1명이 학교에 다녔다. 이같은 통계는 홍콩에서 인구가 지속적으로 이동하였고 남자의 수가 압도적으로 많았기 때문에 별 의미가 없었다. 그는 1876년에 기록된 7,998명의 유죄선고자 중에서 3/5가 초범이었고 태형의 절반이 소년들에게 가해졌음을 알았으며 그리고 이 수치는 범죄와 교육의 결핍 사이에 어느 정도의 상관관계가 있음을 의미한다고 주장했다. 그는 학교에서 치르는 시험 문제에 대해 비판을 가했고 종교단체에 의한 보조금지급계획에 대한 비판에 공감하였다. 본국 정부는 모든 이러한 비판에 의구심을 가졌고 정책 변경 시에 신중을 기하고 어떠한 경우에도 실행에 옮기기 전에 세부적인 제안서를 제출하라고 그에게 경고했다. 스튜어트는 헤네시의 태도가 적극적이라고 생각했다. 새로이 보조금을 받는 학교들은 감독업무를 너무 방대한 것으로 만들어 장학사의 직책과 중앙학교장의 직책의 겸직을 어렵게 만들었기 때문에 행정적인 변화가 일어나야 함이 명백하였다. 두 직책은 분리되었다. 헤네시의 희망과는 반대로 본국 정부는 1879년 2월에 런던 선교협회의 에이텔 박사와 한 유명한 중국인 학자를 장학사로 선출하였으나, 이들은 독립부서가 되어야 했던 중앙학교에 대한 통제권을 가지지 못했다. 스튜어트는 이제 교육계를 떠났다. 1879년에 본국에 가서 휴가를 보낸 후 그는 대리 식민지장관으로 부임하였고, 그의 교장직은 배르슨 라이드 박사가 떠맡았다.

1878년 2월에 헤네시는 식민지에서 영어교육 문제를 다룰 한 위원회를 만들었다. 그 위원회는 정부의 노력의 주요한 목적이 영어교육이어야 한다는 총독의 견해를 지원하였다. 중앙학교에서는 교육할당 시간이 변경되어 영어와 중국어를 각기 4시간씩 가르치는 대신 영어는 다섯 시간 그리고 자유선택 과목으로 된 중국어는 2시간 30분으로 각기 할당되었고 그리고 중국어 시험으로 입학하는 기준은 그 학교에서 중국어 수준을 유지하기 위해 상향 조정되었다. 몇몇의 반대자들이 있었을지라도 그 위원회는 모든 국립학교에서 영어를 가르쳐야 한다고 촉구하였다. 그 식민지 장관은 이 결의문이 너무 강렬하고 정부가 중국인들을 교육시킬 때에 중요한 다른 문제들에 주의를 덜 기울일 수 있었던 것처럼 보이게 만들었다고 비판하였다. 헤네시의 정책은 중국어로 비종교적인 교육을 하는 것이 최우선 과제라는 견해를 꾸준히 주장해 온 스튜어트와 대립하게 되었다. 총독인 스튜어트가 가톨릭 교도였다는 사실은 이제 여러 종파들로 하여금 보조금 계획을 너무나 세속적인 것으로 비난하게 만들고 더욱 유리한 조건을 요구하게 만들었다. 1877년 헤네시는 종교단체들에게 자신들의 비난을 공식화하고 그리고 여러 요구를 제안하도록 요청했다. 그 결과 1878년에 보조금 법령이 수정되었다. 공격적인 용어인 '세속적'이란 말은 삭제되어 '수준 있는 과목의 교육'이란 용어로 대체되었다. 그리고 '초등의'라는 말도 삭제되었고 보다 고등수준의 학교들을 설립할 길이 열렸다. 보조금을 받을 수 있는 최소 인원을 200명에서 160명으로 줄이자는 요청은 거절당했다. 그러나 임의기부제 단체들은 보조금제도를 확립할 것을 확실히 보장했다. 총독을 본받아 에이텔은 자신이 근무한 첫 해의 보고서에서 1879년에 교육정책이 완전히 개정되어야 한다고 제안했다. 정부는 초등 영어학교를 설립하고 중국인들의 모국어 학교를 그들에게 넘겨주어야 했다.

중앙학교는 다시 비판을 받았다. 중앙학교에서는 배심원 업무를 맡을 수 있을 정도의 충분한 영어실력을 갖춘 중국인 소년을 한 명도 배출해 내지 못했다. 그것은 하나의 중학교로 되었고, 여전히 수업료는 단지 학교운영 비용의 1/5정도에 불과하였으며 그리고 이 적은 수업료 때문에 임의기부제 중학교의 운영에 어려움이 초래된 경향이 있었다. 모든 국적의 소년들이 학교에 다녔고, 교회는 학교에서 기독교 교육의 부재에 대해 크게 반대하였다. 교회선교회의 허친슨 목사(Rev. A. R. Hutchinson)는 영어를 수박겉핥기식으로 가르침으로서 경제적 이득을 얻으려는 중국인들의 요구에 영합하고 있다고 그 학교를 비난하였고 그리고 학생들의 경박스러움과 자만스러움을 비판하였다. 학교는 초만원이었고, 610명의 학생들에 비해 교사가 4명에 불과할 정도로 교직원의 수는 부족하였다. 1880년에 수업료가 인상되었다. 새로운 학교 설립계획은 지연되었는데, 그 이유는 헤네시가 학교의 직무를 조사하고 그 지위를 대학의 수준으로까지 상승시키기 위해 한 조사위원회를 만들었기 때문이었다. 조사위원회의 활동으로 그 학교는 그 위원회가 대범하게 수용했던 하나의 계획인 보다 진보된 교육을 시키기 위해 지역학교들에서 학생들을 데려오려 했다. 조사위원회는 또한 5개의 학교가 신설되어야 한다고 권고하였다. 국무장관은 분노하였고 그리고 만일 새로운 한 학교가 총독 헤네시의 재임시에 긴급히 필요로 하였다면, 그것은 여전히 더욱 필요하다고 생각했다. 사실 헤네시가 총독으로 있는 한 새로운 중앙학교의 설립을 보장받기 위한 어떠한 성과도 없었다.

다른 측면들에서 보면 1879년의 보조금 규정의 변경과 그리고 중앙학교의 교장직과 장학사직의 분리 덕분에 어느 정도의 진보가 이루어졌다. 1878년에는 2,101명의 학생이 다녔던 30개의 학교가 정부의 지원을 받아 유지되었으며, 1021명의 학생이 다녔던 보조금수혜 학교가 17개교에 달했다. 그리고 영어를 가르치기 위한 야간학교의 학생들 이외에 중국어학교와 로마가톨릭 학교들—가톨릭 학교는 그 당시 보조금 수혜 대상에서 제외되어 있었다—에 2,494명의 학생들이 다녔다고 에이텔이 추산했다. 헤네시가 이임했던 1882년까지 39개의 공립학교와 41개의 보조금수혜학교가 있었는데 학생수는 각기 2,114명과 3,086명이었다. 정부의 감사를 받는 이러한 80개의 학교들 중에서 64개교나 중국어만을 가르쳤고, 모두 여학교였던 2개 학교는 중국어로 서양식 교육을 했으며, 2개교는 포르투갈어로 유럽식 교육을 했고, 6개교는 영어로 유럽식 교육을 했고 그리고 8개교는 영어와 중국어를 모두 가르쳤다. 더 많은 영어교육을 시키려는 헤네시의 시도는 단지 부분적으로 실현되었는데, 공립농촌학교들 중에서 6개교가 중국어는 물론 영어를 가르쳤고, 교장은 특별 수당으로 5달러를 받았다. 에이텔은 공립학교에서 달성된 성적은 보조금 수혜학교의 성적에 못 미쳤다고 보고했다. 그리고 선교단체에 대한 헤네시의 동정적 태도 덕분에 그 단체들의 교육활동은 크게 확대되었다.

홍콩에서 영어를 말하는 중국인 공동체를 설립하려는 헤네시의 계획은 교사양성을 위한 정규학교의 설립으로 이어졌는데 그 이유는 영국으로부터의 교사초빙이 너무 많은 비용이 들었기 때문이었다. 그래서 세 번째로 중앙학교의 교사가 된 메이는 한 명의 중국인 보조교사를 휘하에 두고 교장이 되었다. 10명의 학생이 교사양성을 위해 선발되어 3년간의 교육과정 동안 1년에 48달러씩의 수당을 받았는데, 그들 중 9명은 중앙학교 출신이었다. 불행하게도 헤네시는 주의 깊게 그 계획안을 작성하여 국무장관에게 보고하는 것을 잊어버렸는데, 국무장관은 충분한 설명이 그 계획안에 없었기 때문에 표결로 결정된 지원계획이 취소되어야 한다고 요구했다. 그러나 그는 헤네시의 긴급전보를 받고 그 계획이 교사들을 위해 기대되었던 휴가와 모든 경비, 전체적인 목적, 그리고 요구된 어떤 계약의 성격에 관한 충분한 보고서를 계속 보류시키도록 허락했다. 그는 첫해 동안 학생들이 수당을 받도록 허용하였으나 그러나 그 과정의 2번째, 3번째 년도에는 수당지급을 중지시켰다. 그 학생들이 정부의 비용으로 그 학교에 숙박할 수 있어야 함이 드러났다. 헤네시는 이러한 사실을 보고하지 않았고, 킴벌리도 이 같은 숙박이 역시 일시적으로 지속되어야 한다는데 동의했는데 헤네시는 1882년 4월에 이처럼 불만을 품은 채 교사양성계획을 가지고 식민지를 떠났다. 매달 25달러를 받고 그 과정이 끝나갈 무렵에 5년간 가르쳐야 한다는 계약이 강력히 제기되었을 때, 세 명의 학생이 곧 학교를 떠나 7명이 남았고 1883년 9월에 이 최초의 교사양성 시도는 끝을 맺게 되었다. 단지 4명의 학생만이 남았고, 두 명은 교사가 되었고, 한 명은 정부의 동역자가 되었으며, 최초 학급의 4명은 텐진 의과대학으로 진학하였다. 재조직된 중앙학교가 교사들을 더욱 저렴한 비용으로 양성할 것이 기대되었다.

보웬은 1883년에 부임하였는데 새로운 중앙학교의 설립과 교육기회의 확대에 전념하였다. 그는 또한 모든 공립학교에서 영어를 가르쳐야 한다는 주장을 옹호하였는데, 그 이유는 부분적으로 그가 정부의 서기관이나 말단 직원을 충원하기 위해 영어로 치르는 시험제도의 도입을 원했기 때문이다. 더비는 영어의 장려로 인해 중국어 교육이 등한시되어서는 안 된다고 다시 한 번 촉구했다. 보웬은 목표로 설정된 더욱 향상된 수준을 인정하면서, 자신들의 가장 좋은 학교들을 대학이라 불렸던 종교단체들과 보조를 맞추기 위해 그리고 그 학교 학생들이 지역학교 학생들보다 통상 나이가 더 많았다는 이유로 중앙학교가 빅토리아대학이라 불려야 한다고 또한 제안하였다.

보웬은 12명의 학생들이 중국황제의 군대에서 보직을 맡도록 초빙받았음을 1884년 연설의 날에 발표했다. 그 식민지가 중국의 이익을 위해 교육경비를 떠맡도록 촉구 받아야 한다는 비판이 있었다. 그러나 보웬은 그 같은 경비부담이 식민지에서 영국의 영향력을 증대시킬 것이라고 주장하였다. 1885년 새로운 교사의 건축이 새 학교의 필요성을 둘러싸고 배트슨 라이트(Bateson Wright), 공유지 감독관 프라이스 사이의 의견대립으로 인해 1년 가까이 지연되었다. 그리고 1886년에 재정긴축정책으로 인해 또 다른 건물의 건축이 중단되었다. 1884년 4월에 건물의 초석이 놓여졌지만, 그 학교는 960명의 학생을 입학시켜 빅토리아 대학이란 이름으로 개교되었을 때인 1889년이 되어서야 완공되었다.

학교의 어려움은 이제 거의 끝났다. 베트슨 라이트와 에이텔 사이에 학교에 대한 감사를 둘러싸고 지속적인 논쟁이 벌어졌는데, 이 때문에 장학사는 여전히 공동으로 책임을 지고 있었고 그리고 1894년에 학교는 장학사의 권한을 떠난 총독위원회(Board of Governors)의 통제를 받았다. 교사들이 중국어를 배우거나 가르치는 것은 강제적이었다. 그러나 이점은 만족스럽게 수행되지 못했으며, 중국어 과목이 채택되는 경우는 제외하고는 모든 교육이 영어로 이루어졌다. 1894년에 그 학교의 교명은 여왕대학(Queen's College)으로 바뀌었다. 그러나 대부분의 학생들이 비교적 나이가 들었을지라도, 그 학교는 굉장한 교명과 매우 비싼 수업료에도 불구하고 다른 자유로운 정부학교들과 거의 같은 정도의 영향력을 미친데 불과하였다.

정부학교는 아주 적은 수의 여학생들을 받아들이는 경향이 있었는데, 여학생들은 대개 미션스쿨로 보내어졌고 거기서 여자 교사들로부터 교육을 받았다. 1888년 에이텔은 중앙소년학교에 필적하는 소녀들을 위한 정부학교의 설립을 제안했으며 그리고 중국인들이 영어로 배우도록 그 학교에 그들의 딸을 보낼 것인지 아닌지를 알 수 있을 때까지 부지를 임대하기로 결정하였다. 첫 여교장이 1890년 1월에 부임하였고 1890년 3월 1일에는 그 학교가 개교되어 34명의 학생이 입학하였다. 12월에는 학생수가 45명이 되었으며 학교는 곧 새로운 부지를 필요로 하였다. 1889년 8월에 벨리리오스(Belilios)는 자신의 이름으로 명명된다는 조건으로 건축 비용으로 25,000달러를 기부하겠다고 제의했고, 어느 정도의 반대가 있은 후 그 제의는 받아들여졌으며 벨리리오스 학교(Belilios School)라 불리는 학교가 1893년에 개교되었다. 학교는 모든 국적의 소녀를 입학시켰고 두 학과 즉 영어과 및 중국어과로 조직되었다. 그 학교는 번창하였고 1898년에는 539명의 학생이 있었는데 그 중 233명은 영국인이었다.

자신의 짧은 체류기간 동안 보웬은 1884년에 의학, 법학 또는 토목공학을 영어로 공부하도록 3개의 학교 즉 중앙학교, 성요셉학교 그리고 성바울 학교 출신의 학생들에게 국한된 두 종류의 정부 장학금제를 도입하였다. 첫 번째 장학생은 유라시아인인 보스남(W. Bosnam)이었는데 그는 토목공학을 공부하기 위해 영국에 갔다. 그를 영국에 보내어 학업을 마친 후 식민지로 되돌아오게 만드는 데 약간의 어려움이 있었다. 1887년에 장학금을 받기 위한 시험이 캠브리지 대학교에 위임되었고 식민지 전체에 개방되었다. 그 계획은 1894년에 에이텔이, 적당한 후보자가 거의 없었고 그리고 장학생이 식민지로 되돌아와야 한다는 어떠한 조건도 없었기 때문에 식민지는 아무런 혜택도 얻지 못했다고 보고함에 따라 중지되었다. 한명은 네이탈(Natal)에 다른 한명은 중국해안(China Coast)에 각기 정착했고 그리고 또 다른 한명은 영국에 남아있었다.

교육은 계속 매우 느리게 진보했다. 정부가 유지시키거나 원조하는 학교들은 특히 촌락들에서 종종 초라한 오두막에 지나지 않았으며 그리고 1887년에 식민지에 있었던 204개의 학교 중 10개 내지 12개의 학교만이 버젓

한 건물을 갖고 있다고 보고되었다. 비록 중앙학교, 빅토리아 대학, 성요셉 학교, 성바울 학교, 그리고 주교관구 학교들은 초등교육 이상의 수준을 목표로 삼기 시작하고 있었을지라도 교육성과는 매우 저조했다. 보조금을 받는 학교들은 성적과 건물의 기준을 설정하였고 촌락의 공립학교들은 기반을 잃어가기 시작했다.

1883년에 중앙호적등기 소장으로서 스튜어트는 지역담당관을 통해 모든 홍콩학교들을 조사한 결과 7,758명의 학생이 다니는 180개 학교가 있음을 알았다. 이 중 2,080명의 학생이 다니는 39개교는 공립이거나 정부보조학교였고, 3,517명의 학생이 다녔던 48개교는 특정종파의 보조를 받았고, 그리고 1161명의 학생이 다녔던 103개교는 정부의 감독을 받지 않았다. 그는 대부분의 학교에서 학생들이 과밀하였고, 그 건물은 오두막집에 불과하였으며 그리고 어린이의 1/3만이 학교에 다녔다고 추정하였다. 이 보고서로 말미암아 의무교육에 대한 요구가 생겨났다. 그러나 홍콩의 경우 부적절한 것으로 생각되었다. 1888년 교육보고서에 대해 논평을 하면서 크넛츠포드경은 홍콩 어린이의 과반수가 교육받지 못한다는 점이 불만족스럽다고 불평하였다. 그는 학교교직원의 고용을 주장하였고 그리고 홍콩에서 중국인들에 대한 교육상태를 조사하도록 요청하였다. 크넛츠포드는 또한 일반교육의 여건에 대해 어떠한 커다란 진보도 이루어지지 않은 것은 명백하며, 교직원 출석을 촉진시키기 위해 최선을 다하는 것이 필수불가결하다고 또한 불평하였다. 이른바 '누더기 보트'라는 학교계획, 하녀들의 강제출석제도, 그리고 청소년 노동법안과 같은 다양한 제안이 이루어졌다. 1883년에 보조금 지급 규정의 개정으로 보조금 지급기준이 되는 단위 학생수가 200명에서 100명으로 감소하였고 보조금 수혜 학교들이 보다 많은 후원을 받았다.

1890년까지 교육부 산하에는 4,656명의 학생이 다니는 76개의 보조금 수혜 종파학교와 2,514명이 다녔던 36개의 정부학교를 포함하여 7,170명의 학생이 다녔던 112개의 학교가 있었다. 빅토리아 지역에서는 5,856명의 학생들이 등록한 71개교가 있었으며, 구룡지역에 있는 17개교에는 528

명의 학생이 다녔고, 섬의 촌락들에 있는 24개교에는 7890명의 학생들이 다녔다. 학교는 모든 학생들이 다닐 수 있는 거리에 있었고, 그리고 20명 이상의 어린이들이 있는 모든 부락은 부락 자체의 학교를 보유했다. 교육에 지출되는 비용은 총예산의 2.8%였다. 중국식 교육을 하는 학교는 86개교(다수 학교의 추가로 어느 정도의 기독교교육을 하였다.), 중국어로 유럽식 교육을 하는 학교는 3개교, 포르투갈어로 영국의 초등학교 형태의 교육을 하는 학교는 4개교, 약간의 부차적인 교육과 더불어 영어로 영국인을 교육하는 학교가 8개교, 그리고 중국어와 영어를 결합한 초등교육을 하는 영-중(Anglo-Chinese)학교가 14개 있었다. 학교들에서 여학생의 수는 1880년에 학생들 중에서 18%를 차지하였으나 1890년에는 32%로 증가하였다. 데스보외는 원조를 받는 촌락학교의 몇몇을 인수하면서 수업료를 폐지하고 그리고 학교비품과 더 나은 교육여건을 제공함으로써 촌락을 도왔는데, 이러한 조처들은 부분적으로 홍콩교육이 단지 중간층 이상만을 대상으로 하였다는 비난을 막기 위해 이루어졌다. 빅토리아에서 모든 학교들은 인종과 신앙의 어떠한 부자연스러운 차별을 없애려는 노력의 일환으로 그리고 민족들 사이에 존재하는 좁힐 수 없는 간격에 대항하는 힘으로써 어떠한 국적의 학생도 입학시키는 경향이 있었다(1887년 보고서). 대부분 정부학교와 정부보조학교는 수업료가 무료였고 중앙학교, 다른 중등교육학교, 그리고 사립학교는 학생들에게 수업료를 납부케 하였다.

윌리엄 로빈스경의 통치 하에서 교육의 진보는 느렸다. 엄청난 방위비, 엄청난 공공사업비 그리고 의병 때문에 재정긴축이 초래되었다. 영국인에 대한 장학금은 1894년에 중단되었고, 그 해의 역병 만연으로 학교는 실질적으로 텅 비게 되었는데 이는 어린이의 눈과 간이 역병의 치료에 필요하다는 근거 없는 소문에 부분적으로 기인하였다. 긴축재정의 필요성 때문에 교육비 삭감이 초래되었다. 이 점을 고려하면서 로빈슨은 1892년 11월에 자신의 입법의회 연설에서 "우리의 목표는 모든 부문에 걸쳐 보조금 계획을 확대하는 것이고 교육사업을 후원하는 것이다"라고 선언했다. 바꾸어 말하면 그의 목적은 교육비의 일부를 종교단체에 떠넘기려는 것이었다. 25명 미만의 학생이 다니는 모든 정부 학교는 근처에 다른 학교가 있다면 폐쇄되었다. 그리고 이 규정으로 인해 10개교가 문을 닫았다. 에이텔은 보조금을 받는 교사들의 봉급이 부분적으로 시험결과에 따라 차등 지급되어 교육이 더욱 효과적이었기 때문에 그 조처가 유익하다고 주장한다. 그 보조금 법령은 7학년에 보조금을 허용하기 위해 1893년에 개정되었고, 더 나아가 중등교육으로의 길을 준비했다. 그 법령으로부터 두 종류의 학교가 없어지고 세 종류의 학교 a) 지방어 학교, b) 중국어로 유럽인을 교육하는 학교, c) 유럽어로 유럽인을 교육하는 학교가 남게 되었다. 1894년 역병의 발생 이후 위생측정에 대한 중국인들의 비타협적 태도에 직면하게 된 에이텔의 주장처럼 영어로 이 식민지의 중국인들을 향상시킬 목적으로 학교들에서 중국어를 가르치기보다는 영어교육을 강화시키기로 결정하였다. 1895년에 어떠한 신설 남자 학교도 영어로 유럽식 교육을 하지 않는다면, 보조금을 받지 못할 것이라고 공표되었다. 그러나 이 정책은 너무나 어려워서 실행에 옮길 수 없었다. 영국 어린이를 위한 별도의 학교설립에 대한 강력한 요구가 있었고 1898년에 구룡에서 그러한 학교설립계획이 구체화되었다. 의무교육은 채택되지 않았지만 그러나 비록 1894년에 역병의 도래로 그의 유능성 평가가 불가능해졌다 하지라도 이전 해에 한명의 장학관이 임명되었다. 캠브리지 지역 시험은 1887년에 채택되었는데 그러나 이것은 중국인의 비용으로 영국이 학생들을 다그쳐서 공부시킨 결과였다.

중국인들은 정부의 승인이나 또는 조사가 없이 전통적 중국식 교육이 이루어지는 그들 자신들의 모국어 학교를 계속 후원하였다. 1898년 통화는 보다 가난한 계층을 위한 6개의 무료학교를 설립하였다. 수업료를 받는 중국인 학교가 102개교였다. 정부의 감사를 받지 않는 이 108개의 학교는 거의 2,500명의 학생이 다니고 있었다.

선교학교는 가장 크게 발전하였는데, 보조금이 더욱 유리한 조건으로 주어졌을 때 특히 1898년에 정부의 감사를 받는 학교는 115개교였다. 이 중에는 5,882명의 학생들이 다닌 보조금 수혜 학교가 100개교였고, 1,445명의 학생이 다닌 정부학교가 15개교였다. 인가된 학교는 이제 가장 큰 기여를 하고 있었다. 인가받은 학교 중 74개교는 일등급으로 모국어를 가르쳤으며, 3개교는 중국어로 유럽식의 교육을 하였고, 그리고 23개교는 3등급 학교였는데 일반적으로 영어로 교육하였다. 1898년 주요 자체단체는 미국인 선교회, 바젤선교회, 교회선교회, 그리고 웨슬레 선교회 등이었다. 여성교육협회는 제인 박스터의 업적을 지속시키기 위해 1885년 창설되었다. 그녀는 1865년 죽었지만 그녀가 설립한 학교는 계속되어 왔다. 레이몬디 주교는 가톨릭 학교를 팽창시키고 보조금 규정을 잘 파악하여 정부로부터 허가를 확보하는 데에 도움이 되었다. 성요셉 대학은 성 세이비어 학교를 재정비하는 방법으로 설립되었고 그리고 1876년에 영국국교회 주교 버든은 성 바울 대학이 1867년 신학교로의 역할을 상실한 후 그것을 하나의 학교로서 부활시켰다. 주교 관구 고아원은 1860년 설립되었는데 결국 주교관구의 소년 및 소년학교로 성장하였다. 여왕대학, 성 요셉 대학, 그리고 성 바울 대학과 더불어 이러한 학교들은 19세기 말에 식민지에서 주요한 학교들이었다.

에이텔 경은 교육감사관의 직위가 1879년에 중앙학교의 교장직과 분리되었을 때 임명되었기 때문에 교육감사관으로 18년간 근무한 후 1897년 8월에 은퇴하였다. 학교를 독립부서로 만들려는 의도가 있었지만 그러나 감사관과 교장이 함께 1개년의 시험에 대해 공동책임을 지도록 한 것이 실수였는데, 그 결과 에이텔과 베트슨 라이트는 지속적인 분쟁에 휘말려 들었다. 에이텔은 식민성의 신뢰를 결코 얻지 못했고, 그는 교육장이 아니라 학교 장학사로 규정되었고 그리고 일찍이 1894년에 이미 그의 은퇴 가능성에 대해 의문이 제기되었다. 사관학교 장교인 브레윈(A. W. Brewin)이 그의 장학사직을 계승하였는데 브레윈은 그때 중앙호적등기부 소장으로 일하고 있었다.

제21장 사회·경제적 여건(1882~98)

55년간에 걸친 영국의 통치 후에도 홍콩에 있는 대다수의 중국인들이 거의 영국화되지 않은 것은 불명예스럽다고까지는 말 못하더라도 놀라운 것이다.

1895년 11월 25일 입법회의에서의 윌리엄 로빈슨 경의 연설

이 장에서는 위에서 언급되어온 교육과 공중위생에 관련된 발전 이외에 19세기 후반 동안의 경제적, 사회적 발전의 일반적인 윤곽을 제시하려 한다.

중국인과 외국인은 따로 떨어진 공동체에 살고 있었는데 친중국적인 혜네시가 인기가 없었기 때문에 그러한 괴리는 확대되는 경향이 있었다. 총독은 신축예정인 가옥형태를 규제함으로써 유럽인들을 위해 그때까지 유보시켜 두었던 중앙여왕로와 그 인접지역에 중국인들이 이주하도록 허용하였다. 중국인 가옥을 지을 부지는 유럽인들의 거주를 위해 유보해 둔 지역보다 훨씬 가치가 있었다. 왜냐하면 중국인들의 가옥부지는 훨씬 밀집될 수 있었고 그래서 유럽인의 가옥을 철거하여 그것들을 중국인의 가옥으로 대체시키려는 것은 경제적 측면에서의 주장이었다. 또한 중국인의 인구증가로 인해 역시 피크(The Peak)지역이 자신들에게 유보되어야 한다고 주장한 유럽인들의 이용가능한 공간이 축소되었다. 1888년에 유럽인 특별 거주지 법령에 의거하여 케인로(Caine Road) 지역에 유럽인의 특별거주지가 창설되었다. 이 법

률에는 어떠한 인종적 차별도 기술적으로 포함되어 있지 않았으며 그리고 중국인들은 그 지역에 자유롭게 거주할 수 있었다. 그 지역에서는 가옥의 양식이 일정한 기준에 따라야 한다는 제약이 있었다. 그 자체로서 중국인에게 불리했던 법률은 영국의 제국주의 정책에 지속적으로 대립되었으며 이를 본국 정부는 경계하고 있었다. 1884년에 프랑스 선박에 대해 하역을 거부했던 중국인 노무자들에 대한 벌금면제는 이미 언급되었다. 1886년에 세관봉쇄를 종식시키려는 중국과의 아편조약에 따라 무장한 채 밀수입하는 것을 겨냥한 하나의 법률안이 통과되었다. 그 법률에 의해 모든 중국인들은 무기휴대가 금지되었다. 스탠호프 경은 그 법령을 일반적으로 적용하기 위해 '중국인'이란 용어 대신 '사람들'이라는 용어를 사용해야 한다고 간략히 대답했다. 또한 리폰 경(Lord Lipon)은 전염병이 퍼졌을 때 중국인의 홍콩입국을 규제하는 1895년 4월에 통과된 법안을 그것이 중국인에게만 적용되어서는 안 된다는 점을 이유로 수락하기를 거부했다. 헤네시가 총독직에 재임했던 기간에 중국인 공동체의 지위는 입법의회의 상임의원들의 도움으로 지속적으로 상승했다. 1843년 이래 존속해왔던 중국인에 대한 야간통행금지제도가 폐지되고 그들이 다른 사람들처럼 같은 지위를 보장받게 된 때인 1897년에 한 중요한 제도개혁이 이루어졌다. 그 해의 한 법령은 야간통행이 총독의 명령에 의해서만 요청되어야 함을 결정했다. 또한 중국인의 정서 차이에 따라 1899년에 그것이 마지막 송 황제의 도주를 기념한 이래로 중국인을 위한 특별한 관련을 가졌고 채석에 의해 위험을 받았던 암각비문을 보존하기 위한 한 법령이 통과되었다. 중국인들이 과거에 그러했던 바와 같이 그렇게 추종적이지 않았다는 불평이 새어나왔다. 1895년에 전염병 예방을 위한 보건규제령에 반대하는 중국인 노무자들의 파업기간 동안 대중집회에서 연사들 중의 한명이었던 그랜빌샤프는 정부로 하여금 양보하도록 촉구해야 한다고 외쳤고 그리고 여러 해전에 모든 중국인 노무자들은 모자를 벗고 한편에 서 있었으나 '지금은 그렇지 않다'고 불평했다. 그러나 그는 같은 연설에서 '우리는 중국인을 필요로 한다'라는 점을 인정하였다. 중앙호적등기소장인 러셀은 매우 유능하였다. 그리고 1888년에 대법원의 재판장으로 승진하기 전에 중국인 사회로부터 존경을 받고 있었다. 1888년에 중앙호적등기소장은 행렬과 극장, 호적등록, 그리고 순라군을 통제할 권한을 부여받았다. 동시에 1858년의 한 법령에 의해 그는 중국인의 보호자의 지위를 부여받았으나 그 권력을 결코 행사한 적이 없었기 때문에 항의를 받았다.

챠드윅 보고서에 의해 요청된 보건입법의 논의과정에서 대두된 출생, 혼인, 그리고 사망을 등록하는 영국의 관행을 도입하자는 제안을 둘러싸고 한 가지 어려움이 발생하였다. 등록의 부재 때문에 유럽인의사가 진료에 가담했던 통화병원, 프랑스인 및 이탈리아인 수녀원을 제외하고는 중국인 사망자를 정확히 통계내기란 불가능하였다. 아이레스는 1892년에 중국인 개업 의사들이 정부의 무료진료기관에서 자유롭게 일할 수 있는 계획을 제시하고 홍콩인과 대학의 의사 개업 유자격자들이 필요한 정보를 확보하고 이용될 수 있었다고 생각했다. 중앙호적등기소장은 중국인들이 서양의술에 대하여 편견을 가지고 있었기 때문에 사망원인에 대한 어떠한 조사도 반대할 것이라고 생각했는데 이와 같은 편견의 강도는 유럽인 의사에 의해 이용되어 왔다고 주장된 전염병 치료를 둘러싼 잘못된 소문으로 드러났다. 1886년에 타이탐 터널 건설 계획을 둘러싸고 그와 유사한 소문이 퍼졌다. 1891년 4,075명의 중국인이 사망했는데 그중 63%는 사망원인이 밝혀지지 않았다. 1896년에 민간인의 결혼을 허용하는 결혼법률이 수정되었다. 동시에 출생과 사망의 등록에 관한 법률이 강화되었다. 대중이나 자선단체에 인정된 아이들의 출생에 관한 상세한 내용이 제시되어야 했다. 로빈슨은 그것이 지역관습을 존중하는 전통적인 영국정책에 일치한다고 생각했다.

헤네시가 총독직에 부임한 이래로 많은 중국인들은 영국국적을 취득하기를 원했다. 그때는 어떤 손쉬운 국적취득 절차도 없었는데 '귀화'는 특정 개인이나 법인에게만 적용되는 법률제정에 의해 허용될 수 있었다. 그 식민지에서만 영국국적을 수여했던 지역 법령에 의한 행동의 관행은 1880년에 에이텔 박사에 의해 시작되었다. 1880년에서 1900년까지에 걸쳐 53개의 그 같은 법안이 통과되었고 이 법안들 중 단지 3개만이 중국 이름을 가지지 않은 사람을 그 적용 대상으로 삼고 있었다.

통화병원은 가장 중요한 중국인 자산단체로 남아있었다. 마쉬는 1882년 3월에 그 위원회가 중국인들이 청원서를 제출하고 자신들의 불평을 털어놓았던 일종의 법정으로서 행동하고 그리고 그것은 광동관리들과 일본정부와 직접 교섭하겠다고 불평했다. 킴벌리 경은 그것의 진정한 기능을 회복하도록 요청하는 과정에서 주의를 촉구했다. 1883년 8월에 통화위원회는 도박에 대해 보다 강력한 조처를 촉구하는 대표단을 보냈다. 그것은 또한 결혼한 여자가 자신의 남편으로부터 도망치면 범죄를 저지른 것으로 선언되는 하나의 법률을 원했으나 그 위원회는 사적인 자유를 제한하는 그런 법률은 통과가 불가능하다는 말을 들어야 했다. 이것은 어떤 경우에도 이루어질 수 없었는데, 이 점은 영국법에 어긋나는 어떠한 법률도 식민지 입법부에 의해 통과될 수 없다는 거부원칙에 기인한다. 1886년 봄에 통화의 책임자들은 광통관리들로부터 광통지방의 홍수피해자들을 위한 기금을 모아 3,100달러를 인도하라는 지시를 받았다. 그들은 그 지시를 거절했으며 그리고 그들 자신들의 가족이 위협받고 있다고 마쉬에게 불만을 토로하였다. 그 결과 중국지방 회계담당자는 통화로부터 어떠한 돈도 요구하지 말라는 경고를 받았다. 통화는 유행병의 만연으로 가장 커다란 시험에 직면하였고, 이미 설명한 바와 같이 그 시험에서 가까스로 살아남았다.

한 중요한 자선단체인 포렁쿡(Po Lung Kuk)은 뮈차이(Muitsai) 즉 어린이를 노예로 삼기 위해 두 명의 소녀를 매입한 악폐에 대항하여 투쟁한 이 시기에 생겨났다. 이 악폐는 재판장인 존 스말 경이 뮈차이는 노예들이고 어린이들을 파는 제도는 영국법에는 상반된다고 주장했을 때인 1878년에 조사의 대상이 되었다. 이 관행은 인정된 하나의 중국관습이었으나 불행하게도 그 어린이들에 대해 많은 학대가 자행되었다. 어린 소녀들은 부도덕한 목적에서 홍콩이나 해외로 팔려나갔다. 부모들은 사기를 당한 나머지 자신들의 딸에 대한 통제권을 포기하도록 유도되었고 그리고 많은 어린이가 유

괴 당했다. 이것에 대처하기 위하여 포렁쿡이라는 하나의 단체를 결성한 것
이다. 그들은 학대를 제거하는 데 주력함으로써 뮈차이 관습을 유지하기를
원하였다. 헤네시는 열성적으로 그 단체를 후원하였으며 그 단체에 150,000
달러에 해당하는 매우 값비싼 부지를 제공하였다. 그러나 그 약속이 이행되
기도 전에 그는 총독직을 떠났다. 통화가 법인단체로 되었던 것처럼 그 단
체를 법인단체로 만드는 것이 불가능함이 드러났다. 그러나 정부와 더불어
그 규범은 합의되었고 공식적으로 1882년 8월에 모습을 드러내었다.

  중앙호적등기소장인 러셀은 1883년 이 문제에 관한 본국 정부의 염려를
표명한 킴벌리 경이 요청한 어린이 문제에 관한 상세한 보고서를 작성하였
다. 러셀은 돈의 지불이 수반되는 입양은 중국에서 흔히 있는 것이라고 보
고하였다. 남자아이들은 상속인을 가질 필요성 때문에 양자로 채택되었고
여자아이들은 가정노예로 삼거나 그 이후에 팔아버리기 위해 입양되었다.
어린이거래행위는 자주 1달러 이상의 가치를 지닌 선물을 주고받는 행위로
서 간주되었다. 킴벌리는 모든 입양 어린이를 호적에 등록시켜야 하며 입양
은 돈의 지불에 의존해서는 안 된다고 제안했다. 러셀은 중앙호적등기소장
의 권한이 더욱 증대되어야 하고 그는 학대를 막기 위해 포렁쿡의 위원회와
함께 일해야 하고 그리고 어린이들을 매매하는 행위는 사라져야 한다고 주
장하였다. 보웬은 이 주장에 동의했다. 그리고 뮈차이 관행을 유지시키기를
원했던 중국대표단은 만약 그들이 자신들의 목적을 위해 고의적으로 영국영
토에 거주하기를 선택한다면 그들은 영국법의 보호를 받을 자격이 주어지는
반면에 반드시 영국법을 준수하는 것을 배워야만 한다는 지시를 받았다.

  1885년 5월에 중앙호적등기소장에게 필요한 권한을 부여하는 한 법안이
지연되었는데 그 이유는 법무장관이 그들의 권한이 너무 과대하고 유괴에
대처하는 기존 법률은 적절하다고 생각했기 때문이다. 더비 경은 중국인 및
포렁쿡과 의논하면서 법령에 의한 조치를 요구하였다. 1887년 4월에는 여자
및 어린이들을 보다 잘 보호하기 위한 한 법령이 통과되었고 그의 수락을
받았다. 여자와 소녀들을 위한 피신처가 이제 필요하였다. 1890년 8월에 중

국인 공동체는 16세 이하의 소녀들을 보호하는 조항이 16세 이하인 첩을 선택할 수 있는 중국관습과 충돌하였다는 이유로 이 법령의 몇몇 조항에 반대하는 진정서를 제출하였다. 호 카이는 입법의회에서 이 견해를 옹호하였다. 크너츠포드 경은 법령은 있는 그대로 유지되어져야 하고 그 법령에 따라 기소할 때 철저하게 신중을 가해야 함에도 불구하고 중국인이 16세 이하의 첩을 취하는 것은 기소당하지 않는다는 어떠한 약속도 주어지지 않는다는 결정을 내렸다.

이제 포렁쿡을 위한 한 수용소를 짓기로 결정되었다. 2층 건물이 1891년에 세워졌는데 위층은 가정집이었고 아래층은 5개의 상점으로 이루어졌는데 이 건물의 임대료는 가정집의 경비로 지불될 것임이 기대되었다. 포렁쿡은 그 집을 운영하기 위한 보조금으로서 상점의 임대료를 원했으나 정부는 임대료가 국고에 귀속되어야 한다고 주장했으며 그리고 정부는 만약 개인적인 기부금이 적당하지 않다면 그 집의 유지에 기꺼이 보조를 하려고 했다. 그때 포렁쿡은 그 집을 떠맡기를 거절하였다. 크너츠포드 경은 가능한 한 빨리 어떤 것이 이루어지기를 원한다고 대답하면서 그 혼란상태를 비판하였다. 1892년 중앙호적등기소장으로서 로카르트는 더욱 관대한 견해를 가졌으며, 그는 통화처럼 이제 법령에 의해 편입되기를 원했던 포렁쿡의 작업에 유리하게 보고하였다. 한 법안이 1892년 4월에 도입되었으나 그러나 그것을 표결하기에는 많은 문제가 야기되어 포렁쿡을 조사하기 위한 한 위원회가 설립되었다. 이것은 입법의회에 영향력 있는 비공식위원인 화이트헤드에게 그가 통화에 대해 그랬던 것처럼 그 단체를 반대할 기회를 부여하였다. 포렁쿡 법령은 결국 1893년 5월에 통과되었다. 그 단체는 중앙호적등기소장을 회장으로 삼고 간부위원회의 지배를 받았다. 그리고 입법의회의 한 중국인 구성원은 부회장인 총독에 의해서 선출되었다. 그 단체는 뉴스트리트에서 상점들 위의 공간을 임시로 차지하는 데 동의하였다. 1895년에는 8,600달러어치를 팔았고, 7,900달러는 통치비용으로 사용되었다. 정부는 20,000달러를 주었고 중국인들은 재개된 타핑샨 지역에 차지하고 있는 1896년 11월에 완공된 새로운 집에 대해

30,000달러를 기부하였다. 그 단체는 선행을 계속하였다. 1888년에서 1895년
에 걸친 기간 동안에 5,543명의 사람들이 집으로 되돌아가거나 또는 남편을
찾거나 만족스러운 가정에 입양되는 등 많은 도움을 받았다. 돈을 지불함으
로써 어린이를 입양시키는 폐단은 계속되었고 이것은 영국의회가 1922년에
그러한 취지로 결의안을 통과시키기 전까지는 불법으로 선포되지 않았다. 그
문제는 결국 1928년과 1929년의 법령이 통과된 이후에야 비로소 해결되었다.

도박에 대처하는 법령이 있었음에도 불구하고 그것은 계속되었으며, 중국
인들은 도박이 크게 증가하였고 그 결과 많은 사람이 자살했다고 주장하면
서 1883년에 한 진정서를 제출하였다. 보웬은 한 조사위원회를 설치했으나
성과는 거의 없었다. 1890년에 그 문제에 관해 한 질문이 제기되었다. 데
스 보외는 도박은 허용되거나 아니면 완전히 억압되어야 한다는 견해를 가
졌으며 그리고 그것이 정보제공자를 격려하였기 때문에 비밀자금지원을 중
단시켰다. 중국의 사설 단체들에서 도박하는 것은 어떤 법률에 의해서도 영
향을 받지 않았다. 도박은 자유로운 증기선과 음식이 제공되었던 중국의 구
룡지역에서 대규모로 성행하였다. 크너츠포느는 이 악폐에 대처할 법령의
제정을 원하였다. 홍콩에서 도박은 경찰의 보호를 받으면서 지하에서 계속
번창해 나갔으며 뇌물수수에 문제가 생길 경우에만 조사를 받았다. 예를 들
면 도박장의 경영자가 경찰에 대처하는 정보를 주었던 때인 1886년에 그
도박은 공개적 조사를 받았다. 한 조사관 및 통역자는 건물 뒤에 숨겨졌고
53명의 중국인 경찰이 돈을 받는 장면을 목격하였다. 중국인 경찰들은 모두
기소당하여 벌금형을 선고받았다. 그러나 항소심에서 그 선고는 경찰의 단
속이 입증되지 않았다는 기술적인 이유로 철회되었다. 다음 해에 도박에 대
한 다른 조사위원회가 구성되었다. 1887년 도박장을 습격했을 때 뇌물을 받
은 경찰관들의 이름이 발견되었다. 조사 결과 두 유럽인 조사관들과 한 유
럽인 경사가 정직되었고 22명의 중국인 형사들은 추방되었다. 1887년의 그
조사위원회는 도박에 대처하는 어떠한 조치도 취하지 않았고 그러한 조처가
중요하다고 생각한 사람은 소수였다. 따라서 1887년의 경찰의 추문사건으로

하나의 충격이 야기되었고 많은 경찰관이 해임되고 경찰력이 완전히 재편되었다.

이 기간 동안의 다른 사회적 사건들은 간략하게 검토할 수 있다. 유행병인 천연두는 1887년에 크게 만연하였고 1888년 2월에는 어린이에게 강제로 종두예방접종을 시키기 위한 법령이 통과되었다. 또한 아이레스는 자신의 1887년의 연례보고서에서 낮은 임금을 받고서도 장시간 일했던 병원 직원들을 비판하였다. 병원 지배인은 환자에게 속한 재산을 횡령했다는 죄목으로 수감되었다. 여 간호사는 재판을 받게 되었다. 성 빈센트 드 폴에 근무하는 5명의 간호사가 새로이 임명되었으나 그녀들은 특별임무수행을 위한 훈련을 받지 않았고 그 병원은 야간작업을 하기에 충분치 않았다. 1890년에 데스보외의 제안에 따라 영국인 간호사들이 석방되었고 그것은 성공적인 것으로 드러났다. 1895년에 중국인 간호사를 충원하려는 제안이 있었다.

1887년에 중국인을 위한 홍콩의과대학의 설립은 서양인의 영향력을 확대하는 데 있어서 주목할 만한 요소였다. 그 대학은 서양식으로 중국인에 대한 무료진료 문제와 사망증명서를 발급하는 문제에서 비롯되었다. 런던선교협회의 의사 영은 타핑샨에 있는 그 협회의 예배당에서 중국인을 위한 무료 의료봉사 활동을 시작했고, 그리고 1882년에는 그와 영국에서 변호사와 의사 자격을 동시에 취득하여 막 귀국했던 중국인인 호 카이는 중국인을 위한 무료 대중 병원을 옹호하는 한 위원회를 만들었다. 이 계획은 철회되었다. 그의 영국인 부인인 알리스가 죽었을 때 호카이는 무료로 운영될 한 공중병원을 기념으로 세웠다. 동시에 그는 3년의 서양의학 과정을 갖춘 한 임상학교가 병원과 함께 설립되어야 한다고 피력하였다. 그 계획은 교육을 위해 식민지에 있는 유럽인 의사들의 적극적인 후원에 의존하였다. 이 유럽인 의사들 중에는 아모이에서 기생충에 관한 의학연구를 이미 수행했던 맨슨도 있었다. 그와 젊은 의사인 하티간 조르단도 조력하였다.

1886년 7월에 알리스 추모 병원의 초석이 놓여졌을 때 대만의 타코우에서 설립된 학교와 유사한 내과 학교가 이미 텐진에 설립되어 있었다. 이와 유사한 외과 및 내과 학교의 설립을 위해 런던선교협회는 14,000달러를 기부하였고, 그 협회의 의사인 차머는 8,000달러를 모금했고 그리고 벨리리스가 자신의 장학금 이외에 5,000달러를 기부하여 그 대학은 마침내 설립되었다. 지역의사들의 지원은 매우 중요했으나 런던선교협회와 마찬가지로 중요한 공헌을 가리는 경향이 있었다. 대학은 1887년에 개교하여 두 명의 학생을 입학시켰다. 그 두 명 중 한명은 손문이었다. 의사들은 봉사를 했고 대학은 사설기관으로 남아있었다. 정부는 초연한 입장을 취했고 어떠한 공식적인 승인이나 지원을 하지 않았다. 로빈슨이 1894년 재정안정을 위해 대학에 2,000달러를 주었음에도 불구하고 그 대학은 인가를 받지 못했다. 그 대학의 조직은 스코틀랜드의 전례를 따랐다. 그것은 선출된 교구목사와 법원의 통제를 받았으며 그리고 학장은 교육에 대한 책임을 졌다. 또한 모든 교사, 사무원, 유자격자, 후원자 그리고 업무에 종사하는 사람 등으로 구성된 고문위원회도 있었다. 수업료는 1년에 60달러였고 나중에는 40달러로 줄었으나 벨리리스가 세운 장학재단이 있었고 정부는 3학년 학생들에게 장학금을 주었다. 장비는 주로 통화병원이 제공하였다.

1891년에 영국국교회는 식민지 교회 목사였던 윌리엄 제임스가 물러났을 때 마침내 해체되었고 그 성당은 조직과 성당 주교의 임금을 떠맡았던 교회기구에 양도되었다. 데스 보외는 주일 노동 문제를 제기하였고 1884년의 주일 정부업무금지 선언을 재도입할 것을 주장하였다. 이것은 무시되어졌지만 철회되지는 않았다. 공유지 감독관은 주일 정부업무를 금지시킬 경우 경비가 10%나 증가한다는 이유로 금지에 반대하였다. 그리고 그 제안은 철회되었으나 1891년에 일요일 화물운송작업에 반대하는 한 법령이 통과되었다. 1887년 빅토리아 여왕의 즉위 60년 기념제는 중국인 상공위원회의 설립에 의해 그리고 1896년에 모습을 드러낸 여왕의 즉위 60주년 기념상에 의해 특징지어졌다. 1885년에는 행복계곡의 배수로가 완성되었고 입법의회의 희망대로 그것은 보웬공원으로 불리게 되었으나 옛 이름은 계속 남아있었다.

중국정부와의 관계는 1886년에 세관봉쇄조치의 해제로 완화되었다. 1883년에 더비 경에 의해 제안되었듯이 홍콩에 거주하는 한 중국인 영사의 임명에 대해 여전히 반대가 강렬하였다. 보웬은 중국에게 영사대표권을 부인할 어떠한 타당한 이유도 없다는 점에 동의했으나 그러나 만약 중국인 주민들이 영국정부에 의존하지 않고 중국인 영사들에게 의존한다면 불편한 것이라고 생각했다. 홍콩 주재 영국영사관을 설립하려는 제안이 1891년에 다시 제기되었으나 또다시 커다란 반대에 봉착하였다. 텐진 조약의 본국송환 조항을 둘러싸고 특히 영국인들이 어떤 범죄자를 인도하기 전에 먼저 조사를 해야 한다고 주장하였기 때문에 어려움은 계속되었다. 그리고 확실한 일단의 증거가 결코 없었던 자를 인도하기를 거절하였기 때문에 중국인들은 크게 분노하였다. 해적행위로 그들이 기소했던 한 사람을 체포하였다. 나머지 8명은 체포되었고 그들이 체포한 죄수는 방면되었다. 1886년 중국이니 관리들은 그들이 원했던 한 중국인을 영국기선에서 잡았기 때문에 그들은 또다시 외무성을 통하여 항의를 받았다. 몇몇 경우에 중국인이 자신들의 본국송환에 대항하여 영국법정에 항소했다. 그리고 1887년 데스 보외는 한 조사를 하는 데 소요되는 5,000~6,000달러의 비용 때문에 본국송환 결정을 변경시킬 것을 제안했다.

보다 광범한 무역 방식에 중국을 개방시키려는 요구가 있었다.

제22장 신계지

홍콩 및 영국령 구룡의 중국인 주민들을 단순히 처우하는데 대한 지식은 차지지역 주민들로 하여금 기꺼이는 아니라 할지라도 침착하게 영국의 재판관할권을 받아들이게 유도할 것임이 추정되었다.

헨리 블레이크 경이 위법회의에 보냄 1899년 10월 11일

윌리엄 로빈슨은 1898년 1월에 본국으로 떠났고 그의 후임자인 헨리 블레이크 경은 그 다음 해 11월에 도착했다. 그리고 그 중간 시기에 육군소장 블랙(Black)이 행정부를 관리했다. 블레이크의 가장 중요한 임무는 1898년 6월 중국에 의해 영국에 조차될 새로운 영토를 인수하는 것이었다. 그리고 그 영토는 여전히 신계지라고 불렸다. 식민지 경계선의 확대는 1884년에서 1885년까지 벌어진 중·불 전쟁의 결과 통킹을 획득한 후 중국의 남부지역을 장악하려고 위협을 기했던 프랑스에 대한 두려움과 극동에서 러시아의 팽창에 대한 두려움에 기인한다. 그 같은 확장은 또한 1893년 노불 동맹의 체결로 인한 극동지역에서 세력균형의 변화와 그리고 극동지역에서 독일의 영향력 확대에 대한 두려움에서 비롯되었다.

이러한 정세는 오래 전부터 예견되어 왔고, 한 유럽 강국으로부터의 잠재적인 공격에 대처하기 위해 식민지 경계선을 확장해야 한다는 주장이 이따금씩 제기되었다. 1884년 11월 보웬은 육군 소장인 사전트(Sargent)가 람마

(Lamma)와 그보다 작은 몇 개의 섬들과 함께 북쪽 언덕 부분의 정상에까지 이르는 구룡반도 전체를 획득하도록 육군성에 제안했다고 보고했다. 보웬은 협의를 요청받지 못했으며 그 계획에 반대했다. 그때 중국인들은 프랑스와 전쟁 중이었고, 보웬은 그 계획이 일종의 영토쟁탈전을 초래할 것이며 그리고 높은 능선을 따라 설정된 경계선은 방어하기 어려울 것이라고 생각했다. 후임 장군인 카메론(Cameron)은 1886년에 리문해협의 중국해안 쪽에 있는 조그만 곳은 양도되어야 한다고 주장했다. 런던의 식민지 방어위원회는 전적으로 유럽의 강국에 의한 공격이라는 관점에서 식민지 방어를 생각했기 때문에 그 같은 계획을 거절했다. 그래서 중국으로부터 별다른 위협이 제기되리라고는 생각지 않았기 때문에 식민지 방어 위원회는 구룡의 영국 지역에서 요새 확장 계획에 착수하지 않았다.

1895년 홍콩통신(Hong Kong Telegraph)은 방어선의 확장을 촉구했지만, 식민성은 이것은 잘못된 주장이므로 무시될 수 있다고 충고했다. 1895년 9월에 상공회의소는 방어선의 확장과 서부강의 개발을 촉구했다. 그리고 입법회의의 비공식의원들은 이 주장을 강력하게 지지했다. 로빈슨은 1895년 9월에 접수된 모호한 문구로 된 전보에 나타난 그 같은 주장을 승인하였다. 외무성은 윌리엄 로빈슨 경이 다소 충동적인 신사 같다고 논평했다. 그리고 북경주재 공사인 네빌 오코너(Neville O'Connor) 경도 경계선의 문제를 고려하였다고 덧붙였다. 식민성은 "광동이 병합되기를 원했던 그가 지금까지 이성을 상실해왔다"고 논평했다.

1898년 5월 식민지에 인접한 미르스 만(Mirs Bay)을 기지로 삼아 활동하고 있던 미국해군의 마닐라 점령은 식민지 방어에 관한 새로운 신경과민을 야기했고, 상공회의소는 식민지 경계선의 확대가 안보의 관건임을 또다시 촉구했다. 본국에서는 중국협회(China Association)와 해군 연맹(Navy League)이 유사한 주장을 하였다. 중요한 요인은 중일전쟁 결과 체결된 1895년의 시모노세키조약에 뒤따른 압력이었다. 세 열강인 러시아, 프랑스, 독일의 개입으로 말미암아 일본은 승리에서 얻은 몇 가지의 열매를 빼앗겼다. 러시아는 만주에서의 귀중한 철도의 양도를 보장받았고, 이것은 극동에서 러시아의 외교적 주도권에 새로운 활력을 불어넣으면서 국제적인 긴장을 고조시켰다. 독일은 1897년 11월에 키아초우(Kiachow)를 차지했고, 3월에는 그것에 대한 99년 동안의 조차권을 확보했다. 러시아는 유사한 방법으로 추가로 여순항을 점령했다. 영국은 일본에 점령되어 있었던 웨하이 웨이의 조차권을 1898년 4월에 확보함으로써 전통적인 자유주의적 문호개방 정책을 포기하고 다른 열강과 보조를 맞추지 않을 수 없었다. 같은 달에 프랑스는 광통해안에 있는 광조완(Kwangchowan)의 조차권과 통킹에서 운난(Yunnan)까지의 철도부설권 및 다른 이권을 확보했다. 남중국에서의 영국의 이익에 대한 이 같은 위협에 맞서기 위해 식민지 경계선의 확대가 주장되었다. 1898년 6월에 신계지는 1898년 7월로부터 99년 동안 조차되었다. 이러한 새로운 영토획득으로 북으로는 딥만(Deep Bay)과 미르스만을 잇는 선으로부터 남으로는 라마섬에 이르기까지 일종의 장방형을 형성하여 식민지까지 355평방마일의 영토가 추가되었다.

1898년 6월에 영토할양 소식이 전해졌고, 이 소식은 식민지에 커다란 환희를 가져왔다. 그러나 타임스지에서 할양조건이 발표되었을 때 식민지인들은 구룽시에 대한 조차권 보류에 대해 실망하였다. 이 신문은 구룽 시내에 배치된 중국인 관리들이 거기서 홍콩의 방어를 위한 군사적인 요구에 일관성이 없을 경우 재판권 행사를 계속할 것이라고 진술했다. 북쪽의 구체적인 국경 설정과 중국관세국의 계속된 활동은 협상의 여지를 보다 더 남겨놓았다. 할양된 영토에 대한 통치문제도 또한 결정되어야 했다. 그 영토가 인수되어지기 전에 어느 정도의 시간이 있었으며 그리고 미르스만에 미국함대가 남아 있는 동안 아무것도 하지 않기로 결정되었다. 외무성과 식민성 사이의 협력 결여 때문에 할양된 지역의 통치를 둘러싸고 중국인 관료들이 몇 가지 오해를 품었다. 그리고 1898년 7월 광동태수는 중국인들이 여전히 그곳에서 권위를 유지할 것이라는 잘못된 생각을 갖고 할양된 영토에 관한 규칙을 발표하였다. 이런 눈에 띄는 문제점들이 협상되어지기까지는 실질적인 인수 작업이 어느 정도 지연되어야 했다. 이런 지연상태는 심각한 문제를 초래하였다. 헨리 블레이크는 1898년 11월 25일에 도착했고, 다음 달에 그는 홍콩의 중국인들이 영국이 그곳의 모든 영토를 장악할 것이라는 소문을 퍼프림으로써 조차된 부지를 싼값으로 매입하고 있다고 불만을 토로한 전보를 본국으로 보냈다. 식민성의 비서이지 중앙호적등기소장인 로크하트는 신계지에 관한 보고를 하도록 그곳에 파견되었고, 그는 1898년 10월에 충돌의 원인은 거주민들의 성향 때문이라는 보고를 했다. 그 결과 육군소장 블랙은 로카르트의 통제 아래 신계지를 별도로 통치할 것을 제안했으나, 체임벌린은 통치상의 목적을 위하여 신계지는 식민지에 병합되어야 한다고 결정했다.

북쪽의 국경을 확정하기 위한 협상자로 로크하트(Lock Hart)와 웡춘친(Wong Tsun Chin)이 임명되었다. 웡은 섬천강 선에 동의했지만, 섬천강을 넘어 미르스만의 샤탄코크(Shatankok)까지를 요구하는 영국의 주장에는 반대했다. 이 두 가지 주장을 둘러싼 결정은 북경에 조회하는 동안 연기되었다. 그리고 1899년 3월 14일 되어서야 국경선이 확정되었다. 섬천강까지의 요구는 포기되었고, 샤탄코크에서 하나의 타협이 이루어져 주도로의 중앙을 따라 국경선이 확정되었다. 1866년 조차지역에서 중국세관의 지속적 활동을 둘러싸고 많은 협상이 벌어졌는데 그 이유는 모든 아편거래가 구룡에 있는 중국인 세관에 보고되어야 한다는 조항이 있는 1866년의 세관봉쇄종식 협정이 이제 위협을 받았기 때문이었다. 1898년 9월에 블랙은, 입법의회의 비공식의원인 중국인 호카이(Hokai)와 웨이육(Wei Yuk)이 홍콩에서 중국인의 여론이 조차지에서 임무를 수행하도록 허락을 받은 중국세관에 반대하고 있음을 알았다고 보고했다. 또한 구룡시와 거기에 주둔한 중국군 수비대를 둘러싸고 많은 논의가 있었다.

1892년 3월 3일에 체임벌린은 언제쯤 신계지가 인수될 것인지 조회하는 전보를 쳤고, 블레이크는 북쪽 국경이 확정되는 대로 인수될 거라고 답신하였다. 그것은 3월 14일 인수되었고 총독은 논쟁 중인 다른 지역이 타결되는 것을 기다리지 않고 그 지역을 점령하기로 결정하였다. 불행히도 조차지역에서는 반대의 목소리가 커지고 있었다. 1899년 4월 1일 블레이크는 영국군이 생명의 위협을 받았으며, 영국인에 대항하여 무장하도록 촉구하는 플래카드가 등장했다고 보고했다. 블레이크는 서둘러 광동에 가서 광동태수로하여금 플래카드를 인정하지 말고 신계지에서 영국군의 안전을 보장하도록 설득했다. 거기서 영국군은 중국인들로부터 행정을 인수하기 위한 협정을 맺어야 했다. 그는 만약에 다가오는 수요일인 4월 5일까지 안전이 보장되지 않는다면 다음 날 인수할 것이라고 위협했다.

경찰의 지휘자인 메이(May)가 타이포(Taipo)에 임시경찰국을 창설하기 시작했을 때 문제가 발생했다. 이 문제는 그 지역에 있는 건물부지에 관한 풍쉬(Fung Shui) 또는 중국인의 편견에 영향을 끼쳤으며 그리고 노동자들은 건축 작업을 저지당했다. 메이는 그 건축 사업의 진행을 원칙 문제라고 주장하고 이어서 다른 지역으로의 부지 이전에 동의했다. 그러나 여기에서 건축 작업은 또다시 방해를 받았다. 메이는 메트쉐즈(Matsheds)를 보호하기 위해 두 명의 중국인 경찰과 두 명의 인도인 경찰로 구성된 소규모의 무장 호위대를 남겨둔 채 그 섬으로 되돌아갔다. 총독은 신계지에서는 무장단체가 주둔해서는 안 된다고 결정했고, 메이가 그들을 철수시키기 위해 무장하지 않은 몇 명의 경찰과 5명의 중국인 병사와 함께 파견되었을 때 그는 총격을 당했다. 그는 새벽까지 매트쉐즈를 점령하겠다는 전언을 보냈다. 블레이크는 그를 보호하기 위하여 200명의 군사를 보냈지만, 그들이 도착했을 때 메이와 부하들이 언덕 너머로 이미 후퇴했다는 것을 알았다. 메이는 촌락민이 군대로 동원된다는 것을 알아차렸다. 이어서 1899년 4월 17일 행정위원회는 그것을 인수하기로 결정하였고, 그런 취지에서 4월 7일에 한 포고문이 발표되었다. 그러한 주장에 대한 응답으로 태수는 질서유지를 위하여 600명의 병사를 보낼 것을 약속했다. 4월 10일에 태수는 비록 조차지 양도에 관한 어떠한 협정도 없었을지라도 중국세관관리들이 떠나라는 지시를 받았기 때문에 조차된 영토의 양도를 거절한다는 서신을 보냈다. 블레이크는 4월 17일 오후 1시에 타이포에서 영국국기를 게양하겠다고 회신했다.

로크하트는 4월 14일에 타이포로 갔으며 그리고 연장자들로부터 그 주위에 난폭한 사람들이 있으며 매트쉐즈는 보호를 필요로 한다는 경고를 들었다. 그 결과 다음날 블레이크는 인수식을 준비하기 위해 25명의 경찰병력과 홍콩연대 소속의 한 보병중대를 파견했다. 그들은 도착해서 매트쉐즈가 폐허가 되었음을 발견한 후 되돌아와 포상을 갖춘 군대가 언덕 위에 있다고 보고했다. 16일에 블레이크는 전함 페임호로 군대를 타이포에 보냈고, 페임호는 상륙을 엄호하기 위하여 발포하기 시작하였으며, 타이포 주위의 언덕들은 점령되었다. 가스코이뉴(Gascogne) 장군과 로크하트는 도착하여 영국국기를 게양했고, 선언서가 낭독되었다. 이렇게 해서 인수는 이미 선언된 날짜보다 하루 전에 서둘러 이루어졌다.

중국인들의 저항은 완전한 관세징수협정이 맺어지기 전에 양도되는 것에 반대했던 태수의 공식적 반대에 부분적으로 기인하는 것이었다. 할양 시에 중국정부의 공식대표로 임명된 웡은 다시 한번 중국관세국의 지속적 활동문제를 블레이크에게 제기하려고 시도하였다. 나중에 중국군의 사령관이 된 펑 소령(Major Fung)도 또한 인민의 계획에 관여하지 말아야 된다는 지시를 태수로부터 들었음을 인정했다. 4월 12일에 체임벌린은 관세지역을 그대로 유지시키는 것을 허용하는 데 동의했다. 그리고 10월까지 관세국들을 없앨만한 협약을 체결할 것을 제안했다. 비록 타이포의 연장자들이 메트쉐즈를 불태운 후인 4월 15일에 선처를 호소하면서 그들이 흉계를 품은 사람들에 의해 잘못된 길로 빠져들었음을 인정했을지라도 그 저항은 상당히 자발적인 것으로 보였다.

블레이크는 조차지역의 통제권을 떠맡으면서 구룡시 수비대의 병사를 포함한 모든 중국군을 철수시키고 전영토의 점령을 확보하기 위해 진군하라는 명령을 내렸다. 다음 30일 동안 군대가 서쪽으로 이동할 때까지 산발적인 전투가 계속되었다. 2,600명의 병사들이 캄틴(Kam Tin)에서 내쫓겼고, 우엔 롱(Uen Long)에서 6문의 대포가 노획되었다. 촌락민들은 항복하기 시작했고 4월 26일 블레이크는 모든 저항이 종식되었다고 보고할 수 있었다. 블레이크는 태수가 전적으로 책임을 져야 한다고 주장하면서 선천을 포함한 국경확장을 조건으로 배상을 요구하고, 그 지역은 할양되어야지 조차되어서는 안 된다고 주장하였다. 그리고 그는 태수를 소환할 수 있는 권리를 요구했다. 로크하트는 조차지역의 지주들은 비난받아 마땅하며 그들의 재산을 압수하고 그들을 추방할 것을 촉구했다. 그러나 블레이크는 그 지역 거주자들에 대해서는 그 사건들을 깨끗이 잊어버리는 것이 더 낫다고 생각하였다. 체임벌린은 중국인의 신뢰감 결여에 대하여 외무성에 항의하였으나 섬천에 대한 어떠한 점령도 유혈사태 없이 단지 일시적이어야 한다고 촉구했다. 단지 그 장군이 만족한다면, 그는 그 지역을 유지할 수 있었다. 5월 16일 구룡시와 섬천은 영국군에 의해 점령되었다. 태수는 왜 그 지역들이 점령되었는지를 조사하기 위해 관리를 파견했지만 블레이크는 총독이 직접 찾아오는 경우를 제외하고는 어느 누구도 만나기를 거절했다.

인수에 따른 주요 문제는 군사적인 문제가 아니라 행정상의 문제였다. 중국인들의 토지 조합은 영국인들이 모든 토지를 빼앗을 것이라는 소문을 퍼뜨림으로써 헐값으로 그 토지를 매입하였다. 블레이크는 이 토지를 회수하겠다고 위협했지만 토지문제는 그에게 너무나 방해가 되어 그가 자신의 위협을 실행에 옮길 수 없었다.

조차된 영토는 홍콩법령이 적용되지 말아야 한다는 점을 제외하고는 행정적인 목적에서 그 식민지에 병합되었다. 지역공동체 법령은 지역법정과 지역하급법정을 창설할 권한을 부여했으며 거기서 만일 범죄가 만연할 경우 그 지역에 대하여 세금을 징수할 수 있는 권한을 부여하였다. 임시조치로서 행정위원회는 1년 동안의 세금징수권을 부여받았다. 블레이크는 메이가 그 조차지의 행정장관이 되기를 원했지만 체임벌린을 거절했고 게다가 그는 섬천지역에서 정치적 관리를 임명하기를 거절했다.

8월에 총독은 9개의 관할 지역과 47개의 하부지역위원회의 업무를 시찰하고 그 위원들에게 연설하기 위해 신계지를 순시하였다. 그 위원들은 촌락에서 차관 및 질서유지, 업무규칙 제정에 대한 책임을 져야 했다. 총독은 중국인의 관습을 존중하기로 약속했지만 모든 처벌은 법률에 따라야 하며 연기된 지방세와 국세를 제외한 어떠한 돈도 징수할 수 없었다. 모든 토지 점유자들은 자신들의 보유지를 등기해야 했다. 이제 왕실지대로 지불해야 하는 토지는 계속해서 임차되었고 모든 관세와 다른 독점적 부과금도 폐지되어야 했다. 총독은 비록 상황이 불안하고 많은 무장 강도가 출몰함을 인정했을지라도 모두에게 안전보장을 약속했다. 총독은 체임벌린에게 주민들이 잘못된 통치를 받고 있고, 관리들은 주민들을 착취하고 있으며, 그리고 분쟁을 해결하기 위한 씨족 간 싸움이 빈발했다고 보고했다. 보다 심각한 문제는 말라리아가 만연하고 있다는 점이었다. 그는 군대에 의해 점령된 섬천 지역에서는 민간정부도 없고 강도와 살인자들이 날뛰었기 때문에 선량한 사람들이 고통을 겪고 위협을 받고 있다고 보고했다. 그는 인수 시에 벌어진 사건에 대한 배상문제가 곧 결정되기를 요청했다. 심지어 조차지역에서까지 그 후미지역을 따라 준동하는 강도와 해적 때문에 블레이크는 경찰을 증원시키고 해양 경찰력을 배가시켜야 했다. 그리고 그는 경찰 유지비를 단순히 146,093달러로 추산했다. 11월에 블레이크는 섬천으로부터 철수하라는 명령을 받았고, 비록 그가 철수 전에 어느 정도의 배상이 이루어져야 한다고 주장했을지라도 본국 정부는 4월 사건들에 대한 모든 배상을 요구하지 않기로 결정했다. 신계지에 행정부가 설립되기까지 어느 정도의 시간이 소요되었다. 식민지장관과 중앙호적등기소장으로서 자신의 보직에 복귀한 로크하트는 3명의 정부관리 후보생에게 업무를 맡겼다. 그러나 그는 행정부와 긴밀히 제휴하고 있었다. 지방법정은 계속 열리지 않았고, 지방위원회는 의장이 없이 방치되었다. 경제개선책은 곧 논의되어졌다. 식물원국의 포드(Ford)는 포도나무 및 장뇌배양 실험과 사탕수수 및 뽕나무 개량을 요청받았다. 딮만에서 갈탄이 발견된 후 쟈딘 마트슨사는 신계지에서 모든 석탄채굴 특권을 요청하였다.

주민들은 의심스럽고 비협조적임이 드러났고 1900년 1월에 조사를 위하여 중앙호적등기소에 중국인을 호출할 수 있는 특별한 권한을 정부에게 부여하는 한 법령이 통과되었다. 이런 예외적인 권한에 대하여 많은 반대가 있었고, 체임벌린은 그것이 2년 동안에 한정된다는 조건 하에서만 동의했다. 그 법령은 토지 소유에 관하여 촌락의 연장자들과의 협의가 필요하였을 때 그들이 그 협의회에 참석하기를 거절했기 때문에 통과되었다. 1900년 3월에 일반법정의 비용이 많이 소요되는 절차를 피하기 위해 토지에 대하여 논란을 야기하는 주장을 다루기 위해 한 토지법정이 설립되었다. 그 법정은 약 5,000건의 토지분쟁을 처리하리라 기대되었다. 두 명의 저명한 변호사인 폴록(Pollock)과 컴퍼츠(Cumperts)는 관리들과 함께 그 법정의 배심원으로 임명되었다. 그 동안에 감독관들이 전 지역에 조사를 하기 위해 인도로부터 도착하여 논란이 되는 모든 토지에 대한 기록을 작성하였다. 본국 정부는 토지 검토가 너무 기술적이지 않아야 하며 점령과 진보가 호의적으로 고려되어야 한다는 규칙을 정했다. 토지법정은 수많은 비리를 발견하였다. 많은 사람들이 비록 그들이 중국 관리들에게 어떠한 지대도 지불하지 않았을지라도 넓은 면적의 토지를 요구했다. 종종 수수료와 모든 관심을 벗어나기 위하여 토지는 등록되지 않은 증서로 매매되었으며 매각자는 계속해 세금을 납부하였다. 토지법정은 20건 중 한건의 주장이 논란이 되고 있음을 발견했지만, 모든 주장들을 주의 깊게 지도에 표사하기 위해서는 많은 작업이 필요했다. 그리고 아무도 소유권을 내세우지 않는 토지는 영국정부가 마음대로 처리할 권리를 가졌다.

구룡시의 문제는 광퉁(Kwang Tung) 및 광시(Kwangsi)의 태수인 리훙장(Li Hong-Shang)이 1900년 6월에 식민지를 통과했을 때 그와 더불어 논의되었다. 식민성의 관리는 "우리는 그 도시가 중국의 사법권의 관할 하에 들어가는 것임을 허용하지 않을 것을 분명히 결정했고, 중국정부에게도 그렇게 하라고 말했으며, 그리고 또한 신계지에서 그 문제는 종식되었다"라고 의사록에 기록하였다. 구룡시를 있던 그대로 내버려 두려는 외무성의 결정은 거부되었다. 그러나 광퉁성에서 중국인의 여론은 계속 구룡시를 조차지의 일부가 아니라고 보았다.

1900년에 설립된 토지법정의 작업은 1904년에 완성되었는데 그때까지 토지법정은 354,277달러에 해당하는 부지를 구획하고 143,615달러의 비용으로 자신들의 소유권을 결정하였다. 신계지는 몇 해 동안 과중한 재정부담의 원인이 되었다. 이런 비용은 차관에 의해 충당되어야 한다는 요구가 있었지만, 체임벌린은 그 요구를 거절했다. 토지 문제를 해결하였기 때문에 치안과 도로건설이 주요 과제였고, 예산에서 지출은 예상보다 많이 초과되었다. 세부적으로 조사를 하는데 몇 년에 걸렸고 모든 기존의 지도는 부정확함이 드러났다. 1900년 6월에 국경은 서쪽 경계선을 형성했던 자오선 113도 59분 9.7초가 예견되었던 지점에서 중국해안을 분단시키지 않았기 때문에 재조정되어야 했다. 1901년 6월 30일까지 세금총수입은 그때까지 지출이 736.50달러였었던데 비해 41,140달러에 불과했다.

육군은 리문통로(Lyemun Passage)의 반대편 토지를 요구했고, 해군도 그 지역에 인접해 있는 지역을 요청했지만 어느 것도 진척되지 않았다. 식민지의 방어는 세력균형의 관점에서 이해되었고, 만주족(Manchus)에 대항하여 광동에서 폭동의 위험이 있었을 때인 1900년 봄에 블레이크는 신계지에 중국군이 통과하는 것을 저지하지 말라는 명령을 본국으로부터 받았다.

기존 촌락조직은 유지되고 이용되어야 한다는 것이 조차지역을 통치할 때의 블레이크의 목적이었다. 실제로 거주하는 영국관리들 중의 한 명에게 대하여 탄원이 이루어질 수 있었기 때문에 촌락의 연장자들은 권위를 상실했음이 드러났다. 조차지역의 통치유형은 느리게 발전하였다. 우선 주요한 문제점은 법률, 질서, 그리고 토지수입이었다. 3명의 고위관리가 있었는데, 경찰국장은 경찰행정 장관의 직무를 겸임하였고 또한 세금징수의 책임을 졌다. 두 명의 보조토지관리 중 한명은 광동과 북부지역이라 불렸던 본토지역의 나머지 지역에서 토지 문제를 다루었다. 1907년에 경찰 감독관은 북부지역의 지역관리로 알려지게 되었다. 그러나 그는 자신의 상이한 직능에 대해서 다른 부서의 부서장들에게 책임을 지고 있었다. 1909년에 보조토지관리인은 보조지역관리라는 칭호를 갖고 지역관리의 지휘를 받게 되었다. 1910년에 지역사무소라는 하나의 새로운 부서가 생겼다. 1910년 2월에 남부지역의 보조토지관리는 보조지역관리가 되었고, 그해 7월에 경찰치안 판사가 되었다. 그리고 그는 경찰을 지휘하는 것을 제외하고는 북부지역의 지역관리의 권한을 보유했다. 1913년에 그는 남부지역의 지역관리가 되었고 츄엔 완(Tsuen Wan)에까지 이르는 북부지역은 그의 지역에 추가되었다. 그 지역은 제2차 세계대전 때까지 남아있었다. 연장자들의 위원회는 존속해 있었고 유용했던 것으로 판명되었지만 그때까지 블레이크가 생각했던 권한을 그들에게 부여하는 것이 가능한지의 여부는 확인되지 않았다.

제23장 20세기 홍콩(1898~1918)

홍콩은 고립되어서는 번영할 수 없다.

루가르드 경

1898년에서 1918년에 이르는 시기는 1914-18년 사이에 벌어진 1차대전에 의해 잠시 중단되었을 뿐 경제적 및 행정적 발전이 지속된 시기였다. 이 기간 동안 네 명의 총독이 재직했다. 헨리 블레이크(Henri Blake) 경은 체임벌린(Chamberlain)에 의해 "능력 있고, 정력적이고, 성공적이었다"는 평가를 받았던 통치를 하고 나서 1913년 11월에 퇴임했다. 그는 1918년에 죽었다. 그의 후임자 매튜 나단(Matthew Nathan) 경은 총독으로 나탈 (Natal)에 부임하기 전에 문관으로서의 어느 정도 뛰어난 경력을 가졌는데, 1904년 7월부터 1907년 4월까지의 짧은 기간 동안 그 식민지에 남아있었다. 그의 후임총독은 1907년 6월에서 1912년 3월까지 재직했던 프레드릭 루가르드(Frederick Lugard) 경이었다. 루가르드 경으로서는 홍콩 총독 재직이 화려한 아프리카 근무 경력의 단지 짧은 막간에 불과했다.

1912년 7월부터 1919년 2월 사이에 총독으로 재직했던 프랜시스 헨리 메이(Fransis Henry May) 경은 홍콩사관학교 생도로서는 처음으로 식민지 총독이 되었다. 그리고 아마도 이 시기의 주도적인 인물이었을 것이다. 그는

1902년에 식민지 장관이 되고 피지군도(Fiji Islands) 총독으로 승진하였으나 몇 달 후에 그 직책을 그만두고 홍콩에 되돌아왔다. 1919년의 그에 대한 기록은 다음과 같다.

"그는 전심전력하여 그 식민지에 봉사했다. 그리고 그 식민지가 지속적으로 아름다워지고 번영하게 된 것은 그의 기념비적 업적으로 부각된다."

그는 피지 군도에서의 몇 달 동안을 제외하고는 38년 동안을 식민지를 위해서 봉사했으며 그리고 퇴임한 지 3년 만에 작고했다.

헌정상의 발전은 거의 이루어지지 않았으며, 1894년 탄원서 제출의 결과로 확보된 추가 대표제가 합당한 것으로 널리 수용되었다. 단명했던 헌법개정위원회는 1917년에 개혁에 대한 광범한 요구의 결여를 알리는데 주로 기여했다.

상공회의소는 위생국의 구성에 관한 국민투표를 계획했는데 그 결과 그 위생국은 1887년에 그러했던 것처럼 4명의 관리와 6명의 관리가 아닌 자들로 재조직되었다. 주요한 민간인 의료관리가 위생국장이 되었고, 모든 위생 문제에 관해 정부가 직접 책임을 지게 되었다. 그리고 위생국은 순전히 권고적 기능을 갖게 되었다. 1907년에 조사위원회는 이 같은 직접적 책임의 결여를 비난하였고, 그 다음 해 건축법에 관한 그 임무를 박탈당했던 위생국은 자신의 업무에 관해 정부에 직접 책임을 질 위생국장으로서의 사관학교 출신 군 장교 한명과 더불어 다시 재조직되었다. 그 위원회는 견적서와 보조법령에 관한 더욱 법적인 협의권을 가졌다. 그러나 그것의 기구로의 발전은 보웬(Bowen) 통치 시기보다 한층 요원한 것 같았다.

식민지 장관이 총독의 부재중에 정부를 통치할 수 있다는 규정이 1903년에 되살아나게 되었다. 체임벌린은 극동지방의 긴장을 고려해 볼 때 그 장군이 총독의 대리인이 행동해야 한다고 1895년에 제안했다.

이 시기 동안 식민지 장관이었던 로카르트(Lockart)의 미래에 대한 전망은 그 규정에 의해 영향을 받았는데, 그는 자신이 1902년에 웨이하이웨이(Weihaiwei)의 첫 민간인 판무관으로 임명되었기 때문에 위로를 받았다. 그의 뒤를 이어 메이(F. H. May)가 식민지 장관이 되었는데, 메이의 임명은 입법위원회의 모든 비공식위원들로부터 전보를 통해 촉구되었던 것이다. 동시에 그 직책은 중앙등기소장의 직책과 분리되었다.

그리고 1913년에 후자인 중앙등기소장은 중국문제담당 장관으로 알려지게 되었다. 그 식민지는 중국인 주민에 대한 통제가 그들의 등록에 의존하고 있었던 시기와는 크게 동떨어졌다.

1899년에 정부 고위관리들은 자신의 봉급을 인상시켰고, 그들의 직책은 그것들의 중요성에 따라서 4 등급으로 구분되었다. 의료관, 공공사업소장, 항무관, 여왕, 대학의 학장과 같은 전문 관리들은 인상된 봉급을 받았으나, 식민지 장관은 외면당했다. 적절한 액수의 봉급을 받는 하급관리의 새로운 분류 계획이 1902년에 시행되었다. 법적인 측면에서 제2의 행정장관이 필요함이 1900년에 드러났고, 1912년에 대법원도 가중되는 업무를 충족시키기 위해서 개혁되었다. 모든 부서들은 성장세를 보였다. 그러나 1909년에 경비절감위원회는 어떤 중대한 경비 삭감도 제안할 수 없었다.

중국과의 관계는 1900년에 배외운동이었던 의화단 사건의 발발로 약화되었다. 중국남부에서는 반청의식이 팽배했다. 그 두 개의 광(Kwang) 주(州)는 정치적 불안으로 소용돌이치고 있었다. 리 홍장은 칠리(Chili)주의 태수직은 떠맡으라는 명령을 받았고, 블레이크는 광동의 영사에게 그에게 머물도록 촉구하라는 요청을 했다. 왜냐하면 그의 영향력이 없다면 광동은 커다란 동요에 빠질 것으로 인식되었기 때문이다. 1900년에 저명한 중국의 개혁가 강유웨이(Kang Yu-Wei)는 자신이 보호받았던 그 식민지로 피난했다. 그 식민지 정부가 피난을 거부하려는 태도를 보이자 그는 자발적으로 싱가포르를 향해 떠났다. 리 홍장은 손문(Sun Yat Sen)과 같은 개혁가들과 접촉하였다.

손문은 그 식민지에서 교육을 받았고, 1892년에 중국의과대학을 졸업했다. 그는 홍콩에서의 경험으로부터 서양의 많은 가치 있는 것을 배워 열정적인 개혁가가 되었다. 개혁 활동 때문에 그는 우호적인 정권에 대항하는 혁명

활동을 했다는 이유로 1896년에 추방되었다. 1900년 6월에 블레이크는 손문과 일단의 개혁가들의 개혁당을 지지하기 위해 싱가포르에서 건너왔으며, 리홍장이 가능하면 홍콩에서 그를 만나기를 원했을 것이고 그리고 만약 홍콩에서 그를 만났다면 블레이크는 추방에 간섭하거나 하려는 의도를 가지지 못했을 것이라고 체임벌린에게 경고했다.

리홍장은 북경으로 가는 도중인 1900년 7월 17일에 그 식민지를 통과하였다. 블레이크는 식민지에 있는 저명한 몇몇 중국인들로부터 리홍장은 본토의 상황이 더욱 분명해질 때까지 북경에 가지 않기 위한 매우 좋은 구실을 삼기 위해 억류되길 원할 것이라는 충고를 받았었다. 그러나 체임벌린은 리홍장의 움직임은 결코 방해를 받아서는 안 된다고 명령했다. 8월에 블레이크는 손문과 강유웨이가 남중국에서 가능한 군사 행동을 위해 병사를 징집하고 있었다고 보고했다. 그리고 그는 어떤 정당한 요구사항에 대해서도 지원하기로 했다. 그러나 본국 정부는 그에게 그러한 어떤 보증도 해주지 말고, 어떤 영국인도 중국 정부에 대항하는 어떤 기도에 가담하기 위해 징병에 응하지 못하게 하라고 명령을 내렸다. 남부에서의 반란은 국경지방을 위협하였으나, 식민지에서는 비록 개혁가들을 위해 중국인 사이에서 많은 지지가 있었을지라도 소요가 거의 없었다. 의화단 사건은 결국 진압되었고 북경에 있는 외국 공사관 직원들이 석방되었으며, 중국은 관련된 외국열강들에게 의화단 사건의 배상금을 지불해야 했다.

1904년에서부터 1905년에 걸친 러일전쟁의 발발로 인해 극동에서의 긴장은 지속되었고, 영국의 극동함대는 전함들로 전력이 재강화되었으나 1905년에 철수하였다. 식민지는 중국철도부설에 소요되는 자본금을 제공하는 데 있어서 중요한 역할을 담당하였다.

1898년 홍콩 및 상하이의 금융회사와 쟈딘사, 마트슨 및 코사는 중국으로부터 획득한 어떠한 할양지에 필요한 자본을 제공하기 위한 영국인 및 중국인 합동회사를 창설하였다. 이 회사는 그해에 광동과 구룡을 잇는 철도부설권을 부여받았다. 그 회사는 또한 같은 해에 중국정부로부터 얻어낸 철도를 할양받기 위해 시도할 지역들을 제한하는 협정을 독일의 독일-아시아 은행과 체결하였다. 중국에서의 철도 부설은 열강들 사이의 첨예한 경제적, 정치적 경쟁관계의 대상이 되었다. 그 경쟁의 와중에서 영국의 이권들은 홍콩의 이익을 대변하기 위해 설립되었던 영국인 및 중국인 회사에 의해 주로 대변되었다. 1899년 그 회사는 한코우에서 광동까지의 철도부설권을 미국인과 분담하는 데 동의하였다. 이권은 결국 철회되었고, 1905년 홍콩 정부는 광동과 한코우를 잇는 철도부설권을 되찾기 위해 후펜(Hupen)과 후난(Hunan)성의 태수에게 4.5%의 이자로 1,100,000파운드를 빌려주었는데, 이 돈은 이웃 성들로부터 아편수입 확보에 따라 10회 분할 상환이 허용되었다.

제24장 양차대전 사이의 시기(1910~39)

나는 홍콩 바깥의 세계를 고찰했으며 그리고 영국인들이 홍콩의 황량한 바위에 대해 했던 바와 같은 것들을 어떻게 할 수 있을지에 대해서 궁금해지기 시작했다.

홍콩대학 입학식에서 손문. 1923년

1914년에서 1918년까지 계속된 1차 세계대전은 많은 사회·경제적 문제를 초래하였다. 세계무역의 혼란, 해운업의 쇠퇴와 상품의 부족이 초래되었다. 쌀의 부족 때문에 그 가격이 거의 4배나 증가하였고 그리고 정부가 쌀가게의 약탈을 방지하기 위해 쌀의 구매와 분배를 떠맡아야 했다. 노동자의 소요는 일련의 파업들을 초래하였다. 이 파업들은 선원들의 파업이 항구를 마비시키고 국내의 고용인들을 포함한 다른 모든 분야의 노동자들에게 위협적으로 확산되었던 1922년까지 지속되었다.

전쟁이 미친 장기간에 걸친 영향은 즉시 분간할 수 없었을 뿐이지 더욱 깊었다. 베르사유 조약은 홍콩이 스스로 적응하지 않을 수 없었던 변화되는 세계로 끌어들였으며 그리고 식민지역에서 새로운 장이 열리게 된 것을 그때 깨달은 자는 극소수였다.

홍콩은 영국의 중국과의 무역을 팽창시키는 군사적 상업적 그리고 행정적 중심지로서 빅토리아시대 초기에 태동하였고 그리고 상업이 번영할 수 있었고 중국 자체가 그때 제공할 능력이 없었던 조건들을 제공하였다. 그 시기에 개인은 적어도 이론상으로 민족이나 신조의 구별 없이 모두에게 적용되는 법의 지배라는 테두리 내에서 스스로를 돌보는 것으로 기대되었던 빅토리아 왕조의 자유방임적인 경제적 개인주의의 바로 그 전성기였다. 그 항구는 누구나 오고가는 것이 자유로웠던 개방된 항구였다. 이러한 조건들은 외국이나 단지 홀로 남겨지는 것을 요구했던 외국인이든 중국인이든 똑같이 상인계층을 만족시켰다.

베르사이유 조약 이후 몇 년 동안에 대영제국의 입장이 바뀌었다. 영국은 여전히 외교상의 지도력을 발휘하였으나 이전의 상업적 재정적 지도력은 전쟁에서 힘을 소진하였기 때문에 손상되었다. 독일은 극동의 강국으로서의 지위를 상실하였고 러시아는 혁명 때문에 일시적으로 약화되었다. 그들을 대신하여 일본이 극동에서 주요한 영국의 경쟁자로 떠올랐다. 일본은 유럽에서 벌어진 1차대전을 호기로 삼아 중국을 일본의 속국으로 만들려는 야심을 드러내었던 21개조의 요구사항을 1915년에 중국에게 제시하였다. 1차대전 이후 일본의 주장은 1922년의 워싱턴 조약 때까지 극동에서의 평화정착을 지연시켰다. 홍콩의 입장에서 이 워싱턴 조약 중의 가장 중요한 점은 영국, 미국 그리고 일본의 함대를 5:5:3 비율로 규제하는 해군의 감축을 고려했다는 것이다. 왜냐하면 이 감축의 효과 덕분에 일본이 자국의 함대가 집중되어 있었던 극동에서 해군력의 우세를 누리게 되었기 때문이다. 이 조약에서 태평양 영유지에서 요새를 더욱 강화하는 것을 중단하기로 동의했다. 그 영유지에 홍콩이 포함되었던 것이다. 극동에서 영국의 상업적 이익을 보호할 수 있는 홍콩의 능력은 따라서 이제 이 워싱턴 조약에 의해 제한되었고 또한 미래의 전략상 홍콩의 역할은 모호해졌다.

1차대전에서 식민지 국가들이 기여를 했기 때문에 그들이 보다 많은 자유를 요구한 결과 자유롭게 연합된 나라들의 영연방이 출현하였다. 게다가 제국주의는 사회주의 이론들과 노동당이 대두한 결과로 집중적인 비난을 받게 되었다. 식민지 영토들에 대한 새로운 신탁통치 원칙은 발전되었으나 영제국의 구조가 변화하는 가운데서 홍콩의 특별한 지위는 분명하지 않았다.

중요한 상업 및 경제의 변화가 있었다. 산업생산과 세계무역에서 차지하는 영국의 비중은 양차대전 사이에 지속적으로 쇠퇴했는데, 그 이유는 이전에 영국으로부터 상품을 공급받았던 나라들에서의 산업발달과 그리고 영국의 산업 경쟁국들의 압박 증가에 기인했다. 따라서 양 대전 사이에 높은 관세장벽과 덤핑, 유통조작, 교역할당제와 쌍무교역 조정과 같은 새로이 고안된 상업적 무기들에 의해 특징지어지는 격렬한 상업적 경쟁이 벌어졌다. 일본은 엔화의 평가절하와 낮은 임금으로서 극동에서 종래의 영국 시장들을 차지할 수 있었다. 교역의 커다란 침체가 뒤따른 1931년에 대영제국은 금본위제를 포기하고 관리통화를 기준으로 삼고 그리고 거의 1세기 동안 영국의 상업적 관행을 특징지었던 자유무역원리를 보호정책에 유리하게 포기하지 않을 수 없었다. 이 같은 새로운 정책들 덕분에 영제국의 차등관세가 이제 가능하다는 점에서 어느 정도의 혜택을 보았다. 그러나 그 같은 혜택은 전반적인 국제무역을 제한하는 강력한 경제적 민족주의에 의해 상쇄되었다. 홍콩은 존속하고 번영하기 위한 전제조건으로서의 자유무역에 매달려왔었는데 새로운 경제 질서는 영국의 상업적 관계가 홍콩의 상업 활동에 상당히 큰 영향을 미쳤기 때문에 홍콩에 적응 문제를 야기했다. 홍콩은 자유항구로 남았으나 단지 어려움이 가중되는 상황 아래서만 그러했다.

더욱이 이시기의 보다 광범위한 변화는 정치적 참정권 확대. 사회주의 원리의 확산. 그리고 모든 계급이 똑같이 부담한 전쟁에서 위대한 보통의 희생자였던 국민들의 이익을 위한 사회입법이 영국에서 증가했다는 점이다. 구속을 받지 않는 개인 기업이란 미덕에 의존했던 19세기의 자유방임주의는 의심을 받게 되었다. 그러나 홍콩을 건설한 것은 민간기업이었고 그래서 그 식민지는 쇠퇴해가는 사회이론을 반영하여 구현하였으나 아직 또 다른 적응 문제에 직면하게 되었다.

극동에서 일어나는 변화들 중 가장 중요한 변화는 새로운 중국의 출현이었다. 1911년 신해혁명으로 청조가 무너지고 공화국 건설에 유리한 분위기가 조성되었다. 그러나 중국에서는 민주주의 제도를 운영해 본 경험이 없었다. 문제는 청조를 대신할 안정된 형태의 정부를 수립하는 것이었다. 초대 대통령 원세개는 1916년에 자신이 황제가 되려고 시도했으나 계획이 실패함에 따라 죽었다. 손문이 이끌었던 개혁가들의 주요 그룹은 광동에 집중된 남부 주들에서 세력의 기반을 가졌던 국민당 또는 전국인민당이었다. 국민당은 성격상 너무 서양식이었기 때문에 그것의 급진주의에 분개한 북쪽의 보다 보수적인 집단들의 반대에 직면하였다. 지역간의 경쟁과 호전적인 지배층들의 야망은 정치적인 문제의 해결을 막았다. 손문의 정치적 지도력은 자신의 이상주의 또는 그의 추종자들을 고취시킬 수 있는 자신의 능력에 부응하지 못했다. 그는 당의 정치적 간부들을 양성하기 위해 1923년에 보로딘의 지휘 아래 있는 러시아의 고문관들을 불러들였고 그리고 그 운동의 기존 민족주의 이념에 사회주의적 이상을 결부시킴으로서 그 당을 혁명 정당으로 만들었다.

손문의 죽음은 그의 후계자 장개석으로 하여금 1926년에 양자강 유역과 그리고 1925년 마침내 북경에 진군하도록 허용하였고 1928년 10월 10일에 국민당의 지배를 받는 중국공화국 정부가 비록 모든 18주에 대한 확고한 통제권을 장악하기 바로 얼마 전이었다 할지라도 수립되었다. 강력하고 통합된 중국이 출현하리라는 예상은 일본을 놀라게 하였다. 왜냐하면 통합된 중국이 중국에서의 일본의 야망을 위협했기 때문이다. 1931년 묵선 철도폭파 사건은 국제적인 사건으로 비화되었고, 일본 군대가 만주에 대한 통제권을 장악하고 청조의 마지막 왕 푸이의 통치아래 괴뢰정부인 만주국을 세우기 위해 개입하였다. 일본의 국제연맹 가입은 일본을 제어하는데 아무런 효력이 없음이 드러났다. 1932년 1월에 일본은 상하이를 공격했고 다음 해에 내몽고를 차지하기 위한 예비조처로서 제홀과 그리고 챠하르의 일부를 점령했다. 1935년 그들은 북중국의 자치정부인 만주국을 후원하였으며 이 정부에 의해 북부 주들은 중국으로부터 분리되어 그들의 통제를 받게 되었다. 일본

군국주의자들은 중국이 파벌싸움과 공산주의자들에 대항하는 내란으로 약화되었고 이탈리아와 독일에서 각기 파시스트당과 나치당의 대두로 말미암아 다른 유럽열강이 유럽에 그들의 관심을 집중하지 않을 수 없었기 때문에 더욱 고무되었다. 1937년 7월 마르코 폴로 다리 사건으로 일본과 중국 사이에 벌어진 전쟁은 1939년에서 45년에 이르는 2차 세계대전으로 비화되었다.

통일을 위한 중국의 투쟁은 다른 열강들과의 평등한 지위를 요구하고 불평등 조약의 폐지, 치외법권 폐지, 외국인 조차지 및 식민지 폐지, 그리고 중국 관세에 대한 외국인의 통제 철회를 귀에 거슬릴 정도로 요구하는 점증하는 민족주의를 수반했다.

1922년의 노동자의 소요와 선원의 파업은 이미 위에서 지적되었다. 심지어 보다 심각한 것은 1925년에서 1926년에 걸친 총파업과 불매운동이었다. 이것은 외국인의 특권적 지위에 대항하는 인민의 감정에서 비롯된 정치 운동이었다. 1925년 5월 상하이에서의 반일시위는 영국이 중국에서 가장 커다란 이해관계를 가졌기 때문에 주로 영국을 반대하는 반외세 운동으로 발전해 나갔으며 그리고 그 운동은 해안을 타고 빠르게 확산되었다. 6월에 광동에서 국민당의 급진파는 영국과 일본 상품의 경제적 불매운동을 조직화했고 그 결과 샤민(Shameen)에서는 시위자들과 영국 및 프랑스 군대 사이에 시가전이 벌어졌다. 홍콩에서 경제적 불매운동은 그 당시 그 식민지에서 효과적으로 조직되어 실천에 옮겨졌는데, 그 식민지에서 중국인민들의 여론은 광동 여론에 늘 민감하였다. 6월 30일에 모든 중국노동자는 철수하였고 작업은 정지 상태에 있었다. 주요 업무는 군대에서 지원받은 지원자에 의해 유지되었고, 이 비상사태에서 지원하기 위해 홍콩자원군이 동원되었다. 파업은 점차 실패하였으나 영국 상품의 불매운동과 해상운송저지운동은 1926년 10월까지 지속되었으며, 무역이 정상화될 때까지 식민지의 외국상인들을 돕기 위한 특별대부금이 마련되어야 했다.

홍콩의 경제는 변화하는 세계경제 여건에서 비롯된 새로운 추세를 보이기 시작했다. 그 기간 동안의 선적 횟수를 살펴보면 그 항구가 세계의 주요 항구 가운데 하나였음을 알 수 있다. 1919년에 대외무역에 종사했던 18,474,996톤을 선적한 21,257척의 선박들이 입출항 하였다. 1927년의 운항 총계는 36,867,745톤을 선적한 29,052척이었고 1939년에는 28,840,566톤을 선적한 15,021척이 입출항하였다. 1938년과 1939년은 중일전쟁의 영향을 받았기 때문에 예외적인 해였다. 그 항구를 사용한 원양 선박 총톤수가 최고치에 도달한 해는 1935년이었다. 영국해운업은 19세기 말의 60%에서 1914년에는 56%로 감소하였고, 이 감소된 수치는 1939년까지 대체로 유지되었다.

식민지의 무역은 1925년과 1926년의 불매운동, 1931년의 불황, 그리고 일본의 전쟁 도발로 인해 영향을 받았는데 아래의 도표는 그러한 동향을 잘 드러내 보여주고 있다. 그 수치들은 가격으로 평가된 총수입량과 총수출양의 비율을 나타낸 것이다. 중국으로부터의 수입은 높은 비율로 유지된 반면에 대중국수출은 급격하게 감소하였는데 그 액수는 1921년에 432.6백만 홍콩달러에서 1931년에는 243백만 홍콩달러로 그리고 1939년에는 90.3백만 홍콩달러로 감소하였다.

홍콩의 수입과 수출내역

	연 도	영 국	영 연방	중 국	기타국가
수 입	1921	10.24	10.79	19.12	59.77
	1931	9.94	8.88	27.84	53.34
	1939	6.62	7.03	27.95	48.40
수 출	1921	6.91	9.99	64.65	24.45
	1931	0.89	9.09	51.67	38.33
	1939	5.23	13.93	14.83	66.01

이러한 감소는 영국의 홍콩을 경유한 대중국무역이 감소한 것을 반영한 것이다. 중국과의 중계무역은 식민지의 무역 전체에 비해 상대적으로 중요성이 줄어든 것이다. 남동아시아와 서태평양과의 무역은 증가하였는데 특히 사이암과 미국 사이에 밀의 교역이 증가하였고 그리고 또한 말레이시아 및

일본과의 교역도 성행하였다.

무역통계는 통화가치의 변화에 따라 이해되어야 한다. 홍콩의 달러화는 은의 가격에 따라 가치가 변하였다. 1919년 그에 상응하는 파운드화는 5s 2d와 3s 0¾사이에서, 그 다음해인 1920년에는 6s 2d와 2s 2d 사이에서 각기 변했다. 1921년 이후 그것은 한번도 3s 0d를 넘지 못했고 1931년의 불황 때에는 심지어 1s 아래로 하락했다. 화폐개혁은 명백히 필요하였다.

1931년 홍콩의 통화를 조사하기 위해 식민지국무장관에 의해 한 통화위원회가 구성되었다. 그리고 통화위원회는 홍콩이 중국에서 은을 획득하는 동안은 은본위제를 유지해야 하고 모든 은행권은 은괴로 교환이 가능해야 하고 무제한적으로 법정화폐가 되어야 하며, 홍콩 통화위원회가 지폐의 발행과 은괴의 비축을 책임져야 한다고 제안하였다. 그래서 그 위원회는 홍콩이 대중국무역에 여전히 너무나 밀접한 관련을 맺고 있었고 또한 중국이 그렇게 하는 한 은본위제 유지의 이점이 금에 기초한 안정의 이점보다 더욱 중요하다고 믿었다. 이 견해는 그 해의 연례보고서를 통해 홍콩상공회의소의 승인을 받았다.

그러나 홍콩상공회의소는 중국이 홍콩지폐 전체의 2/3를 보유하고 있었기 때문에 중국에서 홍콩지폐의 그처럼 광범한 유통은 통화에 대한 정부의 통제를 바람직스럽지 않은 것으로 만들었다.

1934년에 미국의 은 매입으로 은의 가치가 증가하고 은괴가 수출되기에 이르렀다. 그래서 다음 해 중국은 은본위제를 포기하지 않을 수 없었다. 홍콩은 완전한 통화재편의 한 전제조건으로 은전을 회수하고 은의 수출을 금지해야만 했다. 1935년 12월의 통화법령에 따라 파운드화와 연계된 관리통화제를 수립하였다. 지폐발행은 은괴, 외환 그리고 파운드화의 보장 등에 의해 뒷받침되었고 달러의 가치는 약 1s 3d에서 안정되었다. 은전은 5페니 동전으로 대치되었으며 추가 발행된 지폐에 의해 보완되었다. 동시에 정부는 달러 지폐의 발행을 떠맡았으며, 3개의 발권은행은 10달러짜리와 그 이상의 지폐발행권만을 지니게 되었다. 식민지의 통화는 중국의 통화와의 관계를 처음으로 단절하게 되었다. 이러한 관계단절은 과거와의 결정적인 단절이었다. 그러나 안정된 통화의 이점은 의심할 여지없이 입증되어야 했다.

달러가 1s $2\frac{1}{2}$d에서 안정되었을 중국에서의 제도화는 1935년에 F. 레이스-로스 경에 의해 제안되었다. 그 당시 그는 화폐문제에 관해 중국정부에 조언을 하도록 남경에 파견되었다. 만약 F. 레이스-로스가 그대로 계승하였더라면 중국과 홍콩은 다시 개입하였을 것이다. 그러나 북중국에서의 일본의 압력과 중국을 강화시킬 재정개혁을 일본이 꺼린 점 때문에 그리고 그 직후의 전쟁의 도발로 인해 그의 계획은 실패로 끝나게 되었다.

1931년 영국은 금본위제와 전통적인 자유무역정책을 포기해야만 했다. 1932년의 오타와협정 체결 시까지 영제국의 한 특혜관세제도가 도입되어 영제국 원자재 및 노동력을 최소한 50% 이상 이용하는 상품이 영국시장 및 영국자치령시장에서 특혜를 부여받았다. 홍콩의 경우에 그 식민지가 원자재 자체를 별로 생산하지 않았기 때문에 그 비율이 변경되어야 했다. 수입문제에 있어서 그 식민지는 몇몇 사소한 양보를 해야만 했다. 실례로 영국제가 아닌 자동차들은 특별수입허가세를 납부해야 했고, 영제국상표가 붙은 제품은 보다 낮은 관세로 통관되었다. 자유항으로서 홍콩항의 지위는 그러므로 중대한 타격을 받지 않았고 홍콩은 1941년까지 여전히 파운드화 권역 밖에 머물러있었다. 그러나 그 식민지가 이제 중국 밖에서 보다 강력한 경제적 유대를 맺고 있다는 점에서 그 변화는 중대한 의미를 지녔으며 그리고 문호개방 원칙은 그 정도까지 영향을 받았다.

홍콩은행, 보험, 그리고 시장설비는 식민지 세입에 있어서 여전히 중요한 수입원이었다. 1차 세계대전 이전에 많은 나라들이 철도부설, 정부차관, 그리고 광산 및 기타 이권획득을 위한 경쟁을 하기 위해 종종 정치적 지원을 받으면서 중국에 은행을 설립하였다.

일본의 야심에 직면하여 영국, 미국, 그리고 프랑스는 1921년에 비록 중국의 동의를 받아내지 못했을지라도 경제재건과 통신시설의 개선을 위해 중

국에 자본을 공동으로 제공하기 위하여 일본과 더불어 국제차관단을 설립하
였다.

영국과 중국의 합동회사는 홍콩 및 상하이 은행 연합체와 쟈딘사. 마트슨
사에 의해 1898년에 공동으로 설립되었다. 철도발전과 정부차관을 위해 영
국자본을 중국에 공급하는 데 있어서 중요한 도구였다. 그러나 그것은 이제
더욱 제한된 규모로 운영되었다.

제25장 패전과 부흥

나는 일본군대의 압도적으로 우세한 공격에 직면한 홍콩의 운명에 대해 어떠한 환상도 갖지 않았다. 그러나 영국인의 저항이 훌륭할수록 모든 사람들에게는 더욱 다행스러운 일이었다.

윈스턴 처칠: 2차 세계대전

1939년 9월 유럽에 닥쳐왔던 전쟁에 대해 영국인들은 이미 잘 준비하였고 식민지에 대한 공격도 대비하고 있었다. 영국은 그 식민지 방어에 대한 책임을 떠맡았다. 전쟁에 대비하기 위해 국가의 인적 및 물적 자원들을 총동원시킨 영국의 긴급입법도 식민지들에게는 강요하지 않았지만 그럼에도 불구하고 식민지들은 런던에서 보낸 지침에 따르면서 필요한 조처를 취함으로써 영국을 지원한 것으로 예견되었다.

모든 식민지에서처럼 홍콩에서도 수많은 긴급입법이 통상 이미 존재하거나 아니면 새로운 또는 수정된 법령에 기초한 규정의 형태로 통과되었다. 또한 의미 깊게도 왕권의 행사가 수반되는 입법권은 전쟁수행에 있어서 실질적으로 중요한 문제들 가운데 하나였다. 실례로 1939년 9월에 홍콩에서의 주요한 비상법률들은 입법의회에서 의회 대표로서의 총독에 의해서가 아니라 오직 왕의 대표로서 행동하는 총독에 의해 제정된 것이다. 홍콩의 긴급조치는 검열하고 적이 항구에 접근할 수 있는 길을 파괴하고, 선박 및 항공기의 징발권을 부여받고, 방어안전을 위한 보호지역을 설정하고, 건물을 보존하기 위해 외환을 통제하고, 적국의 국민을 억류하고, 그리고 적국소속회사를 청산시키는 권한을 포함했다. 홍콩은 자유중계무역항이었기 때문에 그의 무역을 통제하기가 어려웠다. 사실 결코 만족스럽지 못했던 계획은 일본의 공격이 어떤 추가적인 시도도 쓸모없는 것으로 만들기 전에는 성취되지 못했다. 그 식민지는 텅스텐이나 몰리브덴 같은 중국의 금속이 일본군의 수중에 넘어가는 것을 막기 위해 그러한 금속을 중국으로부터 구입하는 게 도움이 되었다.

홍콩의 통화가 남쪽의 광뚱주(Kangtung Province)에서 자유롭게 유통된 이래로 교환을 통제하기가 또한 어려웠다. 그러나 이 같은 통제의 어려움은 런던에 본사를 두고 있어서 쉽게 영국의 통제 하에 들어갔던 수많은 홍콩기업들에 의해 완화되었다. 결국 1941년 6월 전세의 악화로 홍콩은 그 역사상 처음으로 자체 통화를 스털링화에 연계시키지 않을 수 없게 되어 엄격한 외환규제가 필요하였다.

식민지의 인적 자원은 역시 가장 효율적인 활용을 위해 조직되어야 했다. 1939년 6월에 18세에서 55세까지의 영국인 남자의 징집제가 도입되었는데, 홍콩은 이러한 측면에서 영국의 지침을 따랐던 최초의 해외식민령이었다. 18세부터 41세에 이르는 현역복무에 적합한 사람들은 홍콩자원방위군(Volunteer Defence Corps)과 또는 홍콩해군방위군(Naval Defence Force)에 배치되었고, 예비직에 배치된 이들이 훈련을 받았고, 허가 없이 군대에 자원입대하는 것은 허용되지 않았으며, 현역복무에 덜 적합했던 자들은 보조방어군에 배치되었다. 그러나 군복무에 대한 이의 제기는 특별한 사정이 있는 경우에만 허락되었다. 양심적인 이의 제기자는 매우 적었으나 그들은 방어군 중의 하나에 배속되었다. 영연방자치령의 시민들은 자원입대하는데 석 달간의 여유를 보장받았고, 그 후에 법령이 그들에게 적용되었다. 우호적인 유럽 국가들의 국민들의 많은 수가 자원하였고 450개에 달하는 지방의 중국인들이 또한 자원하였다. 홍콩자원방위군은 강제적인 열병이나 병영생활을 함께 한 지휘관이었던 한 직업군인의 지위 하에 더욱 더욱 효과적으로 편제되었고, 55세 이상으로서 병역의무를 지는 최초의 사령관인 휴즈(A. W. Hughes)의 이름을 본떠 휴질리어스(Hughesiliers)라는 별명이 붙은 지역방위부대에 편성되었다. 보조방위군, 예를 들어 보조경찰, 보조간호부대, 보조소방부대, 공습경계부대, 그리고 기간부대도 조직되었다. 공습경계부대는 1938년에 창설되어 1939년 이후 특히 대중을 위한 공공방공호를 건설하지 않는다는 결정이 1940년 6월에 철회된 이후에 급속히 확대되었다.

홍콩의 중국인들은 일반적으로 이러한 움직임에 초연하면서 일상적인 삶을 추구하였으며, 통상 싸움을 영국인들에게 떠맡겼다. 지역 중국인들을 무장시키려는 계획은 거절당했는데, 그 이유는 부분적으로 영국의 정책이 일본에 대한 공격을 가능한 피하려는 것이었기 때문이었다. 많은 중국인 특히 유럽인과 제휴하고 있던 중국인들은 자원부대에 가담하거나 영국정규군에 입대하여 운전수와 연락병과 같은 직책에 종사했다. 보조방어군의 인력 부족 때문에 대학생들과 영어를 어느 정도 알고 있는 사람들 가운데서 신병모집캠페인을 전개해야 했으며, 이 캠페인은 일본군의 공격 직전까지 계속되었다.

문관근무자의 급속한 증가와 효율성 저하는 문제점을 야기하였는데, 공습경계부대에 대한 공적인 조사 결과 심각한 부패와 부정행위가 발각되었고, 그리고 1940년 중국인 이주민들을 규제하기 위해 세워진 이주민국에 대한 조사 결과 혼란과 비효율성이 드러났다. 1940년 6월에 식민지에 대해 일본이 공격하겠다고 위협하자 정부는 국적을 버린 3,474명의 여자와 어린이를 오스트레일리아로 화급히 철수시켰으며, 이 인기 없는 조치 때문에 정부는 편애, 인종차별, 무감각한 비능률을 저질렀다는 이유로 비난받게 되었다.

그 비상철수조치에 소요된 비용은 통상적 지출비에 추가된 전시특별예산으로 충당되었다. 이 전시특별예산을 위해 봉급, 사업소득, 회사이윤, 그리고 재산에 대한 직접세를 징수하였다. 과중한 소득세를 강요하려는 제안은 중국인들은 물론 유럽인들의 격렬하고 연합된 반대에 직면하여 무산되고 말았다.

일본은 서양 열강들이 유럽에서의 전쟁에 몰두하고 있는 기회를 활용하지 못하고 자신의 대동아공영권수립에 대해 미국의 동의를 얻는데 실패하자 1941년 12월 갑자기 진주만을 기습 공격함으로써 미해군 함대를 무력화시키고 홍콩 필리핀 그리고 말레이시아를 동시에 맹공격함으로써 극동 전체를 전쟁의 소용돌이 속으로 몰아넣었다.

1936년의 워싱턴 해군감축조약의 효력 상실로 인해 홍콩은 그 방어의 규제에서 벗어나게 되었다. 그리고 육상공격으로부터 항구를 방어하기 위하여 서부에 있는 진드링커스만에서 타이드 코우브를 경유하여 동부에 있는 피난 항에까지 뻗치는 진드링커스 방어선(Gindrinkers Line)이 구축되었으며, 반면 해안의 대형포는 바다 쪽으로 향하였다. 유럽에서의 전쟁으로 모든 방어 진지에 병력을 배치할 정도의 충분한 무력을 할애할 수가 없었다. 그리고 1939년에 진드링커스 방어선은 포기되었고 방어는 그 섬에만 한정되었는데, 그 이유는 1개 연대가 폭파를 하는 데 소요될 시간적 여유를 제공하기 위해 이틀 동안 그것을 고수하기 위해 본토에 주둔하였기 때문이다. 전투가 시작되기 단지 3주 전에 거의 훈련받지 않은 캐나다군 2개 대대의 도착으로 수비대사령관인 육군소장 말트비(C. M. Maltby)는 약 1주일 동안 진드링커스 방어선을 고수할 수 있기를 희망하면서 그 이전의 그 방어선을 탈환할 수 있을 정도로 전력이 충분히 강하다고 생각하였다. 신계지를 무한정 고수하려는 시도는 한 번도 의도된 적이 없었다. 일본군이 국경의 다른 쪽에 집결했다는 보고는 임박한 공격에 대한 경고였으며, 1941년 12월 7일 저녁까지 모든 영국군대가 배치되었다.

그것들은 2개의 여단으로 조직되었는데, 그 각각은 3개의 보병대대로 구성되어 있었다. 그중 한 여단은 본토에 있는 스코틀랜드인 제2대대, 인도의 크샤트리아 5 / 7, 펀잡인 2 / 14로 구성되었고, 다른 한 연대는 그 섬에 있는 미들섹스 제1대대, 제1왕실소총부대와 제1척탄병부대가 포함되었는데,

약 2,000명의 홍콩자원방위부대 병력 및 해군방어부대 병력을 포함하여 전체적으로 12,000명이 있었다. 일본인들은 1개 사단 즉 제238연대, 제239연대, 제230연대의 3개의 보병연대로 구성된 제338사단을 이용했는데 각 연대는 추가보병부대를 갖춘 3개의 대대로 구성되었으며 이들의 총 병력 수는 방어병력수보다 더 많았다. 일본군은 12월 8일 아침 8시에 로우(Lo Wu)강을 도하하여 카이텍 비행장에 대한 폭격을 시발로 공격을 개시하였다. 처음부터 방어자들은 절망적이었다. 방어자들은 공군력이 부족했는데 거의 못쓰게 된 6대의 영국공군기는 이륙이 불가능하였다. 거기에는 레이더도 없었으며, 그들의 포병은 적의 포병전력에 비해 크게 열세였다. 정규군에 충원된 몇몇 지역사람들은 신뢰할 수 없는 것으로 판명되었다. 두 주력함인 '웨일즈왕자호'(Prince of Wales)와 '격퇴호'(Repulse)가 격침당했기 때문에 일본군이 제해권을 장악하게 되었고, 외부로부터의 수비대가 구출하러 올 것이라는 기대는 물거품이 되었다. 영국의 정보는, 잘 훈련되고 기강이 철저했으며 효율적으로 통제되었고 또한 야간기습작전을 감행하는 데 능숙했으며 그리고 포병과 공중폭격을 능숙하게 활용했던 일본군을 지속적으로 그리고 변명의 여지도 없이 과소평가하였다. 일본군의 정보는 훌륭하였고, 모든 장교는 영국군의 진지를 한눈에 파악할 수 있는 정확한 지도를 가지고 있었다.

9~10일 밤 일본군은 진드링커스방어선의 가장 강력한 요새인 '밀수입자 능선'(Smugglers Ridge)에 있는 싱문(Shing Mun)요새를 장악했고, 말트비(Maltby) 장군은 섬의 사활이 걸린 방어를 위해 배정된 병사들을 상실하게 될까봐 두려워 오히려 본토로 철수하기로 결정했고, 마지막 영국군 부대들은 3일 백주의 대낮에 섬으로 후퇴하였다. 본토는 5일 만에 함락되고 말았다. 12일 그리고 다시 17일에 일본이 홍콩 섬의 항복을 요구했을 때 그 요구는 즉각 거절당했다.

섬의 방위군은 이제 두개 여단으로 편성되었다. 동부여단은 북인도 지방 출신 무사부대, 왕실소총부대, 그리고 홍콩지원방어부대(HKVDC)의 3중대로 구성되었다. 서부여단은 편잡인 부대, 캐나다의 척탄병부대, 홍콩지원방어

부대의 4개 중대, 그리고 보병 제1연대로 구성되었고, 각 여단은 포병대의 지원을 받았다. 중기관총으로 무장한 미들섹스대대는 동쪽과 남쪽해안을 따라 토치카에 병력을 배치하였다.

격렬한 전투를 벌인 후 일본은, 모두 리에문(Lyemun)와 '노쓰 포인트'(North Point) 사이의 전투 지역에 있었던 3지점에 12월 18일 밤에 상륙했다. 그들은 즉시로 고지로 진격하여 동부여단을 스탠리 반도로 퇴각시키면서 남부해안에 있는 격퇴만 호텔(Repulse Bay Hotel)에까지 진군함으로써 방어군을 둘로 분리시켰다. 소규모로 분산된 병사들이 완강하게 저항함으로써 일본군의 진군을 단지 일시적으로 저지하였지만 방위군은 이미 주도권을 장악하고 유지했던 일본군에 도전할 수 있을 정도의 충분한 힘을 결집시킬 수 없었다. 결국 단호하고 영웅적인 방어전은 단호했던 총독이 더 이상의 저항은 쓸모없다는 말을 들었을 때인 크리스마스 날 끝이 났다. 주로 홍콩지원병들로 구성되고 적 배후에서의 사보타지(Sabotage)훈련을 받은 소규모 집단인 제드군(Force Z)은 적의 배후에서 파괴행위를 감행하였고, 그것은 자유중국으로 도주하기 전에 춘완(Tsun Wan)에서 적 수송을 저지하는 데 어느 정도 성공했다.

이제 빼앗긴 영토로 알려진 홍콩은 3년 8개월 동안 지속된 고통스런 일본의 지배를 받았다. 7,000명이 넘는 전쟁포로는 장교와 인도인으로 분리된 캠프에 수용되었던 1942년 4월까지 슘쉬포(Shumshuipo)병영에 집중 수용되었다. 그들 모두는 각기병, 펠라그라병과 같은 결핍증을 야기하는 영양실조에 걸려 있었으며, 수용되어 있는 동안 처음에는 이질로 인한 사망자가 속출하였으나 일본군 당국으로부터 세심한 치료를 받지 못했다. 주로 정규군인보다 젊은 병사들은 노역을 위해 일본으로 징발되어 갔기 때문에 지나친 과밀포로수용문제는 해결되었다. 일본에서의 노역에 징발된 1,816명 중 1,092명은 그들이 승선한 배인 리스본(Lisbon Maru)호가 추산(Chusan)제도에서 수뢰로 파괴되었을 때 목숨을 잃었다.

민간인들은 가축, 남자, 여자, 어린이가 함께 뒤섞여 기본적 문명생활을 누리지 못한 채 포로수용소에 집단으로 수용되었고, 그들은 간신히 기아에서 살아남았다. 그렇지만 홍콩에 있는 몇몇 중국인들이 도움을 제공하였다.

수용소에서 자유중국으로 많은 사람들이 도망쳤는데 그들 가운데 몇몇 홍콩인들은 '퀘이린'(Kweilin)의 사령부와 '와이쵸유'(Waichow)에 있는 전초기지와 힘을 합쳐 '영국육군보조군'(British Army Aid Group)을 창설하였는데, 이 부대는 포로들의 도주를 돕거나 의약품을 제공하여 많은 사람들의 생명을 구했으며, 홍콩에서의 상황에 관한 정보를 수집하였다.

점령기간 동안 일본은 홍콩의 주민을 주로 광퉁으로 쫓아내고 그리고 종종 가혹한 방법을 사용함으로써 그 수를 1,600,000명에서 600,000명 이하로 감소시켰다. 그 주된 이유는 방어를 위해 그리고 식량수입을 보장하고 선적 시에 동원하기 위해서였다. 세 명으로 구성되는 중국인 대표위원회는 나중에 그 구성원이 6명으로 증가하였고, 22명의 중국인 상호협력위원회는 후에 그 구성원이 26명으로 증가했는데, 이것들은 중국인의 견해와 이익을 대변하였다. 전 식민지에 퍼져있던 18개의 지역사무국은 일본군들로 하여금 지역여론을 지속적으로 청취하게 하였다. 점령이 끝날 무렵 미 공군의 급습과 빈틈없는 미군의 봉쇄는 식량배급과 대부분의 공공시설 이용의 부족을 초래하였다.

일본이 1945년 8월 14일 패배를 받아들인 지 1주일 후에 식민지의 장관 짐슨(F. C. Gimson) 경은 몇몇 고참관리들과 함께 스탠리 수용소를 떠나 임시정부를 설립하였고, 다른 피억류자들도 나타나 공공시설의 복구를 도왔다. 8월 30일 하쿠르트(C. H. J. Harcourt)제독의 지휘권 하에 있는 영국 태평양함대 소속 부대들이 입항하여 영국기를 게양하고 일본의 점령을 해제시켰다. 저녁에 짐슨 경과 고위관리를 대동한 하쿠르트 제독은 스탠리에서 엄숙한 감사기도예배에 참석하였다.

홍콩에서의 영국의 권위는 특히 반식민지감정이 강력하였던 미국에서 아무런 문제없이 회복되지는 않았다. 루즈벨트 미국대통령은 모든 민족의 해방을 촉구한 1943년 3월의 대서양 헌장의 제3조가 독일과 일본이 유린한 영국식민지에도 적용된다고 생각했다. 그는 우호의 몸짓으로써 영국에게 홍콩을 포기하도록 한두 번 촉구하는 데 그쳤다. 1945년 2월의 얄타회담에서 루즈벨트는 태평양전쟁에서 소련의 지원을 받기를 열망하였으며 일본과 중국 양자를 희생시키게 될 영토상의 양보를 제의했고, 중국을 진정시키기 위해 홍콩이 중국에 반환되어야 한다고 촉구했다. 영국과 중국의 대표들은 극동에 관한 협상 시에 배제되었고, 처칠은 그 협상에서 영국의 식민지지배가 문제시되고 있었음을 알았을 때 감정이 폭발하였다. 1943년 1월 미국과 영국은 중국에서의 모든 할양받은 영토를 포기하고, 식민지 및 조약항제도에 부수된 특권을 포기하는 대중국조약을 각기 체결하였다. 따라서 비록 영국이 조약에 명기된 조약항제도에 내재된 바와 같은 그러한 특권에만 관련된다고 설명했을지라도 장개석은 홍콩이나 또는 적어도 신계지를 차지하리라는 희망을 품었다.

　연합국들은 최고연합군사령관의 지휘 아래 그들의 영토에 군사 행정부를 설립하였고 적의 점령지를 회복하였다. 그 최고사령관은 전쟁 전에 통치권을 행사했던 본국 정부로부터 자신의 대민간인 정책의 지침을 받았고, 그리고 본국 정부에 의해 임명된 민간인 담당 장교의 도움을 받았다. 일본이 항복하던 날 포로수용소에서 도망쳐 나온 한 고위홍콩정부관리인 맥두갈(D. M. MacDougall) 휘하의 한 부대가 홍콩에서 영국의 권위를 회복하기 위한 계획을 준비하기 위해 런던의 식민성에 의해 1943년 7월에 설립되었다. 그 계획부대는 자연히 하쿠르트 제독이 설립하도록 지시를 받았던 군사 행정부의 민간업무 참모진의 핵심을 형성하였다. 민간업무담당 장교들은 9월 7일에 떠나기 시작했고, 군사행정부는 9월 16일에 본국으로 이임한 짐슨이 통솔한 행정부 대신 민간업무 주무 장교인 맥두갈과 더불어 계획대로 행정업무를 수행하기 시작하였다.

　식민지가 장개석 총통에게 항복하고 그가 통제했던 전쟁구역에 들어감에 따라 홍콩에서 일본의 항복문제를 둘러싸고 어려움이 발생했다. 이 문제는 중국과 영국 양국 모두를 대표하여 9월 16일 총독 관저에서 항복을 받아낸 하쿠르트 제독에 의해 극복되었다.

홍콩에서 생존할 수 있는 공동체의 재건은 커다란 문제를 제기하였고 평화가 갑자기 도래한 이래로 육군성이 민간인 보급품들을 통제하여 보급할 수 있기까지의 즉석 조달은 그날그날의 주요 과제가 되었다. 이 같은 상황은 한달에 100,000명의 비율로 떼를 지어 되돌아온 중국인들의 독특한 적응능력을 보여주었다. 식량과 연료는 가장 중요하였고, 실제 어떠한 가격을 지불하든 간에 식량을 확보하도록 구매단을 광동, 보르네오, 인도, 그리고 일본에 파견하였다. 정부는 대량구입하지 않을 수 없었고, 쌀은 가용저장량에 따라 배급되었고 보조되었다. 그리고 전반적으로 가격통제가 처음으로 도입되었다. 사적인 교역은 주로 미국회사의 신용대부를 받은 중국인들의 요구에 따라 1945년 11월 23일에 재개되었다. 그러나 많은 영국인 사업가들은 정상적인 통상거래가 재개될 수 있을 때까지 정부의 관직들을 차지했다. 무역 및 외환통제는 경화를 보존하고 이윤이 많이 남는 해외시장에 유출되는 것을 막기 위해 도입되었다.

전쟁은 많은 다른 문제를 남겼다. 전쟁포로수용소와 스탠리수용소는 문을 닫아야 했으며, 해외거주자들도 본국으로 송환되었다. 홍콩지원방어부대와 홍콩의 영국해군지원예비군은 동원 해제되었고, 점령기의 포로는 충분한 급료, 휴가, 그리고 수당을 받았으며, 도망쳐서 연합군에 가담한 자들은 공헌도에 따라 대우를 받았고, 홍콩에서 도망치거나 남아있던 사람들은 도망친 지 98일 이후에 제대한 것으로 처리되었다. 많은 지역사람들은 그들이 함께 싸웠던 유럽인들과 마찬가지로 영국에 자유롭게 드나들 수 있는 통행권을 부여받았다. 전쟁 희생자를 위한 공동묘지가 스탠리와 사이완(Sai Wan)에 세워졌다.

또 전쟁으로 주거시설의 문제가 생겨났다. 전시재산손실을 살펴보면 외국인 공동체는 72%의 가옥을 잃었는데, 160,000명의 공동주택거주자가 자신들의 집을 상실하였다. 주거시설 부족은 늘어난 군대의 수요를 채우기 위해 사유재산을 징발했기 때문에 더욱 심각하였다. 건축재료 부족, 합법적인 전쟁 책임에 따라 공공비용으로 전쟁에서 손해 입은 재산의 복구 요청에 대한 정부의 거절 그리고 하락할 것으로 자신 있게 기대되었던 매우 높은 물가, 이 모두는 재건의 지연을 초래하였고 정부에 대한 커다란 불만을 야기하였다. 1948년에 재건이 시작되었고 그때까지 수용시설의 확충압력 때문에 정부는 비어있는 건물을 징발하고 모든 가용숙박시설을 활용하고 그리고 가족의 이사를 지연시켰다. 지방의 호텔은 방 하나에 세 명을 수용시킴으로써 도움이 되었다.

개조된 화물자동차는 버스로 이용되었고, 행정부의 부서들은 새 장비가 도착할 때까지 공공시설을 유지하기 위해 많은 일을 하였다. 시가전차를 무궤도전차로 대체하려는 논의가 이루어졌으나 기각되었고, 마찬가지로 차량 우측통행제로 변경시키려는 제안도 거부되었다. 도로의 복구는 매우 신속하게 이루어져 1948년에 1차선 가로체계가 도심지역에 도입되어야 했다.

일본과의 협력에 대해 많은 비난이 야기되었다. 중국인 유력자들은 일본의 압력 하에서 전승국과 함께 일하는 것 이외에는 별다른 선택권이 거의 없었다. 사회적으로 보다 낮은 계층에 속했던 사람들은 일본인들 밑에서 봉사했던 자들과 일본군이 간첩혐의자 또는 연합국과 접촉한 자들을 체포하여 고문할 때 협력한 자들이었다. 50명 이상의 혐의자들이 반역죄로 재판을 받았다. 첫 공판 후 나머지 혐의자들은 적을 도와줄 목적으로 범죄를 저지른 혐의로 기소되었으나, 사형을 받지는 않았다. 도합 30명이 재판을 받았는데, 5명은 교수형에 처해졌고 22명은 각기 15년에서부터 6개월에 걸친 다양한 기간 동안 투옥되었고 2명은 1일 형에 처해졌고 1명은 무죄 방면되고, 그리고 1명은 도주하였다.

동시에 전쟁범죄혐의로 기소된 일본인에 대한 전범재판이 홍콩법정이 아닌 영국특별 군사법정에서 열렸다. 두 법정은 매우 상이하였는데 그러나 각각에 있어서 잔학행위의 이야기는 유사성을 띠고 있었다. 도합 21명의 일본인이 사형을 선고받았고, 85명은 각기 다양한 형기로 수감되었고, 14명은 무죄 방면되었으며, 그리고 잔류자에 대한 기소는 기각되었다.

제26장 새로운 통치 유형

우리는 당신의 복귀 덕분에 식민지의 역사에 새로운 신기원이 열리기를 바라고 믿는다. 그것은 새로운 홍콩의 탄생을 의미한다.

1946년 5월 16일 입법의회에서 만캄로 경

평화의 도래로 인해 불가피하게 식민지 정책의 변화가 초래되었고 그리고 특히 2차 대전에서 영국인이 굴욕을 당한 이후에 홍콩에서는 과거로의 어떠한 단순한 복귀도 명백하게 있을 수 없었다. 공동의 전시 희생에 대한 요구는 식민지 생활수준이 형편없이 낮았음을 완전히 들추어내었고, 더 높은 생활수준과 일반적인 사회적 개선을 가져다 줄 경제발전과 영연방내의 식민지 자치를 옹호하면서 식민지 내에 새로운 시각을 만들어내는 데에 기여했다.

이러한 새로운 정신 중에서 의미 깊었던 것은 자신의 중단된 총독직을 재개하고 민간정부를 회복하기 위해 1946년 1월에 여왕부두에 상륙한 마크 영(Mark Young) 경은 최초의 발표문에서 식민지 주민들의 문제를 처리할 때 그들에게 더욱 완전하고 더욱 책임 있는 자리를 약속했다. 그는 몇 가지 중요한 정부 기능들이 이전될 시의회의 구성을 제안하였다. 단체 및 대표들의 견해를 물어본 후 그 총독은 1946년 8월 26일 라디오 연설에서 영플랜(Young Plan)이라고 알려지게 된 그의 제안을 개략적으로 설명했다. 간단

히 말해 그는 중국인 유권자에 의해 1 / 3이, 비중국인 유권자에 의해 1 / 3
이 그리고 자체의 제정을 가진 중국인 및 비중국인 대표단체들에 의해 1 / 3
이 선출되는 시의회를 설치할 것을 제안하였던 것이다. 논평이 다시 촉구되
었고, 1947년 7월에 런던과 홍콩에서의 동시 발표문은 영플랜을 광범하게
승인하였다.

마크 영 경은 1947년 5월에 퇴직했고, 총독직은 서태평양지역 고등판무
관이었던 알렉산더 그랜탐(Alexander Grantham) 경에 의해 계승되었
다. 그는 일찍이 홍콩 고위관리로 13년간 근무했고, 그의 개인적 지도력에
대한 찬사를 받으면서 종종 '그랜탐시대'라고 언급되었던 10년간의 총독직을
시작하였다. 영플랜 계획을 세부적으로 처리할 세 가지 법안이 1949년 6월
에 공표되었다. 하지만 그 계획은 여전히 태동 중이었다. 3월의 예산 논쟁
에서 이미 그 計劃을 비판했던 입법의회의 비공식의원들이 이제 그 計劃을
거절하는 데 동의하여 그 計劃은 거부되었고, 더욱 광범위한 개혁을 위한
중국의 몇몇 단체들에 의해 제기된 청원에도 불구하고 1952년 10월에 영
국과 홍콩에서의 동시 발표문은 그 시기가 중대한 헌법개혁을 하기에는 부
적절했다고 밝혔다. 그 計劃은 그때 이래로 여전히 시기상 부적절하였다.
그 計劃은 홍콩의 인적 구성을 변모시켰던 피난민들의 거대한 유입 때문에
실패하였다. 소규모의 헌법상의 변화가 이루어졌다. 집행위원회는 1946년
5월에 7명의 관리를 가진 민간정부와 더불어 복귀되었다. 그중 5명은 전직
관리였고 4명은 비공식의원이었다. 그리고 집행위원회가 1948년에는 6명의
공식의원과 6명의 비공식의원으로 구성되었고, 1966년에는 비공식의원이 8
명으로 늘어났고, 그들 중 4명이 중국인이었다. 입법의회는 1946년 5월 1
일에 복구되었는데, 9명의 공식의원과 7명의 비공식의원으로 구성되었고,
1951년에는 그 의원이 9명과 8명으로 각각 증가하였고 그리고 1964년에
는 각각 12명과 13명으로 증가하였다. 총독은 의장 자격으로 법률안 발의
권과 캐스팅보트권을 가졌다. 비공식의원들 중에서 중국인 의원 수는 11명
이 중국인이고 단지 2명만이 유럽인이었던 1971년까지 늘어났다. 후자인 2

명의 유럽인 의원은 각기 2개의 지명단체인 홍콩사업회의소와, 비공식 치안 판사에 의해 지명되었다. 그래서 중국인들은 의회에서 16명으로 구성된 재무위원회에서 다수를 차지하였다.

시의회는 1953년에 또한 시업무국장이 되었던 한명의 공식 의장 밑에서 지명된 5명의 공식의원 그리고 6명의 비공식의원들과 더불어 부활하였다. 선거는 영플랜이 거부되었을 때인 1952년 5월에 재개되었고, 선출된 대표들은 1953년에 2명에서 4명으로 증가하였다. 그리고 선거인 명부는 약 18,500명으로 증가하였다. 1956년에 의원들 중 절반은 선출되었고, 나머지 절반은 지명된 16명의 비공식의원이었는데, 이 수치는 1965년에는 20명으로 증가하여 같은 비율을 유지하게 되었다. 등록된 유권자수는 1971년에 37,788명으로 늘어났고, 이것은 단지 공동사회가 약 35만 명으로 추산되었던 유권자로서 등록할 자격이 있었던 사람들의 작은 부분을 차지했을 뿐이었다. 그리고 선거는 두 정치단체를 탄생시켰는데, 1949년에 개혁클럽(The Reform Club)과 1955년에 시민연합(The Civic Association)이 생겨났고 그 각각은 입법의회에서 주민들의 더욱 직접적인 대표권을 옹호하였다.

공무수행을 위한 지역충원 정책은 보다 더 중요했다. 1946년까지 유럽인 관리에게만 한정되었던 정부관직은 지방 관리에게 개방되었고, 이주자들은 단지 적당한 지방 후보자들을 이용할 수 없을 경우 임명되어야 했다. 1961년 초에 지방 관리들은 그들에게 보다 높은 관직에 필요한 자질을 갖추도록 외국으로 파견되었다. 최초의 중국인이 1946년에 고위행정관리로 임명되었고, 1952년에 지역 관리 출신이 의료부 장관직에 오르게 되었다. 1951년에 행정부 및 고위자문관직에 54명이 지방에서 충원되었고, 이는 전체 관리의 10.4%였다. 1971년에는 2,874명의 전문직 및 행정직 관리가 지방에서 충원되었는데 이 수치는 전체관리 중에서 단지 52%를 상회하였다. 식민성, 노동성, 광산성, 정보성, 수송성, 사회복지성, 통계와 계획 및 이민성 그리고 재명명된 중국문제 담당부와 같은 새로운 행정부서들은 모두 정부의 사회문제에 대한 인식과 복지에 대한 관심이 증대되었음을 입증하였다. 사법부는 확대되어 재판장, 고참배석판사, 6명의 배석판사, 8명의 지방법원판사, 그리고 11명의 치안판사를 포함하게 되었다. 보다 더 중요한 것은 총독이었던 로버트 블랙 경에 의해 1958년부터 1964년까지 입법의회에서 그해 3월에 발표되었듯이 홍콩이 1958년에 행정적으로나 재정적으로 실제 자율성을 누렸다. 그러므로 영국이 여전히 종주권을 행사했으나 그러한 권한은 실제로 홍콩의 대외관계에 대한 통제에 국한되었다.

전후 홍콩 역사의 주된 특징은 중국 내전에서 공산주의자들이 승리하고 그리고 특히 1949년 10월에 그들의 광동 점령 여파로 본토로부터 엄청난 수의 새로운 이주자들이 건너왔다는 점이다. 중국내전과 광동점령으로 1950년 5월에 70만 명의 피난민이 홍콩으로 들어왔다. 1946년 말에 160만의 인구가 1950년 말까지 236만으로 불었고 1956년 말에는 250만으로 증가하였다. 새로운 이주민들은 옥상 위에서 그리고 언덕 위에 있는 조잡하고 비위생적인 판자촌에 집을 지었고, 공동사회와 공공시설 담당부서들에게 커다란 부담을 끼쳤다. 유입속도가 너무나 빨라서 이주자들을 모두 흡수하기란 거의 불가능하였으며, 1950년 5월에는 중국으로부터의 입국은 입국하는 자들을 출국하는 자들의 비율에 대충 맞추는 할당제를 실시했기 때문에 국경지역에만 한정되었다. 1953년 크리스마스 저녁에 53,000명이나 되었던 무단거주자의 중대한 방화로 정부는 대규모 재정착계획을 수립하고 무단거주자들을 공동사회에 통합시키는 정책을 채택하지 않을 수 없었다. 사회·경제적인 조건을 개선시키려는 영국의 새로운 식민지 정책과 연결되는 이 정책은 홍콩 정부로 하여금 주로 종교적인 단체들에 의해 운영되는 자발적인 복지기관들과 제휴하여 새롭고 광범한 사회복지 분야에 관심을 기울이게 만들었다.

대규모의 택지조성은 정부 업적 중에서 가장 괄목할 만한 것이었다. 1954년 초에 무단거주자의 축출과 재정착지역에서의 대규모 가옥 재건축은 꾸준히 진척되었다. 재건축 속도가 빠르고 그 경비가 저렴했기 때문에 공공의 세탁시설과 다른 편의시설을 갖춘 획일적인 7층 구역에서 받아들일 수 있는 최소건

293 새로운 통치 유형

축을 필요로 하였다. 이러한 조건들은 나중 유형의 재정착 구역에서 점차적
으로 개선되었다. 1970년 말에 재정착부는 거의 110만 명에게 가옥을 마
련해 주었으며 500달러 미만의 월수입자들을 위한 저렴한 정부주택은 꽤
나은 숙박시설에 187,789명을 수용하였고, 정부주택국은 205,044명에게
가옥을 재공급하였다. 홍콩 주택협회와 같은 자발적 단체가 보조금을 받은
덕분에 1970년 말까지 주민의 43%가 정부수용시설 또는 정부의 보조금을
받는 수용시설에 거주하였다. 유명한 도시계획가인 패트릭 아버크롬비 경(Sir
Patrick Abercrombie)은 1947년에 그 식민지를 방문했는데 그는 구획설
정에 보다 큰 관심을 기울었고, 더 많은 공간을 확보하기 위해 중심지역에서
무장군대가 빠져나가야 한다고 자신의 보고서에서 촉구하였다. 이러한 요구들
은 부분적으로 이루어졌는데, 항구터널의 건설은 1970년에 시작되어 1972
년에 완공되었다.

　1948년에 세워진 사회복지국은 1958년 1월에 독립부서가 되었고 청소
년업무 및 어린이 복지, 여자 및 아이들의 작업, 검정과 교정, 구호 및 공동
체 발전 등을 다루었다. 사회복지국은 홍콩사회 업무위원회 하에 조직된 채
대체로 보조금을 받으면서 자선기관들과 함께 일하였다. 1971년에 그것은
빈민을 위한 하나의 재정구호 계획을 도입하였다. 하지만 그 입장은 중국인
가족들의 응집력을 해치지 않고 개인을 더욱 더 자립적으로 만드는 데 사회
복지지원금을 주로 활용하려는 조심스러운 것이었다.

　정부는 근로조건 및 생활수준을 향상시키기 시작하였다. 전쟁 직후의 시
기에 노동자들의 소요가 발생하였는데, 그 이유는 부분적으로 가격이 정상
수준으로 보다 하락할 것이라는 고용주들의 믿음 때문에 임금이 매우 높게
상승한 생활비를 감당하지 못했기 때문이었다. 정부는 양국의 정책에 따라
노동조합운동을 조직하기 위하여 영국으로부터 경험 있는 노동조합주의자를
불러들여 고용했다. 하지만 별다른 성과를 거두지 못했다. 노동조합들은 강
력한 정치적인 동맹으로 발전했지만 노동력이 남아돌았기 때문에 노동조합
의 교섭력은 약화되었다. 그럼에도 불구하고 임금은 지속적으로 상승하여

1971년에는 홍콩의 산업노동자들이 아시아에서 두 번째로 높은 생활수준을 누리게 되었다. 중국문제담당 장관의 예하에 있는 노동국은 노동자를 보호하기 위한 많은 독립노동입법을 추진할 임무를 떠맡았던 1946년에 독립적인 노동부를 이끌었다. 여자와 젊은 사람들의 근로시간은 하루에 8시간으로 제한되었다. 그리고 여자들의 야근도 1970년에 폐지되었다. 그러나 그것은 소수의 대규모 면방직공장에서 엄격한 조건 하에서만 허용되었다. 1961년의 한 법령으로 산업근로자들은 의무유급휴일 및 유급병가를 보장받았으며, 1953년의 노동자보상법령은 많은 개정을 거듭하면서 산업재해보상을 규정하였다. 이 보상을 위해 노동부는 근로자가 권익을 주장하는 데 도움을 주었다. 1970년에는 한달에 1,500달러까지 버는 모든 육체노동자와 비육체노동자가 법정 공휴일 이외에 매달 4일간의 휴무일을 보장받게 되었다. 게다가 산업분쟁 시에 건강과 안전 그리고 타협에 관심이 기울여졌다.

공중보건과 의료시설에 대한 관심이 증대되어 왔다. 병원의 침상 전체는 1957년의 주민 천 명당 165개에 비해서 1970년에는 403개였으며, 결핵·사회위생·나병 그리고 유아 복지를 위한 무료진료소에서 침상이 보장되었다. 반면 수상거주자 및 오지 촌락을 위한 무료이동약국과 무료예방접종이 발전하였다. 전쟁 전에 설립된 일년에 7달러씩을 받는 학교의료부는 1970년에 42,803명을 치료하였다. 정부의 독점자에 의해 제공된 합법화된 아편흡연실은 결국 전쟁 후에 폐쇄되었지만 주민들의 엄청난 인구과밀, 혹독하게 경쟁적인 사회, 그리고 도시 여건에 잘못 적응했기 때문에 많은 수의 감옥수감자를 초래한 심각한 약물중독 문제가 야기되었다. 말라리아는 몇몇 농촌지방을 제외하고 사라졌는데, 왜냐하면 말라리아 대책국에 의해 배수공사, 수로의 청소, 그리고 시냇물 오수처리가 이루어졌기 때문이다.

교육은 전쟁의 상흔을 딛고 재건되어야 했는데, 왜냐하면 많은 학교가 파괴되거나 징발되었으며, 인구의 평균 43%가 취학연령에 도달할 정도로 인구가 폭증하였기 때문이다. 한 건물이 오전반과 오후반으로 나뉘어져 두 개의 학교역할을 하였다. 또한 사회복지 부문에 있어서처럼 정부와 그리고 자선단체로부터 보조금을 받거나 장려금을 받는 학교들 사이의 협조관계 덕분에 많은 것이 성취되었다. 1946년에 약 53,200명이 교육을 받았고 약 60,000명이 교육을 받지 않고 있는 것으로 추산되었다. 1970년 모든 형태의 학교에 등록한 총 학생수는 983,495명이었고, 희망자에 대한 무상초등교육이 1971년에 성취되었고, 반면에 같은 해에 교육부의 관리들에 의한 조사를 받아야 하는 의무교육이 조심스럽게 시작되었다. 최근에는 약 46,000석의 새로운 책걸상이 매년 필요했는데 일주일마다 900석이 넘는 하나의 큰 학교가 필요했다. 약 17%가 계속 중등교육을 받았고, 1971년에는 정부가 모두에게 무상으로 운영되는 3년간에 걸친 중등교육을 조직하기 시작하였다.

홍콩의 대학교는 전쟁 전의 400명에서 1970년에는 2,283명으로 확대되었다. 그리고 주로 중국인 중등언어학교들의 학생들을 위해 1963년에 세워진 3개의 자율대학을 포함한 신 홍콩중국인 대학에는 1,928명의 학생이 등록하였다. 1946년에 설립된 전문대학은 7개 학과에 13,417명의 학생이 다녔고, 기술교육은 보다 낮은 수준에서 확대되고 있었던 반면, 교사양성을 위해 3개의 교육대학이 설립되었다.

구 시청부지는 매각되었고 나중에 압력을 받자 정부는 1961년에 모든 부분에 대해 인기있고 문화활동의 중심지가 되었던 것으로 입증된 코노트로(Connaught Road)의 북편에 있는 개간지에 새로운 시청을 건립하였다. 그것은 문화의 중심지가 되었다.

이런 정책들의 소요비용은 부분적으로 증가하는 과세수입으로 충당되어 왔다. 그러나 1947년에 옛 전쟁세금은 부활되었다. 그리고 철저한 소득세부과가 다시 회피된 반면 월급과 임금·재산·사업이익·회사이익에 대한 소득세에 어느 정도 상응하는 세금이 부과되었다. 하지만 홍콩은 세율이 균일하지 않았을지라도 수입되거나 또는 지역에서 생산되거나 간에 포도주·증류주·향수 그리고 담배 등등의 사치품에 부과되는 관세를 제외하고는 어떠한 관세도 부과되지 않는 자유항으로 남아있었다.

중요한 사회적 발전은 전쟁 덕분에 그들에게 개방되고 있던 정부의 보다 높은 전문직 및 행정직에 매료된 보다 많은 수의 중국인들이 전문직에 종사하게 되고 그리고 대학들 및 해외기관들에서 중국인 학생들이 학문적 성과를 얻음에 때라 전쟁에 의해 야기된 민족적 평등을 향한 움직임이 있었다는 것이다. 게다가 중국인들은 지방의 상공업을 지배하는 경향이 있어왔고 중국인 거주지가 더욱 부유한 지역이 되어왔다. 노동계급은 홍콩의 번영을 충분히 공유하지 못했다. 1956년과 1966년의 노동자 폭동은 바탕에 깔린 불만을 말해주는 것인지도 모른다. 사실 적어도 홍콩의 문제점의 일부는 더 속박된 환경에서 보다 커다란 번영과 여가를 누리는 것에 있는 것처럼 보였다.

제27장 국민 문제와 공업 부흥

> 홍콩은 산업의 혁명 및 팽창 덕분에 생존하였다. 중국에서 건너온 피난민들
> 이 지니고 온 다음 세 가지 선물에 의해 이것이 어느 정도 가능할 수 있었다.
> 첫째 잉여노동, 둘째 상업적 기민성과 결단력을 갖춘 북부인들이 가져온 신기
> 술, 그리고 셋째, 새로운 노동력과 안전을 찾아 나선 새로운 자본.
>
> 홍콩연례보고서, 1956년, 제2장 '국민의 문제'

홍콩정부는 2차 대전 이후에 중국과 우호관계를 형성하기 위해 노력하였
다. 예를 들어 포획된 일본선박들을 합의된 기간이 경과하기도 전에 중국에
넘겨주었고, 전쟁 전의 식민지 입국규제가 철회되었고, 더욱 중요한 것은
1948년에 중국해상세관에 식민지의 관세국 설치와 식민지 영해 순시권을 부
여한 것이다. 홍콩 정부는 자신의 새로운 금원화통화제를 확립하려는 조처
를 취함으로써 중국을 도왔고, 1948년에 상하이에서의 식량부족현상을 덜어
주기 위해 1만 톤의 쌀을 상하이에 차관형식으로 보냈다. 1948년에 영국과
중국의 관리들은 일본인들이 제거한 국경경계석을 재설치하기 위해 회동하
였다. 이해에 불행하게도 담벽이 쳐진 옛 구룡시로부터 무단입국자를 검거
하려는 홍콩 정부의 제안 때문에 그 도시를 중국인들의 사법관할권에 종속
하는 것으로 계속 간주했던 광동인들의 사주를 받은 폭동이 야기되었다. 국
민당 정권은 곧 붕괴되었다. 항시 잠복해있던 공산주의자에 대항하는 국민

당의 내전은 2차대전 이후 본격적으로 재개되었다. 1949년 10월 1일까지 공산주의자들은 중국의 대부분을 장악하여 중국 인민공화국을 선포하였다.

홍콩은 국경지대에 공산당 무리가 나타났을 때 이들이 공격해 올까봐 긴장과 두려움에 휩싸였고 그리고 수비대를 증강시키고 중무장 기갑부대의 이동을 위해 도로와 다리를 보강하였다. 좌익은 완차이 거리에서 기다란 행렬을 이뤄 뱀춤을 추면서 자신들의 기쁨을 발산하였다. 영국은 1950년 2월에 공산주의자들의 새북경정부를 마지못해 받아들이고 그것을 극소수의 국가들만이 따랐던 지배세력으로 인정하였다.

선박들이 홍콩영해에서 공산주의자들이 보유한 섬과 그들의 무장군함으로부터 포격을 받은 사건들이 일어났고, 홍콩법정은 식민지에 들어온 공산주의자들이 격식을 차리면서 식민지의 경계를 존중한다는 의사를 표명했기 때문에 긴장은 완화되었으며, 영국 군대는 매우 평화스러웠던 국경으로부터 멀리 철수했다. 긴장은 북한 공산주의자들이 미국의 지원을 받은 남한을 공격하여 중국의 개입으로 패배에서 간신히 벗어났던 1950년 6월의 동란으로 말미암아 다시 고조되었다. 영국군대는 한국동란에 유엔군 소속으로 참전하였으며, 긴장은 1953년 휴전 때까지 지속되었다. 모든 홍콩 거주자들은 신분증을 소지해야 했으며, 1951년 9월에 공표된 강제 복무령은 긴요한 직업에 종사하는 자를 제외한 모든 영국 국적소유자를 지역의 자원 무장군이나 경찰 또는 보조방위군에 편성시키려는 것이었다. 이 법령은 1961년 8월 5일부터 포고령으로 중단될 때까지 지속되었다.

한국전쟁으로 말미암아 홍콩은 유엔이 광범위한 전략상품의 대중국 교역을 금지시켜 이를 홍콩이 또한 따라야 했을 때 타격을 받았다. 더 나쁜 것은 미국이 1950년 12월에 전략목적을 위해 중국의 일부분으로 간주되었던 홍콩에 특별한 부담을 가했던 홍콩의 대중국 교역을 거의 완전히 금지시켰다는 점이다. 그 식민지는 커다란 타격을 받았는데, 한 미국 파견기자는 홍콩을 1951년에 공산주의자들에 대항하는 투쟁에 개입된 외부국가들의 명령에 그 교역이 저지당한 '이 죽어가는 도시'라고 묘사하였다.

이러한 침체 상태에서 홍콩은 엄청난 수의 중국피난민들이 이주함으로써 구제되었다. 상하이로부터 건너온 많은 이주민들은 자본과 전문적 산업기술을 가지고 왔다. 대부분의 이주민들은 단신으로 건너와 홍콩의 가장 큰 자산이 되었던 풍부한 노동력을 제공하였다. 왜냐하면 그들은 근검절약하였고, 노조억압관행에 익숙지 못했으며 직업을 찾아나서야 했고, 그들 중 다수는 고도의 기술을 익힐 수 있을 정도로 재능이 있었기 때문이다. 기업을 경영하는 자본가들은 풍부한 노동력을 흡수하기 위해 공업 특히 노동집약산업을 도입할 수 있음을 재빨리 간파했으며, 이미 정상적인 노동력 공급원이 차단되었던 전쟁에서 어느 정도 자극을 이미 받았던 산업은 팽창하고 번영하기 시작하였다. 홍콩은 원자재가 거의 없었고, 유류 또는 석탄과 같은 동력원도 없었으며 토지와 식수도 부족하였다. 그럼에도 불구하고 이주민의 유입으로 큰 이익을 볼 수 있었다. 왜냐하면 거대한 노동력에도 불구하고 그것은 최소의 행정 간섭을 하는 데 그친 비교적 안정되고 정직한 정부, 효율적 은행 및 보험, 선박 서비스, 풍부한 노동력, 그리고 영국의 관세특혜 등을 갖추었기 때문이었다.

공업성장은 빨랐다. 1947년에 64,000명을 고용했던 1,050개의 공장에서 그 수가 1970년에는 589,505명으로 증가하였다. 보다 더 많은 사람들이 등록되지 않은 공장과 옥외노동자들로서 일했다. 대부분 공장은 자생자본을 사용하고 종종 같은 문중 사람을 고용하면서 소규모의 가족적인 경영 체제를 유지했다. 1958년에 4,906개의 공장 중에서 3,225개의 공장이 20명 이하의 노동자를 고용했으며 4,182개의 공장이 50명 이하의 노동자를 고용했다. 1970년에조차 홍콩의 전체 공업생산품의 75%가 100명 이상의 노동자를 고용한 공장에 의해 생산되었다. 섬유류, 주로 면직물, 모직물, 기성복 그리고 1968년 이래의 인조섬유는 1954년에는 전체 노동력의 30%, 1970년에는 40%를 각기 고용하면서 주도적 위치를 차지하였다. 합성수지는 일찍이 발달하여 1970년엔 전체 수출의 12%를 차지하였고 전자 공업은 1969년 처음 도입되어 1970년에는 전체 수출의 10%를 차지하였다. 1947년에 국내 수출은 전체의 10%였고, 이 수치는 1970년의 81%에 대비가 된다.

홍콩 공업의 성공은 부분적으로는 상대적으로 저임금 덕분이었으며, 또한 하루 24시간 동안 가장 현대적인 장비의 집약적인 사용과 수공기술을 덜 필요로 하는 최신 자동기계의 활용 덕분이었다. 반면 임금은 식사와 의료시설 및 기숙사 제공과 교육지원에 의해 보충되었다.

원자재는 수입하고 기계를 수출해야 했다. 또한 수출입 중계항으로서 필요한 기계장치들은 이미 구비되어 있어서 새로운 교역에 대한 적응은 비교적 용이하였다. 처음에 홍콩은 가내제조상품을 개발도상국으로 수출했다. 실례로 1956년에 홍콩의 가장 중요한 수출대상 국가는 홍콩의 전 수출품 가운데서 16%를 수입한 인도네시아였다. 그러나 인도네시아를 비롯한 개발도상국은 자신의 산업을 발달시키기를 바랐으며, 그 식민지는 점차 선진국의 시장을 개척해 나갔다. 1970년에 미국과 영국은 8%를 차지한 서독과 4%를 차지한 일본과 더불어 홍콩 전체 수출품의 56%를 수입하였다. 그래서 위험부담이 큰 이 두 시장에 대한 의존관계에서 탈피할 수 있는 새로운 판로를 찾아 나선 결과 1956년에 11개의 해외사무소를 갖춘 무역발전협의회가 설립되기에 이르렀다. 1966년에 설립된 홍콩 수출신용보험회사는 1970년에 홍콩 수출품의 8%를 떠맡았다. 1967년에는 또 다른 법적 기구인 홍콩 생산력협의회가 직업 훈련과 시장정보획득을 통해 생산성을 증대시키기 위해 1967년에 설립되었다. 약 60명의 전문적이고 숙련된 사람들이 필수적인 기술과 작동기술을 가르치기 위해 보통 단기로 고용되었다.

홍콩의 수출 특히 섬유제품의 수출이 선진국에 미친 타격 때문에 영국과 미국 그리고 대부분의 다른 선진국들은 수출할당제를 강요하지 않을 수 없었다. 이 같은 할당제로 말미암아 홍콩의 수출은 일반적으로 홍콩을 개발도상국으로 인정해왔던 국제연합의 '무역 및 관세에 관한 일반협정(GATT)'과 '무역 및 개발회의(UNCTAD)'에 가입한 수입국들의 산업상의 혼란을 막기 위해 제한되어 왔다. 영국이 1973년에 유럽공동체시장에 가입한 사실은 영국에서 홍콩에 대한 특혜의 종식을 의미하지만, 홍콩은 섬유류와 신발의 경우만 제외하고는 우선권을 부여받았던 유럽공동체 시장의 준회원으로 간주되어 왔다.

중계무역은 계속 중요하였는데 왜냐하면 홍콩의 전체수출품의 19%를 차지하였기 때문이다. 홍콩의 교역에 있어서 가장 커다란 비중을 차지했던 대중국 무역은 2차 대전 이전에 홍콩전체 무역의 40%를 차지하였지만 상대적으로 쇠퇴했다. 홍콩의 교역량이 일본에 의해 추월당했던 1968년까지 약 20년 동안 중국은 홍콩의 주요한 수출상대국으로 남아 있었다. 중국이 전체 수입량의 46%를 공급했던 식량의 수입으로 중국은 홍콩 무역에 있어서 중요한 위치를 차지할 수 있었고, 게다가 중국은 재수출품 전체의 42%를 공급하면서 재수출 무역에 있어서 중요한 위치를 계속 유지하고 있었다.

일본의 엔화는 1945년 9월 13일에 갑자기 유통이 취소되고 그 대신 파운드당 16달러로 스털링화에 묶여져 있었던 홍콩 달러로 대체되었다. 동전이 1949년에는 1센트 및 10센트 지폐를 대체하였고, 1960년에 백동동전은 비록 홍콩 1달러짜리가 여전히 가끔씩 중국의 신년에 발행되고 있을지라도 그 1달러짜리 지폐를 대체하였다. 외환 통제는 전쟁이 끝난 후 즉시 강요되었고, 계속 효력을 발휘해 오고 있었지만 영국은 공식적 무역지수가 아닌 수요와 공급에 토대를 둔 자유로운 외환시장을 허용하였다. 그 이유는 부분적으로 그 유통자금이 홍콩을 통해서 중국에 있는 친척들에게 보내는 송금액이었기 때문이며, 부분적으로는 동남아시아로부터 비밀 경로에 의해 자금이 유입되었고, 홍콩이 미국과의 무역으로부터 경화소득을 올리는 것이 허용되었으며 그리고 홍콩은 외환의 순소득자였기 때문이다. 영국은 또한 중국인 외환 관리자에게 제한된 시장을 허용했다.

영국의 세 주요 은행은 5달러와 그 이상의 액면금액으로 그들의 회복된 지폐를 발행할 권한을 가지고 있었다. 그 가치가 일시적으로 갑자기 하락했던 부동산에 대한 지나친 투자로 인해 몇 개의 은행이 파산하게 된 1966년까지 지가의 호황 속에서 자금을 대여 받으면서 번창했고 정부는 은행법에 의해 보다 엄격한 통제를 가하지 않을 수 없었으며, 1969년에 은행의 작업을 감독하기 위해 한명의 은행장관을 임명하였다.

일반적으로 1950년대 중반부터 호황기는 실질적으로 지속되었다. 수출과 수입을 포함한 홍콩의 전체교역량은 1954년의 58억 5천 2백만 달러에서 1970년에는 328억 4천 56백만 달러로 성장했다. 정부세입은 1954년 4월 말에 3억 9천 7백만 달러에서 1970년도 4월 말엔 24억 8천만 달러까지 증가하였다. 1971년엔 400만 명 이상으로 증가된 인구는 건축 산업의 번영을 의미했고, 즉 구룡에 있는 노쓰 포인트(North Point)와 투콰완(Tu Kwa Wan)에 새로운 교외산업지역이 생겨났고 콰이청이란 신도시가 추가될 인구 35만 명을 지닌 천완시와 그리고 주로 개간된 땅 위에 세워진 권통(Kwun Tong)에 50만의 인구를 지닌 신도시와 같은 완전히 새로운 산업도시들이 생겨났다. 실질임금은 실제적으로 증가되었지만, 그렇다 하더라도 홍콩의 번영에 비례하여 노동자들이 혜택을 누려왔는지는 의심스럽다.

이용 가능한 가용토지에 대한 수요 증대로 1962년에 해군기지로부터 마카오 연락선 부두까지 펼쳐 있는 땅을 추가시킨 1962년에 시작된 중앙간척사업과 같은 거대한 간척계획이 시작되었다. 심지어 보다 놀라운 것은 항구의 북동쪽 끝부분을 실제 매립한 점이다.

산업은 하부구조의 뒷받침을 받아 성공적으로 팽창해왔다. 즉, 전기 및 가스 산업, 해상과 육상 및 항공 운송과 그리고 전화 산업은 모두 끊임없이 증가하는 수요에 보조를 맞추어 왔다. 약 몇 년 동안 급수산업은 낙후되었고, 매년 겨울 동안 제한급수가 실시되었다. 1963년과 1964년에 극심한 한발로 인해 매 4일마다 급수시간을 4시간으로 줄여왔고, 심지어 3시간으로까지 급수시간을 제한하였다. 그리고 급수 탱크를 임대받아 진주강에서 약 24억 3천 6백만 갤런의 물을 운송해왔다. 1956년엔 완성된 타이람청(Tai Lam Chung) 저수지를 45억 갤런의 저장 능력을 추가시켰고 란타우 섬에서의 쉑픽(Shek Pik) 계획은 1964년에 완성되어 또 다른 53억 5천만 갤런을 추가로 공급할 수 있게 되었다. 하지만 인구 팽창은 더욱 광범한 계획을 필요로 했고 톨로항(Tolo Harbour)에 있는 플로버 카브는

1967년에 배수되고 완공되어 식민지에 또 다른 30억 갤런의 식수를 추가로 공급할 수 있게 되었다. 현재 그 댐은 높이를 12피트까지 올림으로써 5천만 갤런을 더 저장할 수 있도록 확장되었다. 1960년에 광퉁주 당국과 맺은 협정 덕분에 중국 동부강으로부터 해마다 150억 갤런의 물이 식민지에 공급되었다. 지금까지 가장 규모가 큰 계획으로서 600만 갤런의 물을 저장하기 위한 하이 섬(High Island)의 상수도 건립계획은 1970년에 착공되었고, 그 완공 후에 그 식민지는 바닷물의 식수화에 의존해야만 할 것 같다. 이 목적을 위해 해수의 식수화를 위한 시험공장이 설립 중에 있다.

정부 정책은 비록 그것이 경제에서 많은 비중을 차지한다 할지라도 계약과 법 그리고 질서를 일관성 있게 보장하고 취약점을 다루기 위해 법률에 따르면서 경제에 대한 최소 간섭정책을 추구해왔다. 하지만 토지는 가장 경제적인 이용을 확실히 보장하기 위해 그리고 공동체에 의해 창조된 번영에 기인하는 가치 증대의 정부 몫을 보장하기 위해 공개적으로 경매에 붙여져 왔고 그리고 지대는 어느 정도의 사소한 규제를 받았다. 그러나 대체로 자본주의적인 개인 기업은 최고의 지배력을 지녀왔다. 하지만 때때로 그 개인 기업은 지난 10년 동안 경제 호황과 침체를 안정화시키기 위해 그것의 거대한 공공 토목공사를 이용해왔다.

제28장 현대세계에서의 홍콩

그러나 홍콩은 그 난관을 극복한 경험을 가지고 있으며 그리고 그 주민들의 산업과 지성 그리고 탄력성이 이 전통이 붕괴되지 않도록 보장할 것임은 의심의 여지가 없다.

극동 지역은 제2차 세계대전 이후 커다란 변화를 겪었으며 홍콩은 1세기 동안 그것을 태동시키고 번성하게 했던 조건들이 실질적으로 사라져버린 새로운 전후 세계에 적응하는 문제에 직면해야만 했다. 홍콩은 피네아스 리리(Phineas Ryrie: 입법의원, 1967-92)가 말하곤 했듯이 늘 독특한 지역으로 간주되었으나 반면 로빈슨 경은 홍콩의 위치는 여러 측면에서 매우 기괴할 정도로 비정상적임을 지적하였다. 그 독특성은 지속되어 왔다.

우선 홍콩은 식민정책이 도처에서 퇴조하고 있었던 시기에 여전히 영국의 직할 식민지로 남아 있었다. 영국은 아시아 식민지 해방을 기정사실로서 받아들였고, 1947년에 영토의 독립을 협상하기 시작하였다. 네덜란드는 1949년에 인도네시아의 독립을 인정해야만 했으며, 같은 해 프랑스는 확고부동했던 디엔 비엔 푸(Dien Bien Phu) 요새를 상실한 후 베트남의 독립에 동의해야만 했다. 미국은 이미 1948년에 필리핀의 독립을 허용하였다. 그래서 홍콩은 역사의 흐름에 떠밀려 궁지에 몰린 채로 남아있는 예외가 되었고 중국인들이 불평등한 조약이라 불렀던 것을 명백하게 기억나게 하는 것으로 남

아니었다. 광동에 있는 국민당 당국은 자연스럽게 그 식민지를 시기심에 차
서 바라보게 되었고, 2차대전 바로 직후 그들의 대표가 홍콩의 지역 중국인
들 사이에서 영향력 있는 지위를 차지하였고, 그리고 그들의 요구는 비록
홍콩 사회 전반적인 소요로 비화되진 못했을지라도 식민지 반환 요구의 초
점이 되었다. 그러나 영국은 제국의 책임을 계속 벗어왔고, 쿠르카 부대를
포함한 소규모의 한 수비대가 주로 시민방어를 위해 잔류했던 홍콩을 제외
하고는 1971년까지 수에즈 운하 동쪽에 주둔한 영국군 부대가 철수한다고
발표하였다. 비록 이 결정이 말레이시아에 상징적 군대를 유지시키고 홍콩
에 보다 큰 규모의 수비대를 유지시키려 했던 보수당 정부에 의해 수정되었
을지라도 이것은 실질적으로 영국이 홍콩을 군사적 힘으로 보유하려고 추구
하지 않을 것임을 의미했다.

두 번째로 또한 세계에서 영국의 전략적 영향력이 상대적으로 약화되었
다. 미국과 소련은 전쟁이 끝나자 두 개의 초강대국이 되었고 국가들은 곧
냉전에서 초래된 격렬한 경쟁관계에 처하게 되었다. 영국은 2차 대전에서
너무 엄청난 대가를 치렀고 세계 강대국으로서 영국의 역할을 다시 떠맡을
수 있는 위치에 결코 있지 않았다. 일본 군국주의는 적어도 일시적으로는
저지되었고 그 이후 일본의 정복 활동은 더욱 경제적인 양상을 띠게 되었
다. 반면에 중국은 특히 핵조약 가입 이후 잠재적으로 무서운 강대국이 되
어왔으며 문화혁명과 같은 고립된 시기에도 불구하고 세계에서 보다 큰 영
향력을 행사하려고 시도해왔다. 홍콩에 영향을 미치는 결정들이 식민지 밖
에서 내려져 온 것이 늘 사실이었지만 그러나 앞으로는 중국과 미국의 발언
권이 보다 큰 영향력을 미치게 될 것임이 명백해졌다. 영국은 유럽공동체시
장에 가담하려고 추구하면서 유럽에 관심을 두었고 그것의 대외정책은 그러
한 조건에 의해 제약을 받게 되었다. 이례적인 일은 극동에서 영국세력이
사라졌음에도 불구하고 영국이 역사적 사건 덕분에 홍콩의 주권을 여전히
보유하고 있다는 점이다.

세 번째로 식민지의 자치 추구 경향에도 불구하고 홍콩은 민주주의 제도

가 눈에 띄게 부족했던 영국 식민지로 남아있었다. 홍콩은 늘 압도적으로 중국인들의 사회가 되어왔고 중국인들을 거기에 영구히 남아있게 만든 1950년의 국경 폐쇄 이후 더욱 더 중국인들의 사회였다. 중국인들의 대다수는 새로 피난 온 사람과 그들의 가족이었는데 이들에게 정치권력을 양도하는 것은 실질적으로 불가능하였다. 동시에 홍콩에서 이미 확고한 터전을 잡았던 비교적 소수의 홍콩 가문들 즉 포르투갈인, 유라시아인, 인도인, 중국인들과 그리고 다른 소수 민족들에게 바람직하지 않은 독재정치를 만들어내지 않고서는 그 같은 정치권력을 부여하기란 현실적 타당성이 없었다.

또한 중국이 홍콩의 독립에 동의하지 않을 것이고 그리고 주권을 내세우는 것으로 해석될 수 있는 정상적인 민주적 선거를 이용하는 자치를 도입할 가능성도 없음이 명백했다. 중국인들의 전통은 결코 민주적이지는 않았지만 그러나 홍콩은 독재정부라는 어떠한 인상도 지워버리고 개인의 자유를 많이 보장하려고 노력해 왔다. 영국의 통치는 대부분의 중국인들에 의해 다소간 용납되어왔다. 그러나 홍콩이 영국정부에 의해 임명되고 그 훈령을 받는 총독의 통치를 받으면서 내부적인 자치권을 보장하려는 것은 비정상적이다. 그러나 동시에 대다수의 중국인이 자신들의 요구가 알려지게 만드는 것을 허용하려는 목적을 지닌 헌법상의 자문기구에 관심을 기울여야 했다.

홍콩의 중국인들은 외관상 철저하게 중국인으로 남아있었는데 어떤 특정한 제재보다는 위대한 중국 전통에 더욱 충실해 왔다. 지역 공동사회에 대한 충성심에 토대를 두고 또 기대되었을지라도 모르는 유럽인 전통과 중국인 전통의 융화에 의해 특징져진 홍콩의 시민의식은 그 실현에 완전히 실패하였고, 그리고 홍콩의 주민들은 많은 공동사회 또는 씨족으로부터 분리되어 왔으며, 이 모든 공동사회들은 그 각각의 구성원들로부터 어느 정도의 충성심을 불러일으켰다.

마침내 홍콩은 자체의 근본적 경제적 변화에 적응해야만 했다. 중국과의 옛 중계무역은 홍콩이 수행하기에 가장 유리한 위치에 있는 것으로 보였던 명백한 경제적 활동이었다. 이 중계무역이 외부적 요인들에 의해 거의 마비되었을 때 산업이 성장하여 그 공백을 메우게 되었다. 이 점은 홍콩으로 하여금 세계의 주요 산업 국가들과 적어도 섬유분야에서 직접적인 경쟁에 직면하게 만들었다. 이런 경쟁에도 불구하고 대부분의 국가들은 홍콩의 생존에서 기득권을 누렸는데, 그 이유는 홍콩이 주변지역에서의 상업 활동의 중심지로 그리고 사실 자국의 몇몇 상품에 대한 매우 귀중한 시장으로 그들에 의해 이용되었기 때문이다. 게다가 이제 홍콩이 현상을 유지하는 가운데 커다란 경제적 이익을 누리는 중국에게는 가장 규모가 큰 자유로운 외화거래의 원천이었다.

과거에는 사람들이 홍콩에 주로 경제적 이유로 건너오고 성공하면 머물고 실패하면 되돌아갔다는 점에서 경제가 자기규제 능력을 유지하였다. 국경이 폐쇄된 후 복지정부는 생활수준을 높이고 노동자들을 더욱 지원해 주어야 했다. 그러나 정부는 사기업의 미덕과 산업상의 자유경쟁을 신뢰하였으며 그 복지정책은 홍콩의 경쟁적 위치를 유지시키려는 정책에 의해 제한받아왔다. 그래서 홍콩은 점차 계획경제로 나아가고 있는 세계에서 자본주의 체제의 오아시스로 남아있다. 그러나 그 산업의 규모가 너무 작아서 새로운 산업기술의 연구가 허용되지 않았고, 홍콩 산업의 미래는 산업 선진국의 회사와의 합작투자에 점점 더 의존해야만 한다. 그러나 자유로운 자본주의적 기업체는 부의 분배가 어느 정도 이루어졌든 간에 의심할 여지없이 부의 증가를 가져다주었다. 아마도 가장 이례적인 것은 홍콩이 불확실한 정치적 미래에 직면해 있다는 사실에도 불구하고 경제적으로 역동적인 사회로 성장한 점이다. 홍콩은 본질적으로 항상 그랬던 것처럼 교역 장소로 남아있다. 경제적 실리 추구는 홍콩의 삶의 활력이었고 홍콩을 오직 정당화시켜 주었다. 시장에서 사람들은 자신들이 처해있는 조건에 대해서와 마찬가지로 미래에 대해 별다른 관심을 갖지 않았다.

저 자 소 개

은 은 기

- 경북 군위 출생
- 서울대학교 서양사학과 학부 및 석사졸업
- 파리 7대학교 DEA 취득
- 소르본느대학에서 '르노자동차 공장이 위치한 불로뉴시의 도시 정책'이란 제목으로 박사학위 취득
- 현재 계명대학교 사학과 강사

▶논문 및 저서

주요 논문으로는 Eun-gi EUN, "Une gestion socialiste en mati re de logement", Le Mouvement Social, n° 213, octobre-dcembre 2005 외 십여 편이 있고 저서로는 『유럽통합과 프랑스』(공저, 푸른 길), 2005를 들 수 있다.

홍콩의 역사

• 초판 인쇄	2006년 5월 1일
• 초판 발행	2006년 5월 1일
• 지 은 이	G. B. 엔다콧
• 옮 긴 이	은은기
• 펴 낸 이	한국학술정보㈜
• 펴 낸 곳	경기도 파주시 교하읍 문발리 526-2
	파주출판문화정보산업단지
	전화 031) 908-3181(대표) · 팩스 031) 908-3189
	홈페이지 http://www.kstudy.com
	e-mail(e-Book사업부) ebook@kstudy.com
• 등 록	제일산-115호(2000. 6. 19)
• 가 격	20,000원

ISBN 89-534-5008-X 93910 (Paper Book)
89-534-5009-8 98910 (e-Book)